em

neu

2008

Deutsch als Fremdsprache – Niveaustufe B2

Hauptkurs

Kursbuch + Arbeitsbuch
Lektion 6–10

Michaela Perlmann-Balme
Susanne Schwalb

Hueber Verlag

| AB 8 | 3 | = Arbeitsbuch: Seite und Aufgabennummer |

| P | 5 | = Aufgabe zur Prüfungsvorbereitung |

| GR | 5 | = Aufgabe zur Grammatik |

GR S. 30 = Grammatikanhang der Lektion auf der angegebenen Seite

ÜG S. 46 = em Übungsgrammatik (ISBN 978-3-19-001657-0) auf der angegebenen Seite

zu Seite 10, 2 = Kursbuch: Seite und Aufgabennummer

6. 5. 4. | Die letzten Ziffern
2013 12 11 10 09 | bezeichnen Zahl und Jahr des Druckes.
Alle Drucke dieser Auflage können, da unverändert,
nebeneinander benutzt werden.
1. Auflage
© 2008 Hueber Verlag, 85737 Ismaning, Deutschland
Layout: Marlene Kern, München
Verlagsredaktion: Dörte Weers, Maria Koettgen, Thomas Stark, Hueber Verlag, Ismaning
Zeichnungen: Martin Guhl, Duillier Genf
Druck und Bindung: Stürtz GmbH, Würzburg
Printed in Germany
ISBN 978-3-19-551695-2

INHALT KURSBUCH

LEKTION 6	BERUF	83-100
Einstiegsseite	Vermutungen äußern	83
Lesen 1	Anzeigen: *Stellenmarkt*	84
Schreiben	Bewerbungsschreiben	87
Hören 1	Telefonat: *Anfrage beim Personalbüro*	89
Sprechen 1	Telefonat: *Auskunft zu einer Anzeige*	90
Lesen 2	Reportage: *Berufsporträt*	91
Sprechen 2	Projekt: Berufsporträt	93
Hören 2	Korrektur eines Zeitplans	94
Wortschatz	Arbeit und Beruf	95
Lesen 3	Glosse: *Faulenzerkleidung*	96
Grammatik	Konnektoren und Präpositionen 1	99

LEKTION 7	LIEBE	101-114
Einstiegsseite	Dialog schreiben	101
Lesen 1	Reportage: *Signale der Liebe*	102
Wortschatz 1	Liebe und Partnerschaft	104
Wortschatz 2	Wörterbuch	105
Hören 1	Gesprächsrunde: *Heiraten*	106
Sprechen 1	Bildgeschichte erzählen	107
Lesen 2	Psychotest: *Bist du eine Klette?*	108
Sprechen 2	Vermutungen äußern	110
Schreiben	Leserbrief: *Kosenamen*	111
Hören 2	Literarische Szene: A. Schnitzler, *Halb zwei*	112
Grammatik	Nomen	113

LEKTION 8	MEDIEN	115-130
Einstiegsseite	Vermutungen über ein Werbefoto	115
Wortschatz	Computer	116
Lesen 1	Bericht: *Computer-Sucht*	117
Sprechen 1	Über eine Grafik sprechen	119
Schreiben 1	Persönlicher Brief: Film/Fernsehen	120
Hören 1	Radiobeitrag: *Analphabetismus*	121
Sprechen 2	Neue Medien	122
Sprechen 3	Projekt: Presselandschaft	123
Lesen 2	Zeitungsberichte: *Polizei jagt Superhirn*	124
Lesen 3	Autobiografischer Bericht: J. Ph. Reemtsma, *Im Keller*	126
Hören 2	Radionachrichten	127
Schreiben 2	Projekt: *Kurszeitung*	128
Grammatik	Konnektoren und Präpositionen 2, indirekte Rede	129

LEKTION 9	GESUND LEBEN	131-142
Einstiegsseite	Collage	131
Wortschatz 1	Wohlbefinden, Bewegung	132
Wortschatz 2	Gesunde Ernährung	133
Lesen 1	Sachtext: *Ess-Typen*	134
Hören	Interview: *Wellness*	136
Sprechen 1	Projekt: *Gesunder Lebensstil*	137
Lesen 2	Populärwissenschaftlicher Text: *Das Stress-Paradox*	138
Sprechen 2	Selbsteinschätzung Sprechfertigkeit	140
Schreiben	Ein Referat schriftlich ausarbeiten	141
Grammatik	Konnektoren und Präpositionen 3	142

LEKTION 10	MOBILITÄT	143-159
Einstiegsseite	Verkehrsmittel	143
Lesen 1	Reportage: *Zeitreise mit dem Käfer*	144
Sprechen 1	Vermutungen äußern	146
Lesen 2	Wirtschaftstext: *Navigationsgeräte*	147
Wortschatz 1	Wirtschaftsdaten	149
Sprechen 2	Beratungsgespräch: *STATTAUTO*	150
Wortschatz 2	Fortbewegung	151
Hören	Interviews: *Lebensläufe*	152
Lesen 3	Populärwiss. Text: *Pendler*	153
Schreiben	Leserbrief/Stellungnahme: *Auto-Mobilität*	156
Grammatik	Passiv	158

INHALT ARBEITSBUCH

LEKTION 6			AB 73–86
LERNWORTSCHATZ DER LEKTION			73
Wortschatz	1	Wortfeld *Arbeitsplatz*	73
Grammatik	2	Kausale und konsekutive Satzverbindungen	74
Lesen/ Grammatik	3	Warum Bewerber scheitern	74
Grammatik	4	Konnektoren und Präpositionen	75
Grammatik	5	Ergänzen Sie die Sätze.	75
Wortschatz/ Schreiben	6	Tabellarischer Lebenslauf	76
Schreiben	7	Bewerbungsbrief	77
Wortschatz	8	Wortpaare finden	77
Hören/ Schreiben	9	Telefonnotiz	78
Sprechen	10	Jemanden um Auskunft bitten	78
Lesen	11	Das Wunder von Lengede	78
Grammatik	12	Konditionale Satzverbindungen	79
Schreiben	13	Überlegungen zur Berufswahl	79
Sprechen	14	Spiel: Berufsalphabet	80
Wortschatz	15	Wer übt welche Tätigkeiten aus?	80
Wortschatz	16	Redewendungen und Sprichwörter	80
Wortschatz/ Grammatik	17	Beziehungen am Arbeitsplatz	81
Wortschatz	18	Was macht man, wenn ...?	81
Wortschatz/ Sprechen	19	Spiel: Ballonfahrt	82
Grammatik	20	Regeln für den Arbeitsplatz	82
Grammatik	21	Vergleichssätze mit *je ... desto*	82
Grammatik	22	Konditionale Konnektoren und Präpositionen	83
Lerntechnik	23	Zuhören – aber wie?	83
Lesen/ Grammatik	24	Stellenwechsel	84
AUSSPRACHETRAINING – die Konsonanten *p-t-k* und *b-d-g*			85
LERNKONTROLLE			86

LEKTION 7			AB 87–102
LERNWORTSCHATZ DER LEKTION			87
Wortschatz	1	Pluralformen	87
Schreiben	2	Bildbeschreibung	88
Lesen/ Grammatik	3	Das Nomen in der deutschen Sprache	88
Grammatik	4	Singular und Plural	89
Grammatik	5	Pluraltypen	89
Lesen	6	Textgrammatik	90
Grammatik/ Wortschatz	7	Fugenelement: ja oder nein?	90
Wortschatz	8	Bilderrätsel	90
Wortschatz	9	Wortbildung: Farbenspiel	91
Wortschatz	10	Worterklärungen	91
Wortschatz	11	Bedeutung zusammengesetzter Nomen	91
Wortschatz	12	Verliebt, verlobt, verheiratet	91
Wortschatz	13	Die richtige Reihenfolge?	92
Wortschatz/ Grammatik	14	Nomen, Verb, Partizip	92
Grammatik	15	Wortbildung	92
Wortschatz	16	Synonyme	92
Wortschatz	17	Welches Wort passt nicht?	93
Lerntechnik	18	Arbeit mit dem Wörterbuch	93
Lerntechnik	19	Welche Bedeutung passt?	93
Wortschatz	20	Lückentext	94
Wortschatz	21	Idiomatik	94
Grammatik	22	Wortbildung: Derivation	95
Wortschatz/ Grammatik	23	Nominalisierungen	95
Lesen/ Grammatik	24	Lückentext: Nomen	96
Wortschatz	25	Gratulation	97
Wortschatz/ Grammatik	26	Vermutungen	97
Schreiben	27	Bericht von einer Verlobung bzw. Hochzeit	97
Schreiben	28	Leserbrief – Textsortenmerkmale	97
Lesen/ Wortschatz	29	Biografie	98
Hören/Lesen	30	Textrekonstruktion *Halb zwei*	98
Grammatik	31	Artikel: Numerus und Genus	99
Grammatik	32	Nomen mit Präpositionen	99
Lesen	33	Yasemin	100
AUSSPRACHETRAINING – lange und kurze Vokale			101
LERNKONTROLLE			102

LEKTION 8			AB 103–114
LERNWORTSCHATZ DER LEKTION			103
Spiel	1	Wortschatz definieren	103
Wortschatz	2	Sätze ergänzen	104
Wortschatz	3	Textstellen finden	104
Wortschatz/ Sprechen	4	Medienverhalten und Gesundheit	104
Grammatik	5	Temporale Konnektoren und Präpositionen	105
Grammatik/ Wortschatz	6	Wie bedient man einen Computer?	105
Grammatik	7	Abläufe beschreiben	105
Wortschatz	8	Welches Wort passt?	106
Lesen/ Sprechen	9	Die Glotze lebt	106
Sprechen/ Schreiben	10	Schaubild	107
Lesen	11	Textpuzzle	108
Lerntechnik	12	Schlüsselwörter finden	108
Schreiben	13	Aus der deutschsprachigen Presse	108
Lesen	14	Kurzporträt: Jan Philipp Reemtsma	109
Grammatik	15	Indirekte und wörtliche Rede	109
Grammatik	16	Indirekte Rede	110
Grammatik	17	Was man in einem Computerkurs alles erlebt	110
Lesen/ Grammatik	18	Vom Interview zum Bericht	111

INHALT ARBEITSBUCH

Wortschatz	19	Nachrichten	**112**
Lesen	20	Good Bye, Lenin!	**112**
AUSSPRACHETRAINING – die Konsonanten *f-v-w* und die Verbindungen *ng-nk*			**113**
LERNKONTROLLE			**114**

LEKTION 9 — AB 115–126

LERNWORTSCHATZ DER LEKTION			**115**
Wortschatz	1	Adjektive zum Thema „Gesund leben"	**115**
Wortschatz	2	Empfehlungen	**116**
Wortschatz	3	Lebensmittel	**116**
Schreiben	4	Verhaltensänderung	**117**
Schreiben	5	Kreuzworträtsel	**117**
Lesen	6	Bella Martha	**118**
Lesen/ Sprechen	7	Beratungsgespräch im Reisebüro	**118**
Wortschatz	8	Lexikon	**120**
Lesen/ Wortschatz	9	Textzusammenfassung	**120**
Grammatik	10	*für* oder *zu*?	**121**
Grammatik	11	Wozu braucht man/soll man ...?	**121**
Grammatik	12	Nebensätze und nominale Wendungen	**121**
Grammatik	13	Wie kann man ...?	**122**
Grammatik	14	Konnektoren und Präpositionen	**122**
Grammatik	15	Offene Sätze	**123**
Lerntechnik	16	Notizen machen	**123**
Lerntechnik	17	Textlücken erschließen	**123**
Lesen	18	Bewegung als Heilmittel	**124**
Lerntechnik	19	Wortfelder erarbeiten	**124**
AUSSPRACHETRAINING – die Verbindungen *ng-nk*			**125**
LERNKONTROLLE			**126**

LEKTION 10 — AB 127–138

LERNWORTSCHATZ DER LEKTION			**127**
Wortschatz	1	Wortfelder *Mobilität, Wirtschaft*	**127**
Grammatik	2	Passiv	**128**
Grammatik	3	Passivformen	**128**
Grammatik	4	Vorgangs- oder Zustandspassiv?	**129**
Grammatik	5	Aus Aktiv- werden Passivsätze	**129**
Wortschatz	6	Individualverkehr	**129**
Wortschatz	7	Ein Fahrzeug benutzen	**130**
Grammatik	8	Alternative Formen zum Passiv	**130**
Wortschatz	9	Wortbildung: Adjektiv mit *-lich* oder *-bar*?	**130**
Grammatik	10	*müssen* oder *können*?	**131**
Wortschatz	11	Statistik	**131**
Wortschatz	12	Wortbildung: Nomen aus Verben	**131**
Lesen	13	Lola rennt	**132**
Sprechen	14	Informationen zum Beratungsgespräch	**133**
Grammatik	15	Verben der Fortbewegung	**134**
Grammatik	16	Relativsätze	**134**
Grammatik	17	Wie lautet das Partizip?	**135**
Grammatik	18	Partizip I oder II?	**135**
Grammatik	19	Partizipialkonstruktionen und Relativsätze	**135**
Lerntechnik	20	Merkmale verschiedener Textsorten	**136**
AUSSPRACHETRAINING – *h* und Knacklaut			**137**
LERNKONTROLLE			**138**

LÖSUNGEN ARBEITSBUCH — AB 139
QUELLENVERZEICHNIS — AB 144

KURSPROGRAMM

LEKTION	LESEN	HÖREN	SCHREIBEN
6 **BERUF** S. 83–100	**1** Anzeigen *Stellenmarkt* S. 84 **2** Reportage *Berufsporträt* S. 91 **3** Glosse *Faulenzerkleidung macht fleißig* S. 96	**1** Telefonat *Anfrage beim Personalbüro* S. 89 **2** Korrektur eines Zeitplans S. 94	Bewerbungsschreiben S. 87
7 **LIEBE** S. 101–114	**1** Reportage *Signale der Liebe* S. 102 **2** Psychotest *Bist du eine Klette?* S. 108	**1** Gesprächsrunde *Heiraten* S. 106 **2** Literarische Szene A. Schnitzler *Halb zwei* S. 112	Leserbrief *Kosenamen* S. 111
8 **MEDIEN** S. 115–130	**1** Bericht *Computer-Sucht* S. 117 **2** Zeitungsberichte *Polizei jagt Superhirn* S. 124 **3** Autobiografischer Bericht J. Ph. Reemtsma *Im Keller* S. 126	**1** Radiobeitrag *Analphabetismus* S. 121 **2** Radionachrichten S. 127	**1** persönlicher Brief *Film/Fernsehen* S. 120 **2** PROJEKT *Kurszeitung* S. 128
9 **GESUND LEBEN** S. 131–142	**1** Sachtext *Ess-Typen* S. 134 **2** Populärwissenschaftlicher Text *Das Stressparadox* S. 138	Interview *Wellness* S. 136	Ein Referat schriftlich ausarbeiten S. 141
10 **MOBILITÄT** S. 143–159	**1** Reportage *Auf Zeitreise mit dem Käfer* S. 144 **2** Wirtschaftstext *Autonavigation mit Kurs auf den Massenmarkt* S. 147 **3** Populärwissenschaftlicher Text *Pendler* S. 153	Interviews *Lebensläufe* S. 152	Leserbrief/Stellungnahme *Was Auto-Mobilität wirklich für unsere Gesellschaft bedeutet* S. 156

SPRECHEN	WORTSCHATZ	GRAMMATIK

1 Telefonat *Auskunft zu einer Anzeige* S. 90
 	
2 PROJEKT *Berufsporträt* S. 93
	Arbeit und Beruf S. 95	**Konnektoren und Präpositionen 1**
		▪ Satzgliedstellung nach Konnektoren
		▪ inhaltliche Funktion von Konnektoren
		  a) kausale Beziehung
		  b) konsekutive Beziehung
		  c) konditionale Beziehung
		▪ Variation: Konnektor oder Präposition
		▪ Konnektoren und Präpositionen auf einen Blick
		S. 99-100

1 Bildgeschichte erzählen S. 107 **2** Kreatives Sprechen Vermutungen äußern S. 110	**1** Liebe und Partnerschaft S. 104 **2** Wörterbuch S. 105	**Nomen** ▪ Genus der Nomen ▪ Pluralendungen ▪ Zusammengesetzte Nomen ▪ Nominalisierung S. 113-114
1 Über eine Grafik sprechen *Medienkonsum* S. 119 **2** Mind Map *Neue Medien* S. 122 **3** PROJEKT *Presselandschaft* S. 123	Computer S. 116	**Konnektoren und Präpositionen 2** ▪ Temporale Konnektoren und Präpositionen auf einen Blick S. 129 **Indirekte Rede** ▪ Formen ▪ Funktion S. 130
1 PROJEKT *Gesunder Lebensstil* S. 137 **2** Selbsteinschätzung Sprechfertigkeit S. 140	**1** Wohlbefinden, Bewegung S. 132 **2** Gesunde Ernährung S. 133	**Konnektoren und Präpositionen 3** ▪ Finale Konnektoren und Präpositionen ▪ Adversative Konnektoren ▪ Konzessive Konnektoren und Präpositionen ▪ Modale Konnektoren und Präpositionen S. 142
1 Bildbeschreibung Vermutungen äußern S. 146 **2** Beratungsgespräch *Stattauto* S. 150	**1** Wirtschaftsdaten S. 149 **2** Fortbewegung S. 151	**Passiv** ▪ Formen ▪ Verwendung ▪ Alternativen zum Passiv ▪ Partizip I und II in Adjektivfunktion ▪ Partizipialkonstruktionen oder Relativsätze S. 158-159

VORWORT

Liebe Leserin, lieber Leser,

in den vergangenen Jahren haben viele erwachsene Lernende weltweit ihre Deutschkenntnisse mit dem Lehrwerk *em Hauptkurs* ausgebaut. Dieses Lehrwerk eignet sich für Lerner, die das Zertifikat Deutsch mit einer guten Note bestanden haben oder außerhalb eines Kurses vergleichbare Sprachkenntnisse erworben haben.

Wenn Sie alle Lektionen in Kurs- und Arbeitsbuch erfolgreich durcharbeiten, können Sie am Ende eines Kurses das Niveau B2 erreichen, das im *Gemein-samen europäischen Referenzrahmen für Sprachen* als die vierte von sechs Stufen beschrieben ist.

Um Ihre Chancen bei einer Stellenbewerbung bzw. für eine Bewerbung um einen Studienplatz zu steigern, können Sie sich diese hohe Kompetenz durch folgende Zertifikate bestätigen lassen:
- an Goethe-Instituten: *Goethe-Zertifikat B2*
- für Studienplatzbewerber: *TestDaF*
- für Erwachsene an Volkshochschulen und anderen Einrichtungen der Erwachsenenbildung: *telc B2* oder *ÖSD B2 Mittelstufe Deutsch*.

Das flexible Baukastensystem von *em* erlaubt es Ihnen, in einem Kurs ein Lernprogramm zusammenzustellen, das auf Ihre Bedürfnisse abgestimmt ist. Mit *em* werden die vier Fertigkeiten – Lesen, Hören, Schreiben und Sprechen – systematisch trainiert. Dabei gehen wir von der lebendigen Sprache aus. Das breite Spektrum an Texten, das Sie im Inhaltsverzeichnis aufgelistet finden, spiegelt die aktuelle Realität außerhalb des Klassenzimmers wider, für die wir Sie fit machen wollen. Sie begegnen Werken der deutschsprachigen Literatur ebenso wie Texten aus der Presse und dem Rundfunk oder der Fachliteratur. Auch beim Sprechen und Schreiben haben wir darauf geachtet, dass Sie mit praxisorientierten Anlässen sprachlich agieren lernen. Sie können Strategien bei einem Beratungsgespräch ebenso üben wie ein geschäftliches Telefonat.

Unser Grammatikprogramm stellt Ihnen bereits Bekanntes und Neues im Zusammenhang dar. So können Sie Ihr sprachliches Wissen systematisch aus-bauen. Auf den letzten Seiten jeder Lektion ist der Grammatikstoff übersichtlich zusammengestellt.

Viel Spaß beim Lesen, Lernen und Durcharbeiten wünschen Ihnen

Michaela Perlmann-Balme
Susanne Schwalb

6

__1__ Beantworten Sie zu zweit folgende Fragen.

Besprechen Sie die Antworten in der Klasse.

a Was ist an diesem Bild ungewöhnlich? Warum?
b Welchen Beruf übt diese Person aus?
c Woran haben Sie das erkannt?
d Kennen Sie noch andere typische Männer-
oder Frauenberufe?

__2__ Welche Möglichkeiten hat man, einen
Arbeitsplatz zu finden?

Machen Sie Vorschläge und berichten Sie von Ihren
persönlichen Erfahrungen.

__1__   Stellenangebote

Folgende Personen möchten sich auf Stellenangebote
in der Zeitung bewerben. Welche Stelle passt zu welcher Person?
Berücksichtigen Sie dabei sowohl die geforderten Qualifikationen als
auch die Wünsche der Bewerber.

Bewerber(in)	A	B	C	D	E	F
Anzeige	4					

A Jürgen Roth (23) ist ein kontaktfreudiger
Einzelhandelskaufmann, der den Umgang mit Computern nicht
scheut. Er war bisher in der Kundenberatung einer Lederwarenfirma
tätig und würde am liebsten weiterhin viel mit Menschen zu tun haben.

B Erika Wagner (28) möchte nach mehreren „Babyjahren"
wieder ins Berufsleben einsteigen. Sie hat einige Semester
Sprachen (Englisch, Französisch) studiert und in den Semesterferien im
Büro als Schreibkraft gearbeitet. Sie muss ihre Kinder täglich um
14 Uhr mit dem Auto vom Kindergarten abholen.

C Sabine Lang (21) hat nach dem Abitur im Ausland (Italien und
Frankreich) Sprachen studiert und sucht nun einen krisen-
sicheren Arbeitsplatz. Sie ist karriereorientiert und bereit, eine Berufsausbildung zu machen bzw. berufsbezogen zu lernen.

D Markus Baumeister (25) ist Student und sucht zur Finanzierung seines Sportwagens einen Nebenjob, der ihm noch Zeit
für sein Studium lässt. Er hat EDV-Kenntnisse und ist gern mit anderen
Menschen zusammen.

E Hermann Hecht (35) ist Speditionskaufmann und hat Berufserfahrung in der Auslandsabteilung einer Möbelfirma gesam-
melt. Dort verhandelte er häufig auf Englisch, er spricht aber auch
einige romanische Sprachen. Seine Hobbys sind Radfahren, Fischen
und Wandern.

F Martina Esser (34) arbeitet bei einer Reifenfirma als
Vertreterin. Dabei stört sie, dass sie viel mit dem Auto unterwegs ist und häufig im Hotel übernachten muss. Sie sucht einen festen
Arbeitsplatz, an dem sie ihre Qualitäten im Umgang mit Kunden einsetzen kann.

GR __2__   Ergänzen Sie die Sätze mithilfe der Personenbeschreibungen.   GR S. 99/100

Herr Roth sollte sich um die Stelle als Verkaufsassistent bewerben,
ⓐ weil (da) *er eine Berufsausbildung als Einzelhandelskaufmann hat.*
ⓑ denn
ⓒ   nämlich
Jürgen Roth war bereits in einer Lederwarenfirma tätig,
ⓓ deshalb
ⓔ folglich
ⓕ Aufgrund *seiner Berufserfahrung* eignet er sich als Verkaufsassistent.
ⓖ Wegen   sollte er sich um die Stelle als
Verkaufsassistent bewerben.

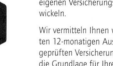

GR **3** Die farbig gedruckten Wörter in Aufgabe 2 nennt man
Konnektoren und Präpositionen.

Wiederholen Sie die Regeln zu kausalen und konsekutiven Satz-
verbindungen.

1.	Hauptsatz *Er bewirbt sich,*		*denn*	Hauptsatz *er interessiert sich für die Stelle.*
2.	Hauptsatz + Hauptsatz *Er bewirbt sich. Er interessiert sich*		*nämlich*	Präpositionalergänzung *für die Stelle.*
3.	Hauptsatz *Er bewirbt sich,*		*weil*	Nebensatz *er sich für die Stelle interessiert.*
4.	Hauptsatz *Er interessiert sich für die Stelle,*		*deshalb*	Hauptsatz, Konnektor auf Pos. 1 *bewirbt er sich.*
5.	Hauptsatz *Er interessiert sich so sehr für die Stelle,*	*dass*		Nebensatz *er sich bewirbt.*
6.			Präposition + Nomen *Aufgrund seines Interesses*	Hauptsatz *bewirbt er sich.*

GR **4** In welche der sechs Gruppen gehören folgende Konnektoren
und Präpositionen?

wegen – deshalb – weil – deswegen – darum – so … dass
nämlich – folglich – denn – aufgrund – da

GR **5** Formulieren Sie zu zwei anderen Bewerbern je drei Sätze.

Verwenden Sie dabei die sechs Satzkategorien aus Aufgabe 3.　AB 74 2–5

6 Was ist für Sie bei einem Beruf wichtig?

Kreuzen Sie an.

☐ gute Verdienst- und Aufstiegschancen
☐ hohes Prestige bzw. Ansehen
☐ gute Arbeitsbedingungen
☐ viel Freizeit
☐ dass ich mit Menschen zu tun habe
☐ dass ich anderen helfen kann
☐ ein sicherer Arbeitsplatz
☐ dass ich kreativ sein kann

7 Sprechen Sie nun zu zweit darüber.

Begründen Sie Ihre Wahl.
Beispiele:

*Für mich ist der Verdienst besonders wichtig, denn ich gebe gerne Geld
aus, zum Beispiel für schnelle Autos.*

*Das Ansehen eines Berufes ist für mich wichtiger als der Verdienst.
Deshalb würde ich lieber Professor an einer Universität werden als zum
Beispiel Barbesitzer.*

__1__ Hermann Hecht möchte sich auf die Anzeige der Firma I.A.M. bewerben.

Er informiert sich in der Zeitschrift *Berufswahl-Magazin* vorher
darüber, wie man sich heute richtig bewirbt.
Lesen Sie, was Personalexperten raten.

1	2
Friedrich Knoll, **Bayer AG, Leverkusen**	**Sabine Schätze,** **Barmer Ersatzkasse, Wuppertal**
Das „Bewerbungspaket" muss ein persönliches Anschreiben enthalten. Darin sollte kurz beschrieben werden, für welche Stelle man sich bewirbt und warum man sich dafür für geeignet hält. Außerdem sind ein tabellarischer Lebenslauf sowie Kopien der letzten Zeugnisse in chronologischer Reihenfolge beizulegen. Absolvierte Praktika oder besondere Kenntnisse, beispielsweise Fremdsprachen oder EDV[1], sollten aufgeführt und durch Zeugnisse bestätigt werden. Zu einer guten Bewerbung gehört natürlich auch ein neueres Passfoto.	Je individueller die Bewerbung ist, desto größer sind die Chancen, unter vielen Bewerbungen aufzufallen. Für das Bewerbungsschreiben ist eine Seite völlig ausreichend. Also heißt es, sich kurz zu fassen und trotzdem alle wichtigen Informationen unterzubringen. In den Briefkopf kommen Vor- und Familienname des Absenders mit vollständiger Adresse und Telefonnummer, die Anschrift des Empfängers sowie Ort und Datum. Auch wenn der Begriff „Betreff" heute nicht mehr verwendet wird, nennt man doch den Grund des Schreibens. Zum Beispiel: *Bewerbung um einen Ausbildungsplatz als Industriekauffrau.* In der Einleitung sollte der Anlass des Schreibens erwähnt werden. Danach stellt man sich kurz vor. Dabei werden die Fakten genannt, die den Stellenwunsch unterstützen. Dazu kommen Angaben zur derzeit ausgeübten Tätigkeit. Am Schluss des Briefes steht die Hoffnung, positiven Bescheid zu bekommen.
[1] Elektronische Datenverarbeitung, d.h. Computer	

__2__ Hermann Hecht notiert sich, was er alles braucht.

Er kommt dabei auf vier Dinge. Unterstreichen Sie diese in Text 1.

`AB 76` 6

__3__ In welcher Reihenfolge stehen folgende Teile in einem
formellen Brief?

Lesen Sie Text 2 noch einmal und werfen Sie einen Blick auf das
Bewerbungsschreiben von Hermann Hecht auf Seite 88.

☐ die Anrede   ☐ der Hauptteil
☐ die Grußformel   ☐ der Betreff
☐ der Ort, das Datum   ☐ der Schlusssatz
☐ die Einleitung   ☐ die Anlagen
☐[1] der Absender   ☐ der Empfänger
☐ die Unterschrift

__4__ Lesen Sie das Bewerbungsschreiben auf Seite 88 nun genau.

Kreuzen Sie an, auf welche Punkte Herr Hecht besonders eingeht.

☐ auf die Qualifikationen, die für die Stelle verlangt werden
☐ auf die Bereiche seiner Berufserfahrung, die für die Stelle wichtig sind
☐ warum er seine letzte Stelle aufgegeben hat
☐ in welchen Bereichen er weniger gern arbeiten würde
☐ auf Kenntnisse und Fähigkeiten, die er außerhalb des Berufslebens
     erworben hat
☐ auf verschiedene private Interessen

Hermann Hecht · Forellenweg 12 · 98553 Fischbach · Tel. 036841/7784

I.A.M.
Internationale Angelgeräte
Manufaktur
Postfach
91709 Gunzenhausen

Fischbach, den 29.3.20..

Ihr Stellenangebot – Zentraleinkäufer

Sehr geehrte Damen und Herren,
mit großem Interesse habe ich Ihre Anzeige in der SZ vom 26.3.20.. gelesen. Sie suchen für Ihre Einkaufsabteilung einen Zentraleinkäufer.
Für diese verantwortungsvolle **Aufgabe bringe ich alle Voraussetzungen mit.** Als ausgebildeter Speditionskaufmann **war ich bereits** einige Jahre im Import-Export-Bereich einer Möbelfirma **tätig.** Dabei **konnte ich** auch **Erfahrung in** der Einkaufsabteilung **sammeln,** wo Gespräche mit ausländischen Lieferanten häufig auf Englisch, aber auch auf Französisch oder Italienisch geführt wurden.
Ich arbeite bevorzugt mit Kollegen in einem Team. Da ich mich in meiner Freizeit **gerne mit** Angeln beschäftige, **habe ich mir auch einige Kenntnisse über** Fische und Anglerausrüstung **angeeignet.**
Über eine Einladung zu einem Vorstellungsgespräch würde ich mich sehr freuen.
Mit freundlichen Grüßen

Hermann Hecht

Anlagen:
Lebenslauf
Zeugnisse

---

5   Bewerbung

Schreiben Sie nun mithilfe der fett gedruckten Textstellen
ein Bewerbungsschreiben für eine der Personen auf Seite 84.

- Achten Sie auf den richtigen Aufbau eines formellen Briefs.
- Beziehen Sie sich auf die in der Anzeige geforderten Qualifikationen und Fähigkeiten.
- Begründen Sie, warum die Person für diese Stelle geeignet ist.
- Lesen Sie Ihren Text Korrektur. Achten Sie beim ersten Lesen besonders auf den Satzbau, die Endungen sowie Groß- und Kleinschreibung.

AB 77   7–8

1
CD 2 | 1

Nähere Informationen einholen

Frau Schwarz hat die Stellenanzeige eines Ingenieurbüros
in der Zeitung gelesen. Sie hätte gern weitere Informationen
zu der Stelle. Deshalb ruft sie die Firma an.
Hören Sie das Gespräch und notieren Sie Stichpunkte.

a Grund für den Anruf: *Stellenanzeige in der Zeitung*

b Die Anruferin wird weitergeleitet an:

c Die Firma Unger & Co. sucht:

d Voraussetzungen für die Tätigkeit:

e Beruf der Interessentin:

f Aufgaben:

g Der Arbeitsplatz befindet sich:

h Arbeitszeitwunsch von Frau Schwarz:

i Die Interessentin soll schicken:

AB 78 9

2
CD 2 | 2–7

Um Auskunft bitten

Franz Förs findet eine vielversprechende Annonce in der
Zeitung. Er ruft unter der angegebenen Telefonnummer an
und möchte einige Auskünfte.

a Hören Sie das Gespräch. Worüber möchte sich Herr Förs
informieren? Machen Sie beim ersten Hören Stichpunkte.
1. Art der Tätigkeit
2. ...
3. ...

b Wie entscheidet sich der Anrufer? Was vereinbart er mit Frau Lerch?

c Hören Sie das Gespräch ein zweites Mal in Abschnitten.
Ergänzen Sie jeweils die Fragen, mit denen man um Auskunft bitten kann.

- *Könnten Sie mir vielleicht* etwas über die Tätigkeit sagen?
- _____, wie die Arbeitszeiten in etwa aussehen?
- _____ zwischen 8 und 22 Uhr?
- _____, ob man mit dem eigenen Wagen fährt
  oder einen Firmenwagen bekommt?
- _____ mit der Einarbeitung?
- Frau Lerch, _____, dass ich Sie noch mal anrufe?

AB 78 10–11

SPRECHEN 1

1 Ordnen Sie zu.

- **a** Wie leitet man ein Telefongespräch ein?
- **b** Wie bittet man um Vermittlung zu einem anderen Gesprächspartner?
- **c** Wie beendet man ein Gespräch?

- **a** Hier spricht Olaf Meier. Ich habe Ihre Anzeige in der Zeitung gelesen.
- ☐ Guten Tag, ich hätte gern mit jemandem von der Personalabteilung gesprochen.
- ☐ Verbleiben wir also so, dass ich Ihnen die Unterlagen schicke?
- ☐ Ja, hallo, hier ist Marta Beck. Bin ich mit der Firma Bayer verbunden?
- ☐ Guten Tag. Hier spricht Herbert Fischer. Könnten Sie mich bitte mit Herrn Kugler verbinden?
- ☐ Dann will ich Sie nicht weiter stören. Auf Wiedersehen, Herr Strauß.

2 Wählen Sie zu zweit eine der folgenden Anzeigen aus.

Fitnessclub Arabellapark su. Sportlehrer/in f. freiberufl. Tätigkeit
Tel.: 0871/ 33 64 31

Raubtierdompteur/in für Wanderzirkus gesucht. Sehr gute Bezahlung. Tel.: 23 66 85

DETEKTIV/IN für besondere Aufgaben gesucht. Tel.: 089/ 89 75 63

Wohlhabendes älteres Ehepaar sucht Hausdiener mit Referenzen in Festanstellung. Tel.: 08171/ 2234

3 Bereiten Sie nun selbst ein Telefongespräch vor.

Einer übernimmt die Rolle des Anrufers, der sich für eine Stellenanzeige interessiert. Gesprächspartner ist eine Mitarbeiterin/ein Mitarbeiter der Firma bzw. der Inserent. Das Gespräch sollte folgende Punkte behandeln: Ausbildung, Berufserfahrung, derzeitige Tätigkeit, Arbeitszeit, Gehalt, erwünschte Kenntnisse und Fähigkeiten. Lesen Sie zuvor die folgenden Sätze und klären Sie unbekannte Wörter oder Ausdrücke. Proben Sie dann den Dialog und spielen Sie ihn der Klasse vor.

Anrufer ▶◀ Mitarbeiter der Firma/Inserent

ein Telefongespräch einleiten
... ist mein Name. Sie haben inseriert, ...
Hier spricht ... Ich rufe an wegen ...
Guten Tag, Anna Klein, ich interessiere mich für ...

Begrüßung des Anrufers
Guten Tag, Frau/Herr ...
auf eine Anfrage reagieren
Ja, wir brauchen ...
Für diese Stelle suchen wir ...

um Auskunft bitten
Ich würde gern wissen, ...
Besteht denn die Möglichkeit, ... ?
Wie ist das eigentlich mit ... ?

Auskunft erteilen
Also, das ist folgendermaßen: ...
Wir haben das so geregelt, dass ...
Gegenfragen formulieren
Dürfte ich Sie auch etwas fragen? ...
Woran haben Sie bei ... gedacht?

auf Gegenfragen antworten

weitere Fragen des Anrufers einleiten
Haben Sie sonst noch Fragen?
Möchten Sie vielleicht sonst noch etwas wissen?

weitere Fragen stellen
Was mich noch interessieren würde, ...
Außerdem wollte ich noch fragen, ...

auf Fragen antworten

Gespräch beenden
Also, können wir so verbleiben? ...
Ich schicke Ihnen dann ... Auf Wiederhören.
Danke für das Gespräch. Auf Wiederhören.

sich verabschieden
Ja, gut. Ich hoffe, wieder von Ihnen zu hören.
Danke für Ihren Anruf. Auf Wiederhören!

6

1 Lesen Sie den folgenden Text.

Ordnen Sie die Sätze 1 bis 5 den Absätzen A bis E zu.

Berufsporträt

Anja Noack
Empfangskassiererin im Hotel

Während Anja Noack einem Japaner am anderen Ende der Leitung auf Englisch erklärt, dass für diese Nacht die Hotelsuite belegt ist, klingelt das zweite Telefon. Gleichzeitig bildet sich eine Schlange vor dem Tresen:

4 **A** Vor ihr stapeln sich unabgelegte Rechnungen und andere Papiere. Manchmal kommt man ganz schön ins Schwitzen. „Aber auch bei sehr viel Arbeit darf man sich den Stress nicht anmerken lassen", sagt Anja. Nach ihrer Lehre als Hotelfachfrau in Würzburg hat sie vor wenigen Monaten begonnen, an der Rezeption des Elysee-Hotels zu arbeiten.

 B An der Rezeption, der ersten und letzten Anlaufstelle des Hotels, arbeiten neben Anja noch ein weiterer Kassierer, ein Telefonist, ein Chef vom Dienst und der Empfangschef. Anjas Aufgabe ist es, die Gäste ein- und auszuchecken. Bei der Ankunft begrüßt sie die Leute, füllt das Anmeldeformular aus und überreicht die Schlüssel.

C Sie hofft, dass ihr so etwas nie wieder passieren wird. Wenn Anja die Gäste auscheckt, muss sie die Rechnungen erstellen, kassieren und die Belege kontrollieren. In ruhigen Momenten bringt sie die Adressenkartei auf den neuesten Stand. „Wir an der Rezeption sind wichtig für den ersten und letzten Eindruck, den die Gäste von unserem Hotel haben. Darum müssen wir in jeder Situation freundlich und souverän bleiben." Wenn der Gast nicht zufrieden war – egal womit –, wird an der Rezeption gemeckert. Außerdem ist die Rezeption eine Art Info-Stand.

D Das ist für die 20-jährige Würzburgerin nicht ganz einfach in einer Stadt, die ihr selbst noch fremd ist. Aber zum Glück gibt es den Portier, der seit Jahren in Hamburg lebt. Bei Bedarf kümmert er sich um Tischreservierungen oder Kartenvorbestellungen. Anja macht die Arbeit ungeheuren Spaß. „Jeder Tag ist anders." Der Beruf hat ihre Persönlichkeit geprägt. „Ich bin viel offener und selbstbewusster geworden. Es fällt mir nicht mehr schwer, auf fremde Menschen zuzugehen." Die junge Frau hat sich vorgenommen, noch in möglichst vielen Hotels Berufserfahrung zu sammeln.

E Sie will auch nicht immer Empfangskassiererin bleiben, steuert aber kein bestimmtes Ziel an. „Falls ich mal ein tolles Angebot bekomme, kann ich mir einen Aufstieg zur Hotelmanagerin durchaus vorstellen. Doch ich mache keine großen Pläne, denn trotz der Arbeit sollte das Leben nicht zu kurz kommen!"

1 So wird Anja mit Fragen nach Museen oder guten Restaurants geradezu bombardiert.

2 In diesem großen Hamburger Luxushotel gibt es täglich bis zu 200 An- und Abreisen.

3 Das möchte sie vor allem im Ausland machen.

4 Gäste, die ein- und auschecken wollen oder irgendwelche Fragen haben.

5 „Einmal habe ich einem Gast einen Raum zugeteilt, der noch nicht gereinigt war. Peinlich!"

6

2 Textgrammatik

Markieren Sie die Wörter, die Ihnen geholfen haben, die richtige Stelle für die Sätze 1 bis 5 zu finden.

Satz 1	
Satz 2	
Satz 3	
Satz 4	*eine Schlange vor dem Tresen* + Doppelpunkt bedeutet, es müssen Beispiele folgen – *Gäste, die ...*
Satz 5	

3 Hauptinformationen entnehmen

Was erfahren wir über Anja Noack? Notieren Sie Stichworte.

Alter	*20 Jahre*
Heimatstadt	
Stadt, in der sie jetzt arbeitet	
Ausbildung	
normale Aufgaben	
einer Empfangskassiererin	
außergewöhnliche Aufgaben	
Charakter	
Zukunftspläne	

4 Worterklärung

Erschließen Sie folgende Ausdrücke aus dem Kontext oder aus Bestandteilen des Wortes. Beispiel: *ein- und auschecken* von englisch *to check in/out* = die Formalitäten bei der An- und Abreise erledigen

bildet sich eine Schlange – sich den Stress nicht anmerken lassen – Hotelfachfrau – Anlaufstelle – kein bestimmtes Ziel ansteuern

GR **5** Ergänzen Sie aus dem Text die folgenden Konditionalsätze. GR S.99/100

wenn/falls	bei/im Falle
Wenn der Gast nicht zufrieden war, wird an der Rezeption gemeckert.	*Aber auch bei sehr viel Arbeit darf man sich den Stress nicht anmerken lassen.*
kann ich mir einen Aufstieg zur Hotelmanagerin durchaus vorstellen.	*kümmert er sich um Tischreservierungen oder Kartenvorbestellungen.*

GR **6** Ergänzen Sie den Satzbauplan.

Bilden Sie Nebensätze mit *wenn* oder *falls* bzw. Satzglieder mit *bei* oder *im Falle*.

Position 1	Verb	Position 3, 4 ...	Endposition
Aber auch bei sehr viel Arbeit *Aber auch wenn man sehr viel Arbeit hat,*	*darf*	*man sich den Stress nicht*	*anmerken lassen.*
Wenn der Gast nicht zufrieden war,	*wird*	*an der Rezeption*	*gemeckert.*
	kümmert	*er sich um Tischreservierungen.*	
	kann	*ich mir einen Aufstieg zur Hotelmanagerin durchaus*	*vorstellen.*

AB 79 12

SPRECHEN 2 – *Projekt: Berufsporträt*

____1____ Worüber sollte ein Berufsporträt Ihrer Meinung nach
Auskunft geben?

Sammeln Sie Stichpunkte und bringen Sie sie in
eine sinnvolle Reihenfolge.

- *Ausbildung*
- *Arbeitsplatz*
- *Arbeitszeit*
- *Zufriedenheit*
- ...

____2____ Bereiten Sie ein Interview mit einer/einem Berufstätigen aus
einem deutschsprachigen Land vor.

a Wählen Sie jemanden aus Ihrem Bekanntenkreis,
Ihrem Sprachinstitut, Ihrer Schule bzw. Universität.
An einem deutschsprachigen Kursort können Sie das
Interview auch auf der Straße mit Unbekannten
durchführen.

b Formulieren Sie zu jedem Stichpunkt
(vgl. Aufgabe 1) eine Frage.

- *Könnten Sie mir/uns bitte etwas zu
  Ihrer Ausbildung erzählen?*
- *Welcher Schulabschluss war Voraussetzung für ...?*
- *Wie lange dauerte die Ausbildung?*
- ...

c Überlegen Sie auch, wie man jemanden höflich darum bitten kann,
diese Fragen zu beantworten. Stellen Sie sich selbst vor, erklären Sie,
warum Sie das Interview machen wollen, und bitten Sie die ausge-
wählte Person um Mithilfe.

- *Entschuldigen Sie, dürften wir Sie mal für ein paar Minuten stören?*
- *Wir besuchen gerade einen Deutschkurs und suchen jemanden,
  den wir zum Thema „Beruf" befragen können.*
- *Würde es Ihnen etwas ausmachen, wenn wir Ihnen ein paar Fragen
  stellen?*
- ...

d Bedanken Sie sich am Ende des Interviews.

- *Vielen Dank für Ihre freundlichen Auskünfte!*
- *Das war sehr interessant für uns. Wir möchten Ihnen
  ganz herzlich danken.*
- ...

____3____ Tragen Sie Ihre Ergebnisse in der Klasse vor. AB 79 13

93

HÖREN 2

_1_
CD 2 | 8
Hören Sie den Anfang einer Nachricht.

Wer spricht hier mit wem? Worum geht es?

_2_ **Lesen Sie die Aufgaben.**

Worum geht es wohl in dem weiteren Gespräch?
Was soll man tun?

Name	Ort	Ausbildung / Berufserfahrung	Fremdsprachen	Termin	Arbeitszeit
Frau Neunert **Beispiel:** *Frau Dorner*	Stuttgart *vor Ort*	Studentin	Englisch, Italienisch	09:00 Uhr	--
Frau Reichert		Freiwilliges soziales Jahr	Englisch **1**	09:30 Uhr	Ganztags
Frau Schwarz		Fremdsprachen-korrespondentin	Französisch, Spanisch	10:00 Uhr **2**	Halbtags
Herr Lex		keine **3**	Englisch	11:00 Uhr	Ganztags
Frau Lienert	Augsburg	Sekretärin	Schul-Englisch	11:30 Uhr	Flexibel **4**
Frau Antoniadou	Griechenland **5**	Praktikantin	Englisch, Französisch, Griechisch	12:00 Uhr	Ganztags

P 3
CD 2 | 9
Informationen notieren

Hören Sie eine Nachricht und korrigieren Sie während des Hörens die falschen
Informationen oder ergänzen Sie die fehlenden Informationen. Sie hören den Text einmal.

_4_ **Welche Person bekommt wohl die Stelle?** AB 80 14

WORTSCHATZ – *Arbeit und Beruf*

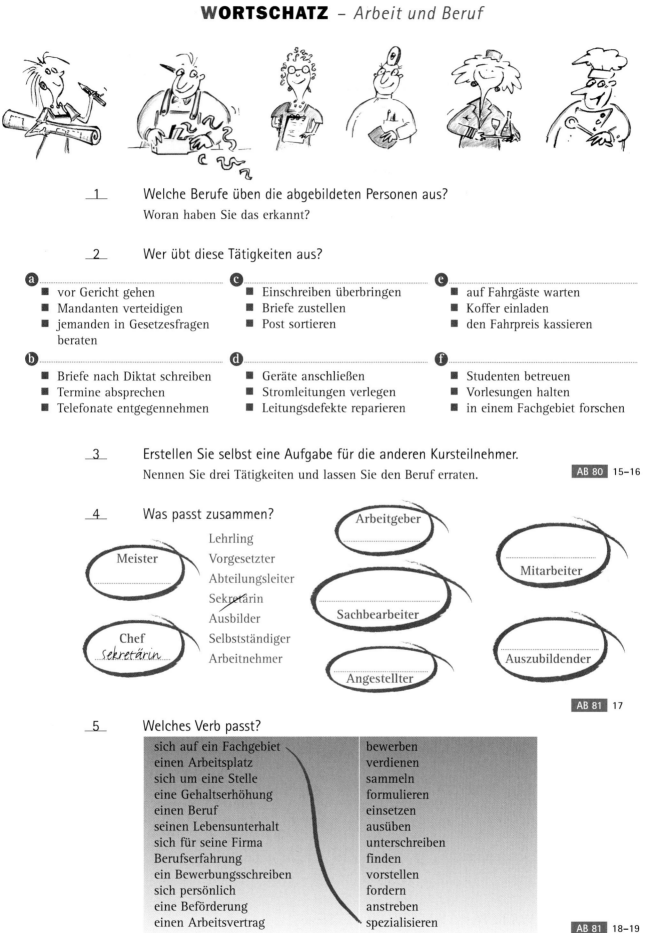

__1__ Welche Berufe üben die abgebildeten Personen aus?

Woran haben Sie das erkannt?

__2__ Wer übt diese Tätigkeiten aus?

a
- vor Gericht gehen
- Mandanten verteidigen
- jemanden in Gesetzesfragen beraten

c
- Einschreiben überbringen
- Briefe zustellen
- Post sortieren

e
- auf Fahrgäste warten
- Koffer einladen
- den Fahrpreis kassieren

b
- Briefe nach Diktat schreiben
- Termine absprechen
- Telefonate entgegennehmen

d
- Geräte anschließen
- Stromleitungen verlegen
- Leitungsdefekte reparieren

f
- Studenten betreuen
- Vorlesungen halten
- in einem Fachgebiet forschen

__3__ Erstellen Sie selbst eine Aufgabe für die anderen Kursteilnehmer.

Nennen Sie drei Tätigkeiten und lassen Sie den Beruf erraten. AB 80 15–16

__4__ Was passt zusammen?

Arbeitgeber

Lehrling
Vorgesetzter
Abteilungsleiter
Sekretärin
Ausbilder
Selbstständiger
Arbeitnehmer

Meister

Mitarbeiter

Sachbearbeiter

Chef
sekretärin

Auszubildender

Angestellter

AB 81 17

__5__ Welches Verb passt?

sich auf ein Fachgebiet	bewerben
einen Arbeitsplatz	verdienen
sich um eine Stelle	sammeln
eine Gehaltserhöhung	formulieren
einen Beruf	einsetzen
seinen Lebensunterhalt	ausüben
sich für seine Firma	unterschreiben
Berufserfahrung	finden
ein Bewerbungsschreiben	vorstellen
sich persönlich	fordern
eine Beförderung	anstreben
einen Arbeitsvertrag	spezialisieren

AB 81 18–19

95

_1_   Welche Kleidungsstücke tragen Sie persönlich bzw.
was trägt man Ihrer Meinung nach bei den unten aufgelisteten
Gelegenheiten?

Gelegenheit	Kleidungsstück
beim Abendessen im Restaurant	ausgewaschenes Sweatshirt
beim Sport im Freien	Anzug und Krawatte
im Büro	Dirndl oder Trachtenanzug
beim Kochen	luftige Windjacke
auf dem Silvesterball	fleckige Jeans und zerrissenes T-Shirt
in der Diskothek	Zweireiher oder Dinnerkleid
bei der Gartenarbeit	Sandalen
beim Stadtbummel	Lackschuhe und Maßarbeit von Pariser Schneidern
in der Freizeit	Baseball-Käppi, Kapuzenjacke, Shorts und Turnschuhe
am Strand	piekfeiner Nadelstreifenanzug, Krawatte
	grob kariertes Holzfällerhemd

Im Büro trägt man häufig ...
Am Strand bin ich am liebsten in ...
Wenn man bei uns in die Diskothek geht, trägt man ...
Für den Stadtbummel ziehe ich ... an.

_2_   Überlegen Sie: Was tragen besonders kreative Menschen?

Was tragen „langweilige Typen"?

_3_   Sehen Sie sich den Text auf der folgenden Seite an.

Was erwarten Sie vom Inhalt? Was verrät der Untertitel?

Das englische Wort *Outfit* wird von jungen Leuten häufiger gebraucht
als das deutsche Wort *Kleidung*.

Faulenzerkleidung macht fleißig

Vom Zusammenhang zwischen Outfit und Kreativität

Wir Journalisten haben es relativ leicht in Kleidungsfragen. Meistens würden wir auch dann noch nett begrüßt werden, wenn wir direkt vom selbst gemachten Ölwechsel in fleckigen Jeans und zerrissenem T-Shirt zu einem Termin kämen. Denn der Gastgeber will ja, dass wir nett über ihn schreiben, und deshalb lächelt er höchstens etwas gequält, falls wir unpassend gekleidet bei der Veranstaltung auftauchen, weil wir auf der Einladungskarte leider den Vermerk „Dirndl, Trachtenanzug oder dunkler Anzug" übersehen haben.

Andere Berufsgruppen tun sich da schon schwerer. Wer nach dem Abitur eine Banklehre beginnt, muss in Anzug und Krawatte schlüpfen und wird von einem Tag auf den anderen von seinen ehemaligen Klassenkameraden nicht mehr wiedererkannt, wenn er sie zufällig bei der morgendlichen S-Bahn-Fahrt zur Arbeit trifft. Da sollte er es schleunigst schaffen, im Kollegenkreis neue Bekanntschaften zu schließen; sonst wird er schon bald hilflos und verlassen umherirren. Und so jemand soll gut gelaunt und effektiv seine Arbeit verrichten?!

So kann jenes Untersuchungsergebnis nicht weiter verwundern, das kürzlich die „Financial Times" veröffentlicht hat: Je legerer die Kleidung, desto größer die Leistung im Beruf. Das haben britische Wissenschaftler jetzt herausgefunden.

Wir, die wir fast alles schon immer gewusst haben, können das nur bestätigen anhand einiger Beispiele aus unserem alltäglichen Arbeitsumfeld. Kollege F. zum Beispiel schreibt ganz besonders schnell und ganz besonders viel, wenn er sein ausgewaschenes Segel-Sweatshirt anhat. Und Kollegin T. vom Konkurrenzblatt ist immer die Schnellste in der Setzerei, wenn sie ihre luftige Windjacke trägt, die in Fachkreisen auch als „Einmannzelt" oder „formschöner Kartoffelsack" bekannt ist. Dagegen haben andere, die wir immer nur in piekfeinen Nadelstreifenanzügen mit teuersten Krawatten antreffen, schon seit Jahren keine Zeile mehr geschrieben. Na, muss man noch mehr sagen?

Ganz klar, Personalchefs, wo die Richtung langgeht: Erscheint ein Bewerber im Zweireiher oder im Dinnerkleid zum Vorstellungsgespräch, dann könnt ihr ihn gleich vergessen. Sicher ein Faulenzer, der einen ruhigen Job sucht. Baseball-Käppi, Kapuzenjacke, Shorts und Turnschuhe hingegen verraten das spontane Arbeitstier, das sich aufopfern wird für das Unternehmen.

Sandalen statt Lackschuhe, grob karierte Holzfällerhemden statt langweiliger Maßarbeit von Pariser Schneidern! Sollte jemand heute noch glauben, schicke Kleidung sei ein Garant für den geschäftlichen Erfolg, so wird er sich schon bald Sorgen um seinen Arbeitsplatz machen müssen.

__P 4__ Stellen Sie fest, wie der Autor folgende Fragen beurteilt.

Wie beurteilt der Autor …

	positiv	negativ/ skeptisch
a den Eindruck, den jemand auf einer offiziellen Einladung hinterlässt, der sich überhaupt nicht an die Kleiderordnung hält?	☐	☐
b die Chance von Journalisten, bei einem Empfang auch in unpassender Kleidung vom Gastgeber akzeptiert zu werden?	☐	☐
c die persönliche Freiheit beim Kleidungsstil in Berufsgruppen wie dem Bankgewerbe?	☐	☐
d die Möglichkeit für Personalchefs, beim Vorstellungsgespräch an der Kleidung der Bewerber die Eignung für die Stelle zu erkennen?	☐	☐
e die Erkenntnis, dass weder schicke noch legere Kleidung eine Voraussetzung für Erfolg im Beruf ist?	☐	☐

__5__ Woran erkennen Sie, dass es sich bei dem Text um einen ironischen Kommentar handelt?

_6_   Ironie wird häufig durch Übertreibungen ausgedrückt.

Ein Beispiel aus dem Text: *Wer nach dem Abitur eine Banklehre beginnt, muss in Anzug und Krawatte schlüpfen und wird von einem Tag auf den anderen von seinen ehemaligen Klassenkameraden nicht mehr wiedererkannt, wenn er sie zufällig bei der morgendlichen S-Bahn-Fahrt zur Arbeit trifft.*
Suchen Sie weitere Übertreibungen im Text und geben Sie jeweils die Zeilen an.

GR _7_   Konditionalsätze   GR S.99, 2 / 100, 4

Unterstreichen Sie Konditionalsätze im Text, die mit *wenn – falls – sonst – je … desto* gebildet sind, und solche, in denen das Verb auf Position 1 steht bzw. die mit *sollte* eingeleitet sind.
Ergänzen Sie folgende Übersicht.

Konnektor oder Satzanfang	Beispiel
wenn	*Meistens würden wir auch dann noch nett begrüßt werden, wenn wir … zu einem Termin kämen.*
falls	
sonst	
je … desto	
Verb/sollte auf Position 1	

GR _8_   Nennen Sie die Bedingungen und die Folgen in den Sätzen aus Aufgabe 7.

Bedingung	Folge
Wir kommen direkt vom selbst gemachten Ölwechsel in fleckigen Jeans … zu einem Termin.	*Wir würden auch dann noch nett begrüßt werden.*

GR _9_   Ergänzen Sie die folgenden Erläuterungen zu Bedingungs- bzw. Konditionalsätzen.

ⓐ Konditionalsätze werden mit Konnektoren wie zum Beispiel _____ gebildet.

ⓑ Man kann aber auch den Konnektor weglassen; dann muss das Verb auf Position _____ stehen. Der Hauptsatz wird dann meist mit *dann* oder *so* eingeleitet.

ⓒ Einem Satz mit *falls* entspricht ein Satz, der mit _____ beginnt. Das Verb steht am Ende des Nebensatzes.

ⓓ Vergleicht man zwei Komparative miteinander, so benutzt man _____.

ⓔ Einen negativen Bedingungssatz kann man entweder mit *wenn … nicht* formulieren oder den Folgesatz mit _____ beginnen.

 AB 82   20–24

1   Satzgliedstellung nach Konnektoren

Konnektoren verbinden Sätze oder Satzteile miteinander. Es gibt drei
Typen von Konnektoren, die unterschiedliche Regeln für die Satzglied-
stellung bedingen.

	Konnektor		Konnektor ...
a Hauptsatz *Viele Bewerber bekommen keine Stelle,*	*denn*	**Hauptsatz** *sie haben zu geringe Kenntnisse.*	ändert die Wort-stellung nicht.
b Hauptsatz *Viele Bewerber haben zu geringe Kenntnisse,*	Hauptsatz *deshalb*	*bekommen sie keine Stelle.*	kann auf Position 1 oder im Mittelfeld stehen.
c Hauptsatz *Viele Bewerber bekommen keine Stelle,*	*weil*	Nebensatz* *sie zu geringe Kenntnisse haben.*	stellt das Verb ans Ende.

* Konnektor und Nebensatz können auch vor dem Hauptsatz stehen.

Beispiel: *Weil sie zu geringe Kenntnisse haben,
bekommen viele Bewerber keine Stelle.*

2   Inhaltliche Funktion von Konnektoren

Konnektoren können unterschiedliche
inhaltliche Beziehungen herstellen.
In dieser Lektion werden kausale, konsekutive
und konditionale Konnektoren behandelt.
Weitere Konnektoren siehe Lektion 8 und 9.

a | Kausale Beziehung: | warum?
Martina Esser kündigt.

Grund   *Sie hat keine Gehaltserhöhung bekommen.*

Martina Esser kündigt, denn sie hat keine Gehaltserhöhung bekommen.
Martina Esser hat keine Gehaltserhöhung bekommen, deshalb kündigt sie.
Martina Esser kündigt, weil/da sie keine Gehaltserhöhung bekommen hat.
Martina Esser kündigt. Sie hat nämlich keine Gehaltserhöhung bekommen.

b | Konsekutive Beziehung: | mit welcher Folge?
*Martina Esser hat keine Gehaltserhöhung
bekommen.*

Folge   *Sie kündigt.*

Martina Esser hat keine Gehaltserhöhung bekommen, sodass sie kündigt.
Martina Esser hat so wenig verdient, dass sie kündigt.

c | Konditionale Beziehung: | unter welcher Bedingung?
Martina Esser kündigt.

Bedingung   *Sie bekommt keine Gehaltserhöhung.*

Wenn Martina Esser keine Gehaltserhöhung bekommt, kündigt sie.
Martina Esser verlangt eine Gehaltserhöhung, sonst kündigt sie.
Im Falle, dass Martina Esser keine Gehaltserhöhung bekommt, kündigt sie.
Falls Martina Esser keine Gehaltserhöhung bekommt, kündigt sie.

<u>3</u>   Variation: Konnektor oder Präposition   ÜG S.168, 174, 170

Inhaltliche Beziehungen zwischen Sätzen oder Satzteilen können mithilfe unterschiedlicher Strukturen ausgedrückt werden:

- durch Konnektoren: *Ich habe keine Zeit. Deshalb komme ich nicht.*
  Ich komme nicht, weil ich keine Zeit habe.
- durch Präpositionen: *Aufgrund Zeitmangels war X verhindert.*

Die unterschiedlichen Strukturen drücken feine stilistische Unterschiede aus. Die nominale Ausdrucksweise mit Präpositionen ist zum Beispiel typisch für die Schriftsprache.

Bedeutung	Konnektor	Präposition
kausal	*Weil Hermann Hecht Berufserfahrung hat, bekommt er die Stelle.*	*Wegen (Aufgrund) seiner Berufserfahrung bekommt er die Stelle.*
konsekutiv	*Frau Zimmer war so erkältet, dass sie nicht zur Arbeit gehen konnte.*	*Infolge ihrer Erkältung konnte sie nicht zur Arbeit gehen.*
konditional	*Wenn der Gast nicht zufrieden war, wird an der Rezeption gemeckert.*	*Bei Unzufriedenheit des Gastes wird an der Rezeption gemeckert.*
	Falls Sabine länger abwesend ist, muss jemand ihre Arbeit übernehmen.	*Im Falle (Bei) einer längeren Abwesenheit muss jemand Sabines Arbeit übernehmen.*
	Wenn man keine Berufsausbildung hat, kann man nur schwer eine Arbeit finden.	*Ohne Berufsausbildung kann man nur schwer eine Arbeit finden.*

<u>4</u>   Konnektoren und Präpositionen auf einen Blick   ÜG S. 212

Bedeutung	Konnektor + Nebensatz stellt das Verb ans Ende	Konnektor + Hauptsatz kann auf Position 1 oder im Mittelfeld stehen	ändert die Wortstellung nicht	Präposition
kausal*	da weil	daher darum deshalb deswegen aus diesem Grund	denn	wegen + Gen. aufgrund + Gen. infolge + Gen.
konsekutiv	so ... dass sodass zu ..., als dass (+ Konj. II)	also folglich infolgedessen		
konditional	wenn wenn nicht falls im Falle, dass je ... desto (+ Komparativ)	sonst		bei + Dat. ohne + Akk.

* Zum Ausdruck von Kausalität vgl. auch das kausale Adverb *nämlich*. Dieses steht immer nach dem Verb: *Er hat nämlich keine Stelle.*

1 Sehen Sie sich das Bild eine Minute lang aufmerksam an.

Schlagen Sie dann das Buch zu.
Schreiben Sie zu zweit auf, was auf dem Bild zu sehen war. Dazu haben Sie vier Minuten Zeit.
Gewonnen haben diejenigen, die das Bild am genauesten beschrieben haben.

AB 88 **2**

7

2 Schreiben Sie einen Dialog für das Paar auf dem Foto.

3 Worum geht es bei diesen drei Aussagen?
Welche sagt Ihnen am meisten zu? Warum?

Normalerweise fängt der Mann an. Ganz typisch ist, dass er eine Frau zum Beispiel in einem Pub fragt: „Kommst du oft hierher?" Was soll sie auf so eine dumme Frage antworten?
Kevin, England

Auch bei uns fängt häufig der Mann an. Er kann eine Frage stellen oder etwas zu trinken anbieten. Manchmal ist es auch ein langer Blick, mit dem er die Frau, die ihm gefällt, fixiert.
João, Brasilien

Die Männer in meinem Heimatland sind sehr leidenschaftlich. Ein Mann würde einer Frau Blumen schenken oder ein Gedicht schreiben, manchmal tanzt er auch einen traditionellen Tanz für seine Angebetete. Aber ich glaube, entscheiden tun eigentlich die Frauen, die den Kontakt zulassen oder nicht.
Fotini, Griechenland

__1__ Sehen Sie die Zeichnungen an. Auf welchem Bild sehen Sie das?

ⓐ Sie zieht die Augenbrauen hoch.
ⓑ Sie neigt den Kopf seitlich.
ⓒ Sie senkt den Blick.
ⓓ Er schlenkert mit den Schultern.
ⓔ Er streckt sich.
ⓕ Er wiegt sich in den Hüften.
ⓖ Er zupft an der Krawatte.

__2__ Lesen Sie nur die Überschrift.

Was erwarten Sie vom Inhalt des Artikels?

__3__ Lesen Sie nun den Text.

Signale der Liebe

Reihe von nonverbalen Signalen, aber sie können diese auch ohne Weiteres sogleich widerrufen. „Die Augen", bemerkte der französische Romancier Stendhal schon im 19. Jahrhundert, „sind die Hauptwaffe" des Flirtenden. „Mit einem einzigen Blick lässt sich alles sagen und doch kann man alles wieder ableugnen, denn Blicke sind keine Worte."

Die fallen auch noch nicht in der nächsten Flirtstufe, der sogenannten Aufmerksamkeitsphase. Wer glaubt, sich dabei elegant zu bewegen, wird enttäuscht sein zu hören, dass wir uns bei der Annäherung allesamt recht lächerlich aufführen: Männer schlenkern mit den Schultern, strecken sich, wiegen sich in den Hüften, übertreiben jede Bewegung und zupfen an ihrer Krawatte herum.

Frauen gucken angestrengt, putzen sich, ziehen die Schultern nach oben. Mit schöner Regelmäßigkeit führen sie eine ruckartige Aufwärtsbewegung des Kopfes nach hinten aus, sodass das Gesicht nach oben schaut. Unterstützt wird diese Kopfbewegung häufig noch durch ein verlockendes Fingerspiel in den Haaren. Wenn dazu noch eine seitwärts geneigte Kopfhaltung kommt und dem Betrachter eine Halsseite gezeigt wird, dann darf der Mann sein Herz beruhigt höher schlagen lassen.

Am Beginn eines jeden Flirts, das hat der Verhaltensforscher Irenäus Eibl-Eibesfeldt bereits in den sechziger Jahren herausgefunden, steht das Augenspiel der Frau. Vom Amazonas-Delta bis zu den Ufern des Rheins hat der Wissenschaftler ein einheitliches Flirtverhalten beobachtet: Die Frau blickt ihren potenziellen Bewunderer an, lächelt, zieht daraufhin ruckartig die Augenbrauen hoch, betrachtet ihn kurz mit weit geöffneten Augen und senkt dann schnell wieder den Blick, wobei sie den Kopf seitlich nach unten neigt.

Ist der Mann der Empfänger eines solchen Signals, darf er sich zu weiteren Schritten ermutigt fühlen. Die sollten freilich auf leisen Sohlen daherkommen, denn, so ein weiteres Ergebnis der Verhaltensforschung, je indirekter der Mann vorgeht, umso größer die Bereitschaft der Frau, sich auf ihn einzulassen.

Gerade die Zweideutigkeit ist es ja, die Flirts so reizvoll macht. Flirtende senden seit eh und je eine ganze

4   Welches Ziel hat der Text?

☐ Er soll über wissenschaftliche Ergebnisse informieren.

☐ Er soll über persönliche Erfahrungen des Autors berichten.

☐ Er soll einen aktuellen Fall schildern.

☐ Er soll eine Stellungnahme zum Thema bringen.

5   Kreuzen Sie an, welche Aussagen den Text richtig wiedergeben.

Die richtigen Antworten ergeben eine Textzusammenfassung.

☐ Ein Flirt beginnt bei allen Menschen nach ähnlichem Muster.

☐ Frauen sind diejenigen, die den Flirt beginnen.

☐ Die Spannung entsteht beim Flirt ohne Worte.

☐ Beim Flirten ist der Mann der aktive Partner.

☐ Körperbewegungen spielen beim Flirt eine wichtige Rolle.

☐ Der Mann sollte beim Flirten klarmachen, was er will.

☐ Männer benehmen sich beim Flirt weniger dezent als Frauen.

☐ Typische Signale gehen bei der Frau von der Haltung des Kopfes aus.

GR 6   Markieren Sie im Text alle Nomen im Plural. Ordnen Sie die Nomen nach Pluralformen.

GR S. 113/1,2

Ergänzen Sie den Singular und den Artikel.

a Markieren Sie die Pluralendungen. Beachten Sie dabei: Es gibt einige Dativ-Plurale mit der Endung -n.

b Sehen Sie sich die Systematik auf Seite 113 an. Schreiben Sie in die vierte Spalte, zu welchem Pluraltyp das Wort gehört.

Artikel	Singular	Plural	Pluraltyp
das	Signal	Signale	2

AB 88   3–6

c Zu welchem Typ haben Sie die meisten Beispiele gefunden?

GR 7   Markieren Sie die zusammengesetzten Nomen in diesem Text.

GR S. 113/114, 3

GR 8   Ergänzen Sie die fehlenden Teile der zusammengesetzten Nomen aus dem Lesetext auf Seite 102.

Ergänzung: Bestimmungswort	Ergänzung: Grundwort
Flirt verhalten	Aufmerksamkeitsphase
–waffe	Finger–
–spiel	Aufwärts–
–seite	Kopf–
–forscher	

AB 90   7–12

1   Wer liebt wen?

```
                                 die Ehefrau
                                der Ehemann
                die Verlobte                      die Geliebte
                der Verlobte     die Partnerin     der Geliebte
die Freundin                      der Partner      der Liebhaber     die Exfrau
der Freund                                                           der Exmann
                              die Lebensgefährtin
                             der Lebensgefährte
```

a   Die Wörter oben sind wie eine aufsteigende und wieder absteigende Treppe angeordnet. Warum? Deuten Sie diese Anordnung.

b   Ordnen Sie diesen Nomen – wo möglich – passende Verben und Partizipien zu. Beispiel: Freund/Freundin – *befreundet sein mit jemandem; sich anfreunden mit jemandem*

`AB 92` 13

2   Ergänzen Sie die fehlenden Wörter.

Verb	Nomen	Person	Adjektiv/Partizip	Gegenteil
lieben	*die Liebe*	*der/die Liebende* *der/die Geliebte*	*verliebt*	*hassen*
sich anfreunden *mit jemandem*				
heiraten				
sich verloben				

`AB 92` 14–15

3   Kann man das „lieben"? Kreuzen Sie an.

Ich liebe ...	ja	eigentlich nicht	besser
... das Kaufhaus am Dom.		X	*gefallen*
... das neue Schwimmbad.			
... die Farbe Rot.			
... Eis mit heißen Himbeeren.			
... es, ganz früh aufzustehen.			
... meine Tante Elsa.			
... Evas neues Kleid.			
... Hunde.			
... Kinder.			
... meinen Beruf.			
... Sekt mit Orangensaft.			
... Menschen, die ehrlich sind.			

`AB 92` 16

4   Verbessern oder variieren Sie einzelne Formulierungen.   ÜG S. 102

Benutzen Sie dafür *gefallen, gern haben, etwas gern tun, mögen, schmecken.*
Beispiel: *Das Kaufhaus am Dom gefällt mir.*
          Eis mit heißen Himbeeren schmeckt mir sehr gut.

5   Welche Wörter passen nicht?

a   der Bräutigam – der Pfarrer – der Trauzeuge – der Taufpate – die Braut

b   der Geburtstag – die Hochzeit – Ostern – die Taufe – die Verlobung

 `AB 93` 17

Das einsprachige Wörterbuch

Vorteil des einsprachigen Wörterbuches ist, dass viele Zusammensetzungen und Redewendungen aufgeführt sind.

a) Lesen Sie den Artikel „Heirat" aus dem *Großen Wörterbuch der deutschen Sprache* und beantworten Sie folgende Fragen:

■ Was stellen Sie sich unter einer Heiratsvermittlung vor?

■ Wie nennt man es, wenn ein Mann eine Frau bittet, ihn zu heiraten (oder umgekehrt!)?

■ Wie bezeichnet man eine Person, die den Heiratswunsch nur vortäuscht?

■ Wie heißt die Ankündigung der Eheschließung in der Zeitung?

■ Wie nennt man das Dokument, das man bei der Eheschließung erhält?

heirats, Heirats: ~absicht, die <meist Plural>: -en haben: jemandes -en durchkreuzen; ~alter, das a) *Alter, in dem üblicherweise Ehen eingegangen werden*; *das durchschnittliche H. ist gesunken*; b) *Alter, in dem jemand [nach geltendem Recht] heiraten kann*; *das H. erreicht haben*; ~annonce, die: *Annonce in einer Zeitung o.Ä., in der man einen geeigneten Partner für die Ehe sucht*; ~antrag, der: *von einem Mann einer Frau unterbreiteter Vorschlag, miteinander die Ehe einzugehen*; *er machte ihr einen H.; sie hat schon mehrere Heiratsanträge bekommen, abgelehnt*; ~anzeige, die: 1. *die Namen u. das Hochzeitsdatum u.a. enthaltende Briefkarte, mit der ein Hochzeitspaar seine Heirat Freunden u. Bekannten mitteilt; Anzeige in einer Zeitung, durch die ein Hochzeitspaar seine Heirat offiziell mitteilt; eine H. in die Zeitung setzen; -n verschicken*. 2. svw ↑~annonce; ~buch, das: *Personenstandsbuch, das zur Beurkundung der Eheschließungen dient*; ~büro, das: svw ↑~institut; ~erlaubnis, die; ~fähig <Adjektiv ohne Steigerung; nicht adv.> *das Alter [erreicht] habend, in dem eine Heirat [nach geltendem Recht] möglich ist; sie ist noch nicht h.; er, sie ist jetzt im -en Alter (ist alt genug, um zu heiraten)*; ~fähigkeit, die <ohne Plural> svw Ehemündigkeit; ~freudig <Adjektiv; ohne Steigerung; nicht adv.>: vgl. ~lustig; ~gedanke, der <meist Plural>: svw ↑~absicht; *sich mit -n tragen*; ~gesuch, das; ~gut,

das <ohne Plural>; ~institut, das: *gewerbliches Unternehmen, durch das Ehepartner vermittelt werden*; *Eheanbahnungsinstitut*; ~kandidat, der (scherzhaft): a) *jemand, der kurz vor der Heirat steht*, b) *noch unverheirateter, heiratswilliger (junger) Mann*; ~kontrakt, der; ~lustig <Adjektiv; ohne Steigerung; nicht adv.> (scherzhaft): *gewillt, gesonnen zu heiraten*; *damals war er ein -er junger Mann*; ~markt, der (scherzhaft): a) <ohne Plural> *Rubrik in einer Zeitung, Zeitschrift, unter der Heiratsannoncen abgedruckt sind*; b) *Veranstaltung o.Ä., bei der viele Leute im heiratsfähigen Alter zusammentreffen, bei der sich die Gelegenheit zum Kennenlernen eines möglichen Ehepartners ergibt*; *ihre Feste sind die reinsten Heiratsmärkte*; ~plan, der <meist Plural>: svw ↑~absicht: *jemandes Heiratspläne billigen*; ~schwindel, der: *das Vorspiegeln von Heiratsabsichten zu dem Zweck, von dem Partner Geld oder andere Werte zu erschwindeln*; dazu: ~schwindler, der: *jemand, der Heiratsschwindel betreibt*; *sie war einem H. zum Opfer gefallen*; ~urkunde, die: *Urkunde, die bescheinigt, dass eine Ehe auf dem Standesamt geschlossen wurde*; ~urlaub, der: *Urlaub, den ein Soldat zum Zweck der Eheschließung erhält*; ~vermittler, der: *jemand, der gewerbsmäßig Ehen vermittelt (Berufsbezeichnung)*; ~vermittlung, die: *gewerbsmäßige Eheanbahnung.*

b) Nehmen Sie ein einsprachiges Wörterbuch. Schreiben Sie zu Wörtern, die mit den Bestimmungswörtern *Ehe*, *Braut* und *Hochzeit* gebildet sind, insgesamt fünf Fragen. Stellen Sie Ihre Fragen als Aufgaben in der Klasse.

c) Schreiben Sie selbst einen Wörterbucheintrag. Was bedeutet die Redensart: *nicht auf zwei Hochzeiten tanzen können*? Schreiben Sie zu zweit auf, was Sie sich darunter vorstellen. Benutzen Sie nicht Ihr Wörterbuch! Sieger ist das Paar, das der richtigen Bedeutung am nächsten kommt.

AB 93 18–19

__1__ Sehen Sie sich die Fotos auf Seite 110 an.

   (a) Welches Bild gefällt Ihnen besonders gut? Warum?
   (b) Wie würde diese Situation in Ihrem Heimatland aussehen?
      Was wäre anders?

__2__ Hören Sie die folgende Gesprächsrunde.

CD 2 | 10

Charakterisieren Sie die drei Gesprächspartner.

   (a) Welchen Typ verkörpern die Sprechenden?
   (b) Welche Einstellung zum Heiraten haben sie? Begründen Sie Ihre Antwort.

Gesprächspartner	Typ	Einstellung
Frau Schüller	*frisch verheiratet*	*positiv*
Herr Klotz		
Herr Dreyer		

__3__ Lesen Sie die Aussagen unten.

CD 2 | 10

Hören Sie das Gespräch noch einmal. Entscheiden Sie während des Gesprächs oder danach, wer was sagt.

Wer sagt was?

Aussagen	Frau Schüller	Herr Klotz	Herr Dreyer
1. Ich habe mir den Entschluss zu heiraten gut überlegt.	X		
2. Ehe und Familie sind heutzutage schwer mit den persönlichen Interessen zu vereinbaren.			
3. Das Eheleben kann schnell langweilig werden.			
4. Die Ehe hat für mich etwas mit Sicherheit zu tun.			
5. Meine Unabhängigkeit bedeutet mir persönlich sehr viel.			
6. Mit Mitte zwanzig war ich einfach noch nicht bereit für eine feste Bindung.			
7. Während des Studiums war für mich das Eheleben etwas sehr Schönes.			
8. Wenn man Kinder hat, ändert sich die Einstellung zur Ehe.			
9. Es ist möglich, dass Ehepartner in Freundschaft auseinandergehen.			
10. Man muss nicht unbedingt heiraten, wenn man mit einem Partner zusammenleben möchte.			

__4__ Was raten die drei Gesprächspartner jungen Leuten?

CD 2 | 11

Hören Sie dazu den Schluss des Gesprächs und notieren Sie.

Frau Schüller: ....
Herr Klotz: ....
Herr Dreyer: ....

__5__ Meinungen über das Heiraten

Welche der drei Ansichten über das Heiraten gefällt Ihnen am besten? Warum?
Sprechen Sie zuerst kurz zu zweit darüber und sagen Sie Ihre Meinung danach in der Klasse.

AB 94   20

<u>1</u>   Erzählen Sie diese Bildgeschichte.

Beginnen Sie so:

Der 13. Mai war ein besonderer Tag für …

Denken Sie sich ein Ende für diese Geschichte aus.

<u>2</u>   Wie endet die Geschichte wirklich?

Schlagen Sie nach auf Seite 160.

__1__ Machen Sie diesen Test.

BIST DU EINE KLETTE?

In diesem Test kannst du herausfinden, ob du deinem Partner/deiner Partnerin genügend Freiheiten zugestehst. Kreuze bitte bei den folgenden Satzergänzungen und Fragen jeweils die Antwort an, die am ehesten auf dich zutrifft.

1. Wenn ich die Beziehung zu meinem Partner / meiner Partnerin in einem einzigen Satz ausdrücken müsste, würde ich sagen, er/sie ist ...

- ☐ der Mittelpunkt meines Lebens. **A**
- ☐ jemand, mit dem ich in den wichtigsten Dingen übereinstimme. **B**
- ☐ jemand, mit dem ich die Zeit genieße, solange wir ineinander verliebt sind. **C**
- ☐ nicht ganz so wichtig wie meine beste Freundin / mein bester Freund. **D**

2. Wenn ich Streit mit meinem Partner / meiner Partnerin habe,

- ☐ gebe ich keine Ruhe, bis wir die Sache geklärt haben. **A**
- ☐ kann er/sie mir den Buckel runterrutschen, und ich erwarte, dass er/sie sich bei mir entschuldigt. **B**
- ☐ grüble ich darüber nach, was ich falsch gemacht habe. **C**
- ☐ ziehe ich mich erst mal verärgert zurück. **D**

3. Auf einer Fete flirtet er/sie hemmungslos mit seiner Exfreundin / ihrem Exfreund.

- ☐ Ich strafe ihn/sie durch Nichtachtung. **A**
- ☐ Ich weiche keinen Moment von seiner/ihrer Seite und verscheuche jede Konkurrenz. **B**
- ☐ Ich werde rasend eifersüchtig und stelle ihn/sie noch an Ort und Stelle zur Rede. **C**
- ☐ Ich lasse ihm/ihr seinen/ihren Spaß und amüsiere mich anderweitig. **D**

4. Er/Sie geht ins Kino. Ich bin erkältet und kann nicht mit.

- ☐ Schlecht gelaunt koche ich mir eine Tasse Tee und verziehe mich ins Bett. **A**
- ☐ Ich bin enttäuscht, dass er/sie sich ohne mich amüsiert, und denke den ganzen Abend immer wieder daran. **B**
- ☐ Ich wünsche ihm/ihr viel Spaß und kuriere mein Fieber aus. **C**
- ☐ Ich finde es im Grunde schade, dass er/sie nicht bei mir ist. **D**

5. Wenn ich mit meinem Partner / meiner Partnerin zusammen essen gehe,

- ☐ bestelle ich gern das Gleiche wie er/sie. **A**
- ☐ weiß ich meistens sofort, was ich will, und bestelle es. **B**
- ☐ kann ich mich nur schwer entscheiden. **C**
- ☐ probiere ich am liebsten mal was Neues aus, das ich nicht kenne. **D**

6. Den Geburtstag meines Partners / meiner Partnerin

- ☐ feiere ich am liebsten mit ihm/ihr zu zweit. **A**
- ☐ feiere ich mit einer großen Überraschungsparty, die ich organisiere. **B**
- ☐ feiere ich ganz spontan, zur Not auch mit einem Geschenk in letzter Minute. **C**
- ☐ plane ich schon lange im Voraus und zerbreche mir den Kopf über ein Geschenk. **D**

7. Der schlimmste Liebeskiller ist für mich,

- ☐ wenn wir oft streiten. **A**
- ☐ wenn ich mich mit ihm/ihr langweile. **B**
- ☐ wenn ich ihn/sie selten sehe. **C**
- ☐ wenn ich mich eingeengt fühle. **D**

Klette, die: an Wegrändern wachsende Pflanze mit hakigen Stacheln, die leicht an Kleidern haften; *Du hast dich wie eine K. an ihn gehängt* (umgangssprachlich): in lästiger Weise an ihn geklammert.

__2__ Zählen Sie zusammen, wie viele Antworten Sie zu den Buchstaben **A**, **B**, **C** und **D** haben.

Zu welchem Buchstaben haben Sie die meisten Antworten?
Das ist Ihr Typ. Lesen Sie nun Ihre Auflösung des Tests.

TYP A	TYP B	TYP C	TYP D
Nähe und Harmonie in der Beziehung gehen dir über alles. Du neigst dazu, deinen Freund/deine Freundin zum Mittelpunkt deines Lebens zu machen und ihn/sie durch eine rosarote Brille wahrzunehmen. Dabei zeigst du viel Einfühlungsvermögen und bist bereit, für den anderen Opfer auf dich zu nehmen. Aber du machst dich zu sehr von deinem Freund/deiner Freundin abhängig, was so weit gehen kann, dass du nicht mehr in der Lage bist, eigene Entscheidungen zu treffen. Spannungen und Konflikte in der Beziehung machen dir Angst und eine andere Meinung erlebst du nicht als mögliche Bereicherung, sondern als Bedrohung. Deshalb schließt du dich eher der Meinung des anderen an, als einen Streit zu riskieren.	Du fühlst dich in deinen eigenen Bedürfnissen, Wünschen und Urteilen oft unsicher und traust dich nicht, dich auch mal gegen heftigen Widerstand durchzusetzen. Deshalb ist es dir wichtig, jemanden an deiner Seite zu haben, an dem du dich orientieren kannst. Du bist ziemlich tolerant und lässt deinem Partner/deiner Partnerin Raum für Aktivitäten, ohne gleich eifersüchtig zu werden oder dich verlassen zu fühlen. Unter Umständen profitierst du sogar von seinen/ihren Unternehmungen. Aber was ist mit deiner ganz persönlichen Entfaltung? Klebst du da nicht zu sehr an deinem Freund/deiner Freundin und kümmerst dich zu wenig um deine eigenen Interessen?	Du wirkst unabhängig und machst jedem klar, dass andere in deinem Leben nur die zweite Geige spielen. Du achtest sehr darauf, niemanden zu brauchen und auf niemanden angewiesen zu sein. Du hast gelernt, Menschen auf Distanz zu halten und in deinen Liebesbeziehungen den Ton anzugeben. Bei Unstimmigkeiten fürchtest du keinen Streit, kannst dich aber auch aus Ärger beleidigt zurückziehen. Eifersucht begegnest du mit kleinen Flirts. Droht eine Trennung, hast du schnell selbst den Schlussstrich gezogen, bevor es der andere tut. Hinter dieser Souveränität verbirgt sich jedoch auch deine Angst vor wirklicher Nähe. Du befürchtest, verletzt zu werden, wenn du tiefere Gefühle für jemanden entwickelst.	Klammern ist nicht deine Sache. Du liebst deine Freiheit und Unabhängigkeit und gestehst sie auch deinem Partner/deiner Partnerin zu. Im Gegenteil: Jemand, der sich zu eng an dich bindet und dauernd nach deiner Pfeife tanzt, langweilt dich und geht dir schnell auf die Nerven. Du magst Risiko und Abwechslung und suchst dir dein Maß an Nervenkitzel auch außerhalb der Beziehung. Du bist Flirts nicht abgeneigt, solange sie unverbindlich bleiben. Allerdings verlierst du dabei leicht aus dem Auge, wann der Spaß für deinen Partner/deine Partnerin verletzend wird, und setzt eure Beziehung aufs Spiel, ohne es zu wollen. Trennungen machen dir nicht allzu viel Angst, weder kurzfristige noch endgültige.

AB 94   21

___3___   Fassen Sie mündlich die wichtigsten Informationen zusammen.

> *Über Typ A wird gesagt, dass er ...*
> *Laut der Testauflösung sind Menschen dieses Typs ...*
> *Für diese Menschen ist angeblich wichtig, dass sie ...*

___4___   Trifft die Charakterisierung auf Sie zu?

GR ___5___   Ordnen Sie die folgenden Nomen.   GR S. 114/4

Text: TYP A	Text: TYP B	Text: TYP C	Text: TYP D
die Nähe – die Harmonie – die Entscheidung – die Meinung – die Bereicherung – die Bedrohung	das Bedürfnis – der Wunsch – das Urteil – der Widerstand – die Aktivität – die Unternehmung – die Entfaltung	die Beziehung – die Unstimmigkeit – der Ärger – die Trennung – der Streit – die Souveränität	die Freiheit – die Unabhängigkeit – die Abwechslung – der (Nerven)Kitzel – das Spiel

Wortstamm -ung	Verb	Wortstamm -	Verb	Wortstamm -ität	Adjektiv
Beziehung	beziehen	Wunsch	wünschen	Aktivität	aktiv

Wortstamm -nis	Verb	Wortstamm -e	Adjektiv	Wortstamm -(ig)keit/heit	Adjektiv
Bedürfnis	bedürfen	Nähe	nah	Unabhängigkeit	unabhängig

AB 95   22–24

GR ___6___   Welches Genus haben die Nomen der verschiedenen Gruppen?

GR ___7___   Finden Sie zu jeder Gruppe zwei bis drei weitere Beispiele.

109

__1__   Sprechen Sie über die Fotos.

Beschreiben Sie, was Sie sehen. Äußern Sie danach
Vermutungen über folgende Fragen:

ⓐ Welche Situation ist dargestellt?
ⓑ Wann und wo wurden die Aufnahmen gemacht?
ⓒ Welche Beziehung besteht zwischen den Personen?

__2__   Begründen Sie diese Vermutungen.

Etwas beschreiben
Auf dem ersten Bild sieht man ...
Da ist ... zu sehen.
Man erkennt ...

Vermutungen äußern
Das ist wahrscheinlich ...
Das könnte ... sein.
Es scheint, dass ...
Es sieht so aus, als ob ...
Vermutlich ...

AB 97 25–27

110

SCHREIBEN

schätzchen

Liebchen

Herzchen

Liebling

Bärchen

Mausi

Stinker

mein kleiner ...

1   Lesen Sie folgende Meldung aus dem Internet zum Thema „Kosenamen".

Zur Sache, Radieschen

Was sich liebt, das gibt sich Kosenamen. Allerdings keine besonders originellen, das ergab erst jüngst wieder eine Umfrage. Schatz, Liebling, Mausi, Hase – die Deutschen, so eine Umfrage im Auftrag einer Frauenzeitschrift, finden für die Frau oder den Mann ihres Herzens eher langweilige Kosenamen.

Eine Umfrage von SPIEGEL-Online fand allerdings heraus, dass es neben dem „Schatz" für den Alltagsgebrauch noch weitere und auch eher ungewöhnliche Kosenamen gibt. So bezeichnen Verliebte sich gerne mal als Champagnertrüffel, Chaoszwerg, Flauschi, Tofunäschen, geliebter Waldschrat, mein kleines Sahnekännchen oder Radieschen.

2   Lesen Sie nun die Zuschrift eines Lesers zu diesem Thema.

Markus Schmidt, 19, Erfurt
Leider habe ich die Gabe, mich selten, aber dafür umso intensiver in Frauen zu verlieben, die schon vergeben sind. Schatzi, Hasi, Mausi würde ich meine Möchtegern-Freundin nie nennen. Aber Pünktchen! Sie ist klein (wie ich) und hat im Gesicht lauter Sommersprossen. Pünktchen eben, die ihr Gesicht viel interessanter machen. Am liebsten würde ich all ihre Pünktchen küssen.

3   Bringen Sie die folgenden Sätze einer weiteren Zuschrift in die richtige Reihenfolge.

a   Markieren Sie zuerst alle Wörter, die zwei Sätze oder Nebensätze verbinden können (z.B. _dann_).

b   Setzen Sie danach den Text richtig zusammen.

- ☐ Er nennt mich auch immer Martina.
- ☐ Dann geht mir das Herz über vor Liebe.
- ☐ 1 Ich heiße eigentlich Martina.
- ☐ Aber in Momenten, in denen er richtig glücklich ist, sagt er manchmal „meine kleine Prinzessin" zu mir.
- ☐ Natürlich sagen alle Tina oder Tini zu mir.
- ☐ Denn ich finde, dass dieser Name wirklich was Besonderes ist.
- ☐ Mein Freund Christian hasst es im Grunde, wenn man sich irgendwelche Kosenamen gibt.

P 4   Schreiben Sie als Reaktion eine E-Mail an die Online-Redaktion.

Sagen Sie,
- warum Sie schreiben.
- welche Kosenamen in Ihrer Sprache typisch sind und was sie bedeuten.
- welche(n) Kosenamen Sie persönlich originell finden und warum.
- ob man sich auch in der Öffentlichkeit mit Kosenamen anreden sollte und warum (nicht).

AB 97   28

5   Kontrollieren Sie.

Haben Sie
- Betreff, Anrede und Grußformel richtig geschrieben?
- alle Inhaltspunkte behandelt?
- die Sätze miteinander verbunden, d.h. Wörter wie _dann, deshalb_ usw. verwendet?

__1__ Wann wurden diese beiden
Personen wohl fotografiert?

☐ etwa zu der Zeit, als Ihre
Eltern jung waren
☐ vor ungefähr 100 Jahren
☐ vor ungefähr 200 Jahren
☐ in den fünfziger Jahren

Wenn Sie wissen wollen,
wer die beiden abgebildeten
Personen sind, lesen Sie im
Arbeitsbuch nach.

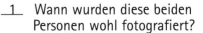 AB 98   29

__2__ Lesen Sie die Regieanweisung zu der Szene von Arthur Schnitzler.

Halb zwei

Es ist nachts, halb zwei Uhr. Bei ihr. Ein duftendes
Zimmer, das beinahe ganz im Dunkel liegt. Nur die Ampel*, ein
mildes Licht. – Auf dem Nachtkästchen eine kleine Standuhr
und eine Wachskerze in kleinem Leuchter, ziemlich tief herabge-
brannt. Daneben liegen eine angeschnittene Birne und Zigaretten.
Er und sie wachen eben beide nach leichtem Schlummer auf.
Aber sie wissen nicht, dass sie geschlummert haben.

* altes Wort für Lampe

ⓐ Wo spielt die Szene?
ⓑ Wie ist die Atmosphäre?
ⓒ Wovon handelt die Szene wohl?

__3__ Sie hören die Szene jetzt in Abschnitten.

CD 2 | 12–16

Bearbeiten Sie die Aufgaben nach jedem Abschnitt.

Abschnitt 1 Um was für eine Situation handelt es sich?

Abschnitt 2 Welche drei Dinge erfahren wir über das Leben des Mannes?

Abschnitt 3 ⓐ Wie ist die Beziehung der beiden Personen zueinander?
ⓑ Warum kann der Mann nicht bis zum Morgen bleiben?
☐ Weil er sonst keinen Schlaf findet.
☐ Wegen einer anderen Frau.
☐ Wegen seiner Krankheit.
☐ Weil die Nachbarn nichts mitbekommen sollen.

Abschnitt 4 ⓐ Was wirft die Frau dem Mann hier alles vor?
ⓑ Sind diese Vorwürfe berechtigt? Warum? Warum nicht?
ⓒ Wie endet die Szene wohl?

Abschnitt 5 Was wird wohl aus der Beziehung?
☐ Die beiden heiraten.
☐ Die beiden trennen sich.
☐ Die Beziehung wird genauso weitergeführt.

AB 98   30

__4__ Könnte diese Szene so auch heute spielen?
Warum? Warum nicht?

AB 99   31–32

1 Genus der Nomen

ÜG S. 8

Das Genus der Nomen gehört zu den Fakten der Grammatik, die man nicht selbst bilden oder erschließen kann. Man muss das Genus zusammen mit dem Artikel lernen. Es gibt jedoch einige Regeln, wie man an der Endung eines Nomens das Genus erkennen kann. In den Punkten 2, 3 und 4 finden Sie die wichtigsten Regeln. Sie gelten allerdings nicht ohne Ausnahmen.

2 Pluralendungen

ÜG S. 10

Im Deutschen unterscheidet man fünf Typen der Pluralbildung.
Eine Flexionsendung bekommt nur der Dativ Plural (z.B. die Forscher – den Forschern), sofern das Wort nicht auf -n oder -s endet (z.B. die Taxis – den Taxis).

Typ	Plural-endung	Singular	Plural	Kennzeichnung	Genus-Regeln
1	ohne	der Forscher das Mädchen das Fenster	die Forscher die Mädchen die Fenster	der Forscher, - das Mädchen, - das Fenster, -	• maskuline Nomen auf -er, -en, -el, -ler • neutrale Nomen auf -er, -en, -el, -chen, -lein
	¨	der Vater der Garten der Apfel	die Väter die Gärten die Äpfel	der Vater, ¨ der Garten, ¨ der Apfel, ¨	
2	-e	der Kommentar das Regal das Ereignis	die Kommentare die Regale die Ereignisse	der Kommentar, -e das Regal, -e das Ereignis, -se	• maskuline und neutrale Nomen auf -al, -ar • maskuline Nomen auf -ich, -ling • neutrale Nomen auf -nis
	¨e	der Kopf die Brust	die Köpfe die Brüste	der Kopf, ¨e die Brust, ¨e	
3	-er	das Kind das Bild	die Kinder die Bilder	das Kind, -er das Bild, -er	• einsilbige neutrale Nomen • maskuline und neutrale Nomen auf -tum • einige maskuline Nomen
	¨er	der Reichtum der Mann das Haus	die Reichtümer die Männer die Häuser	der Reichtum, ¨er der Mann, ¨er das Haus, ¨er	
4	-(e)n	die Freundschaft die Forscherin die Sympathie der Autor der Student	die Freundschaften die Forscherinnen die Sympathien die Autoren die Studenten	die Freundschaft, -en die Forscherin, -nen die Sympathie, -n der Autor, -en der Student, -en	• feminine Nomen auf -el, -ie, -rei, -in, -heit, -keit, -schaft, -ung, -ion, -ur, -ette • maskuline Nomen auf -or, -ant, -ent, -ist
5	-s	der Flirt die Kamera das Hotel der Lkw	die Flirts die Kameras die Hotels die Lkws	der Flirt, -s die Kamera, -s das Hotel, -s der Lkw, -s	• Fremdwörter aus dem Englischen und Französischen • Abkürzungen

3 Zusammengesetzte Nomen

ÜG S. 20

a Ein zusammengesetztes Nomen wird aus zwei oder mehr Wörtern gebildet:

Nomen + Nomen	Adjektiv + Nomen	Verb + Nomen	Präposition + Nomen
Party + Stimmung (f) die Partystimmung	neu + Orientierung (f) die Neuorientierung	lernen + Problem (n) das Lernproblem	gegen + Argument (n) das Gegenargument

Das letzte Wort des zusammengesetzten Nomens ist das Grundwort.
Es bestimmt den Artikel. Der erste Teil des zusammengesetzten Nomens
spezifiziert das Grundwort und heißt Bestimmungswort.

ⓑ Fugenzeichen: Manchmal sind die Teile des zusammengesetzten
Nomens mit einem *-s-* verbunden. Beispiel: *der Liebesbrief.* Nach Nomen
mit den Endungen *-heit, -ung, -ion, -keit, -ling, -schaft, -tät* wird ein
Fugen-*s* eingefügt. Die Fugenzeichen *-n* und *-er* lassen sich aus den
Pluralendungen erklären: *die Gruppenreise, der Bücherschrank.*

ÜG S. 20

__4__ Nominalisierung
Die Nominalisierung ist im Deutschen häufig, besonders in geschriebenen
Texten. Dabei wird eine andere Wortart zum Nomen.

aus dem Verb		aus dem Adjektiv	
leben	– das Leben	nah	– die Nähe
erkennen	– die Erkenntnis	zweideutig	– die Zweideutigkeit

ⓐ deutsche Nominalisierungen ohne Nachsilbe

Infinitiv	Wortstamm	Vorsilbe *Ge-*	dekliniertes Adjektiv
das Essen (essen),	der Flug (fliegen)	das Gefühl (fühlen)	das Gute (gut)
das Leben (leben)	der Gang (gehen)	der Gesang (singen)	das Schöne (schön)

ⓑ Nachsilbe deutscher Nominalisierungen

Nachsilbe	Beispiel	Nachsilbe	Beispiel
-e	die Lage (liegen)	-nis	das Erlebnis (erleben)
-t	die Fahrt (fahren)	-sal	das Schicksal (schicken), die Mühsal (sich mühen)
-ei	die Schlägerei (schlagen)	-sel	das Rätsel (raten)
-heit	die Freiheit (frei)		
-keit	die Eitelkeit (eitel)	-tum	der Reichtum (reich), das Wachstum (wachsen)
-igkeit	die Lieblosigkeit (lieblos)	-er	der Sender (senden)
-schaft	die Bereitschaft (bereit)	-ling	der Lehrling (lehren)
-ung	die Bedeutung (bedeuten)		

Feminine Nominalisierungen bilden den Plural mit *-n/-en.*

ⓒ Nachsilben fremdsprachlicher Nominalisierungen
Das Deutsche hat viele Wörter aus anderen europäischen Sprachen, insbesondere dem Englischen und Französischen, übernommen. Diese Wörter
nennt man Internationalismen.

Nachsilbe	Beispiel	Nachsilbe	Beispiel	Nachsilbe	Beispiel
-ade	die Limonade	-esse	das Interesse,	-ant	der Emigrant*
-age	die Reportage		die Delikatesse	-ar	der Kommissar*
-anz	die Toleranz	-ing	das Marketing	-är	der Funktionär*
-enz	die Tendenz	-(i)um	das Studium	-at	der Bürokrat*
-ette	die Tablette	-ma	das Thema	-ent	der Student*
-ie	die Harmonie	-ment	das Parlament	-eur/-ör	der Friseur, Frisör*
-ik/-atik	die Lyrik, Problematik	-ar	das Vokabular	-iker	der Physiker*
-ion/-ation	die Region, Isolation	-är	das Militär	-ist	der Optimist*
-ose	die Diagnose	-ismus	der Kapitalismus	-loge	der Archäologe*
-ität	die Souveränität	-asmus	der Enthusiasmus	-nom	der Ökonom*
-ur/-üre	die Literatur, Lektüre	-us	der Zyklus	-or/-ator	der Autor, Diktator*

* Personen in femininer Form mit Nachsilbe *-in*, Beispiel: *die Emigrantin*

GO!

8

Für welches Medium wird hier Werbung gemacht?

Was meinen Sie?

Was steht wohl in dem Text zu diesem Foto?

> Es könnte sich hier um ... handeln.
> Im Text zu diesem Foto könnte es um ... gehen.
> Das ist eine Werbung für ..., denn auf dem Foto sieht man ...

__1__   Lesen Sie nun den Text unten.

a Welche Begriffe aus dem Werbetext beziehen sich auch auf das Foto?
b Was fällt an der Sprache des Werbetextes auf?

GO COMPUTER: Schwierigkeiten mit der Maus?
Kahle Stellen auf der Festplatte? Kein Problem.

GO! Bei CompuServe finden Sie in über 800 Foren Support
für Ihre Hard- und Software. Dazu Shareware zum Downloaden.

If Online – **Go CompuServe**. Info und Gratissoftware gibt's auf Anfrage.

http://info.CompuServe.de

__2__   Wie heißen die einzelnen Teile?
Ordnen Sie zu.

---

der USB-Stick   die Tastatur   der Monitor   der Rechner   der Drucker   die Taste   das Notebook
                     der Bildschirm

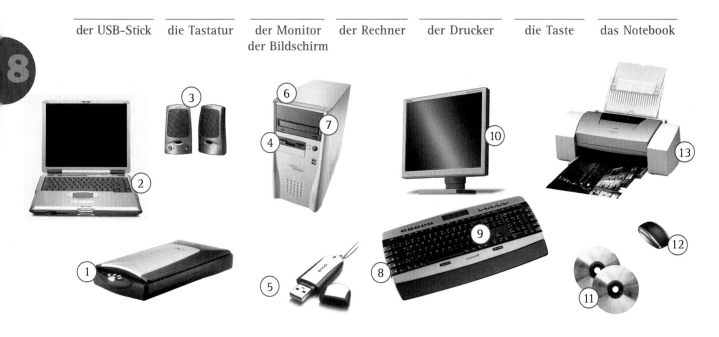

das Diskettenlaufwerk   der Scanner   die CD-ROM   die Maus   das CD-ROM-Laufwerk   der Lautsprecher

`AB 104` 2

__3__   Sie wollen Ihre E-Mails lesen und anschließend welche verschicken.
Was müssen Sie machen? Bringen Sie die Vorgänge in eine sinnvolle
Reihenfolge.

☐ den Posteingang aufrufen
☐ die eingegangenen E-Mails öffnen und
    lesen
☐ E-Mail-Anhänge herunterladen
☐ die Bilddatei anhängen
☐ das E-Mail-Programm aufrufen
☐ den Computer herunterfahren

☐ E-Mails von unbekannten Versendern
    löschen
☐ ein Bild einscannen
☐ den Computer einschalten
☐ die E-Mail verschicken
☐ das E-Mail-Programm beenden
☐ eine Antwort-Mail verfassen

1 Lesen Sie Titel, Untertitel und Vorspann des folgenden Textes.

ⓐ Womit wird der Computer hier in Zusammenhang gebracht?

ⓑ Aus welcher Quelle stammt wohl der Text?

Computer-Sucht

DIE DROGE
DES 21. JAHRHUNDERTS

Der Computer kann psychisch abhängig machen. Wissenschaftler forschen an neuen Krankheitsbildern, ähnlich dem Alkoholismus und der Spielsucht.

Es gab mal eine Zeit, als der Heimcomputer nur ein dienstbares Instrument und dem
5 Menschen untertan war. Ein Büromöbel, mehr nicht. Knöpfchen an, Diskette rein, schon tippten wir im autodidaktischen Dreifingersystem Liebesbriefe, Diplomarbeiten, Flugblätter für die Demonstration und,
10 weil's so flott aussah, die Einkaufsliste für den Wochenmarkt. Ein bloßer Schreibapparat oder, je nach Bedarf, eine Rechenmaschine. Hauptsache, die Shift-Taste war am Platz und die Floppy-Disk beschriftet.
15 Wir hatten den schnurrenden Kasten im Griff, nicht umgekehrt.

Es war eine Zeit, in der wir noch Macht über die Maschine spürten. Dann kam das Modem. Die Box, aus der es pfeift und knarzt,
20 hauchte dem seelenlosen Objekt Leben ein, indem sie es via Telefonkabel mit seinen Artgenossen verband. Wir traten in Kontakt mit anderen „Bedienern", deren wahre Gesichter sich hinter Codes und Zahlenkürzeln verbar-
25 gen. Eine Parallelwelt, die wir erst müde belächelt haben, dann bestaunt und schließlich forsch erkundet: E-Mail, Online-Dienste, Internet, World Wide Web ...

Seitdem hängen wir an der elektronischen
30 Nadel – zur Freude der Computerbranche. Wir können nicht mehr ohne, selbst wenn wir es wollten. Wir brauchen unsere tägliche Dosis Computer. Die alten Machtverhältnisse haben sich gewendet. Längst hat der
35 Computer uns im Griff. Wir richten den Tagesplan nach ihm, prägen den Umgangston nach seiner Kunstsprache, nötigen den „traditionellen" Medien wie Zeitschrift oder Fernsehen seine pseudodreidimensionale Optik auf.
40

Wir sind, nach jüngsten Erkenntnissen von Psychologen und Medizinern, reif für die Therapeutencouch. Die Diagnose: „Computersucht".

Machen Computer krank? Erste Studien 45 besagen: Etwa 3% der amerikanischen Online-Gemeinde betreiben ihr „Hobby" unter sucht-ähnlichem Zwang, den sie nicht mehr kontrollieren können. Sobald sie sich durchs Bildschirmfenster ins virtuelle Jen- 50 seits hineinsaugen lassen, nehmen sie die Koordinaten des Diesseits nicht mehr wahr: Zeit und Raum, Wahrheit und Lüge, Haupt- und Nebensache. Sie stöbern bis zum Morgengrauen durch Datenbanken – und 55 verschlafen Geschäftstermine. Ohne wirklich miteinander in engeren Kontakt zu treten, flirten sie mit einem Bildschirmgegenüber am anderen Ende der Welt – während das reale Gegenüber im Nebenzimmer harrt. Sie 60 zappen sich, Nacken gebeugt, Handgelenke verdreht, die Augen matt, dumpf von Web-Site zu Web-Site – und die Gebührenuhr rattert und rattert.

Psychologen vergleichen die Symptome 65 der Online-Abhängigkeit in wissenschaftlichen Abhandlungen mit Spielsucht und Alkoholismus: Probleme am Arbeitsplatz, Beziehungskrisen, Verlust des Zeitgefühls, Entzugserscheinungen. Virtuell gehörnte 70 Ehefrauen reichen die Scheidung ein; Selbsthilfegruppen diskutieren, nach der Art der anonymen Alkoholiker, die Web-Manie – ausgerechnet! – im Internet.

8

2 Setzen Sie jeweils einen Satzteil aus der linken und der rechten Spalte zu Sätzen zusammen.

Bringen Sie anschließend die Sätze in die richtige Reihenfolge des Lesetextes.

☐ Das Gerät hatte also vor allem die Funktion,	zu Hause zum Schreiben und Rechnen.
☐ Die Computersucht kann so weit gehen,	mit anderen Computern in Verbindung zu treten.
☑ Früher benutzte man den PC	dass man die reale Welt nicht mehr wahrnimmt.
☐ Das änderte sich, als es möglich wurde,	in Abhängigkeit von einer Maschine gebracht.
☐ Im Extremfall zeigen die Süchtigen	ähnliche Symptome wie Spieler und Alkoholiker.
☐ Damit hat sich der Mensch	dem Menschen zu dienen.

AB 104 **3**

3 „Wortfelder" für *Computer* und *Sucht*

Suchen Sie alle Wörter aus dem Text, die mit der Welt des Computers einerseits und mit Sucht andererseits zusammenhängen.

dienstbares Instrument

Büromöbel   Computer   Sucht

4 In welchem Zusammenhang stehen die Begriffe *Computer* und *Sucht* im Text?

AB 104 **4**

GR **5** Temporale Konnektoren und Präpositionen   GR S. 129

a Suchen Sie im Text Sätze mit *als – seitdem – sobald – bis zu – während*.
b Ordnen Sie diese Konnektoren und Präpositionen in die Übersicht ein.

Nebensatzkonnektor	Hauptsatzkonnektor	Präposition

c Mit welchen Konnektoren oder Präpositionen kann man die Sätze umformulieren?
bis – gleichzeitig – gleich nach – seit

■ *Seitdem hängen wir an der elektronischen Nadel.* (Zeile 29–30)

.... dieser Zeit hängen wir an der elektronischen Nadel.

■ *Sie stöbern bis zum Morgengrauen durch Datenbanken.* (Zeile 54–55)
Sie stöbern durch Datenbanken, ... der Morgen graut.

■ *Sie flirten mit einem Bildschirmgegenüber am anderen Ende der Welt – während das reale Gegenüber im Nebenzimmer harrt.* (Zeile 58–60)
Sie flirten mit einem Bildschirmgegenüber am anderen Ende der Welt. .... harrt das reale Gegenüber im Nebenzimmer.

AB 105 **5–7**

__1__ Welche Medien gibt es seit Langem, welche erst seit kurzer Zeit?

Ergänzen Sie die „Treppe".

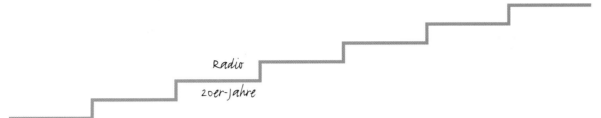

__2__ Welche Medien spielen in Ihrem Heimatland eine besonders wichtige Rolle? Warum?

Welches Medium spielt noch keine wichtige Rolle bzw. keine wichtige Rolle mehr? Warum?

AB 106 8–9

__3__ Über eine Grafik sprechen

Setzen Sie sich zu viert zusammen. Zwei Kursteilnehmer sehen sich das Schaubild unten an, die anderen das Schaubild im Arbeitsbuch. Sehen Sie dabei nur Ihre Grafik an. Geben Sie Ihren Partnern die wichtigsten Informationen aus Ihrem Schaubild.

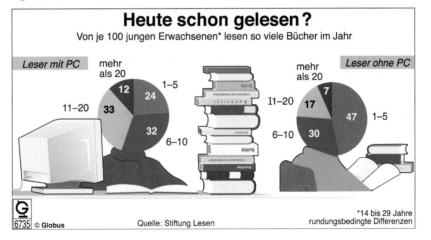

Die Grafik zeigt ...
Der Grafik ist zu entnehmen, dass ...
Dieses Schaubild gibt Auskunft (informiert) darüber, ...
Man erfährt hier etwas über ...

AB 107 10

__4__ Informationen erfassen und wiedergeben

Notieren Sie die Informationen, die Sie über die andere Grafik erhalten. Sagen Sie Ihren Partnern, welche Informationen Sie erhalten haben.

1 **Film und Fernsehen**

Gibt es in Ihrem Heimatland deutschsprachige Sendungen im
Fernsehen oder Filme im Kino? Welche? Beschreiben Sie eine Sendung
oder einen Film kurz und geben Sie eine Beurteilung ab.

2 **Ein Brief**

Sie haben vor Kurzem im Fernsehen eine deutschsprachige Sendung
bzw. im Kino einen deutschsprachigen Spielfilm gesehen und berichten
nun Ihrer Brieffreundin davon.
Sagen Sie in Ihrem Brief etwas darüber,

- was für ein Typ von Sendung bzw. was für ein Film es war
  (zum Beispiel Krimi, Unterhaltungssendung, Show,
  Nachrichtensendung, Spielfilm usw.).
- worum es darin ging.
- wie Ihnen die Sendung bzw. der Film gefallen hat und warum.
- was für Sendungen aus Deutschland, Österreich oder der Schweiz
  Sie gerne im Fernsehen Ihres Heimatlandes sehen würden.

Schließen Sie Ihren Brief mit einem Gruß.

Schreiben Sie folgenden Brief einfach weiter.

> Liebe ...
> schön, mal wieder was von Dir zu hören. Ich freue mich immer riesig,
> wenn ich einen Brief von Dir bekomme. Mir geht es ganz gut. Ich habe
> jetzt wieder etwas mehr Zeit und komme deshalb öfter mal
> dazu, fernzusehen und ins Kino zu gehen.
> Gestern habe ich ...

3 **Korrigieren Sie nun selbst.**

Tauschen Sie Ihren Brief mit Ihrer Lernpartnerin /
Ihrem Lernpartner aus.

a Prüfen Sie nach dem ersten Durchlesen, ob alle Punkte aus Aufgabe 2
erwähnt werden.

b Markieren Sie beim zweiten Lesen Fehler, die Ihnen auffallen.

c Korrigieren Sie gemeinsam die markierten Fehler.

d Diskutieren Sie, was Ihnen an den Briefen inhaltlich aufgefallen ist.

HÖREN 1

__1__   Sie hören jetzt eine Radiosendung über Analphabetismus.

Machen Sie zu zweit eine Liste.

Was ich über Analphabetismus weiß	Was ich darüber wissen möchte

__P 2__
CD 2 | 17–19

Verstehen von Hauptaussagen und Einzelheiten

Lesen Sie die fett gedruckten Fragen (a–f). Hören Sie den Beitrag zuerst einmal ganz. Danach hören Sie den Text in Abschnitten noch einmal. Kreuzen Sie zu jeder Frage die richtige Antwort an.

Abschnitt 1   **a**   **Was versteht man unter „funktionalen Analphabeten"?**
- ☐ Menschen, die nie richtig schreiben und lesen gelernt haben.
- ☐ Personen, die ihre Schreib- und Lesefähigkeit wieder verlernt haben.
- ☐ Menschen, die in einer anderen Schrift alphabetisiert wurden.

b   **Was ist wichtig für eine positive Sprachentwicklung bei Kindern?**
- ☐ Dass sie auch am Computer Texte lesen und schreiben.
- ☐ Dass sie bereits im Vorschulalter lesen lernen.
- ☐ Dass ihr Interesse für Bücher so früh wie möglich geweckt wird.

Abschnitt 2   **c**   **Welche Erkenntnisse gibt es in Bezug auf das Alter?**
- ☐ Nach dem 14. Lebensjahr wird es schwerer, das Lesen und Schreiben zu lernen.
- ☐ Lesen kann man nur bis zum 10. Lebensjahr richtig lernen.
- ☐ Sprachen lernen sollte man vor dem 10. Lebensjahr beginnen.

d   **Was für Probleme entstehen im Unterricht der deutschen Hauptschule?**
- ☐ Die meisten Kinder haben keine Lust, in der Schule zu lesen oder zu schreiben.
- ☐ Dreißig Prozent verlassen die Schule, weil sie nicht richtig lesen und schreiben können.
- ☐ Schüler mit einer Lese- und Schreibschwäche können am Deutschunterricht nicht richtig teilnehmen.

Abschnitt 3   **e**   **Welche Gründe führen zur Entstehung von funktionalem Analphabetismus?**
- ☐ Geringere Intelligenz.
- ☐ Geringes eigenes Interesse daran, lesen und schreiben zu lernen.
- ☐ Schwierige Familienverhältnisse oder häufige Umzüge.

f   **Wie kann Menschen mit Lese- und Schreibschwäche geholfen werden?**
- ☐ Durch Alphabetisierungskurse.
- ☐ Durch regelmäßige Selbstlernübungen, Formulare auszufüllen oder Ähnliches.
- ☐ Ihnen kann nicht wirklich geholfen werden.

__3__   Welche Ihrer eigenen Fragen aus Aufgabe 1 wurden in dem Beitrag beantwortet?

AB 108   11–12

1 Thema definieren

Was würden Sie alles zu den Neuen Medien rechnen? Wie gehen die Menschen damit um? Notieren Sie zu dritt auf Folien Antworten in einem Ideenbaum, einer sogenannten Mind Map.

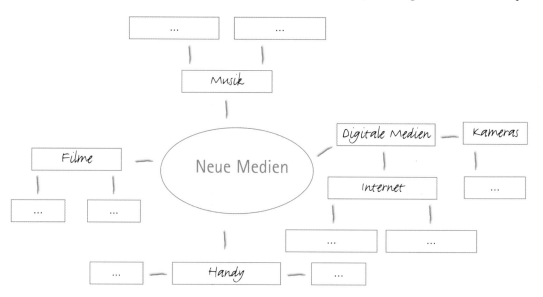

P 2 Bild auswählen

Für eine Präsentation zum Thema „Jugendliche und Neue Medien" sollen Sie ein passendes Foto auswählen.

Vorschläge machen und begründen	dem Gesprächspartner widersprechen	zu einer Entscheidung kommen
Also, ich würde das Bild mit ... nehmen. Es eignet sich gut, denn ...	Das Foto ist zwar recht ansprechend, aber der Aspekt ... kommt hier gar nicht vor.	Lass uns doch noch einmal überlegen, was das Bild aussagen soll ...
Ein wichtiger Aspekt des Themas ist doch ... Darum passt das Bild mit ... besonders.	Da bin ich nicht ganz deiner Meinung: Das Foto ... halte ich für weniger passend, weil ...	Ich denke, wir sollten uns jetzt langsam einigen. Was hältst du davon, wenn wir ... ?
Mir gefällt an dem Bild ..., dass ...	Ich hätte einen anderen Vorschlag, und zwar ...	Na gut, im Grunde finde ich das Bild ... auch ...

__1__   Silbenrätsel

Bilden Sie aus den Silben und Wortteilen möglichst viele Begriffe
zum Thema „Presse".

zeit	tikel	Maga	Fach	schrift	Schlag	Ar	Spal	Zeich	to
zin	Leser	Fo	nung	zeile	Kino	blatt	richt	Ab	Tages
te	Glos	Kom	Be	Titel	mentar	tage	brief	se	Repor
zeige	An	programm	zeitung	satz					

__2__   Ordnen Sie die Begriffe aus dem Rätsel folgenden
drei Oberbegriffen zu.

Druckmedien	formale Kriterien	inhaltliche Kriterien
Magazin	Spalte	Bericht

__3__   Welche Zeitungen/Zeitschriften lesen Sie regelmäßig? Warum?

- ☐ Tageszeitungen
- ☐ politische Wochenzeitschriften/Magazine
- ☐ Frauenzeitschriften/Männermagazine
- ☐ Fachzeitschriften (zum Beispiel: Sport, Wissenschaft, Computer ...)
- ☐ Regenbogenpresse
- ☐ andere

__4__   Kennen Sie die abgebildeten Titel?

Was wissen Sie über diese Zeitschriften bzw. Zeitungen?

__5__   Sie erhalten von Ihrer Kursleiterin/Ihrem Kursleiter verschiedene
deutschsprachige Zeitungen oder Zeitschriften.

Sehen Sie sich jeweils zu viert eine davon näher an, ergänzen Sie die
Liste unten und berichten Sie anschließend im Plenum.

Eine
deutsche
Zeitschrift
oder
Zeitung

Name

Welche Art von Publikation?

Erscheinungsort

Erscheint wie oft?

Layout (schwarz-weiß, farbig, illustriert, Größe der Titel)

Rubriken (Tageszeitung), z.B. Aktuelles, Kommentar, Vermischtes

Themen (Zeitschrift)

Schlagzeilen

Werbung

Sprachstil, Komplexität

Vermutungen über die Leser

Sonstiges

AB 108 13

__1__ In welche Rubrik einer Tageszeitung passt die Schlagzeile unten?

☐ Innenpolitik ☐ Außenpolitik ☐ aktuelle Berichterstattung
☐ Klatsch und gesellschaftliche Ereignisse ☐ Feuilleton/Kultur

> Reemtsma-Entführung: **Polizei jagt Superhirn**

__2__ Wo stand diese Schlagzeile wohl? Warum?

☐ in einer Boulevardzeitung (Auflage: 4 Millionen Exemplare täglich)
☐ in einer überregionalen Tageszeitung (Auflage: 400 000 Exemplare täglich)

A **Die REEMTSMA-ENTFÜHRER – kann die Polizei sie jemals fassen?**

Der Boss ist ein Superhirn. Selbst der Entführte spricht in einem Interview mit Hochachtung über den Mann, der ihn 33 Tage gepeinigt hat. Das Superhirn hatte das Verbrechen so perfekt geplant und ausgeführt, dass die Polizei auch 10 Tage nach Reemtsmas Freilassung noch nicht einmal das Geisel-Versteck gefunden hat.

Die Tricks des Superhirns: *Ein weiß getünchter Keller, irgendwo in Norddeutschland, gut eine Autostunde von Hamburg entfernt. Für 33 Tage das Geisel-Gefängnis des Hamburger Multimillionärs Jan Philipp Reemtsma (43). Superhirn, der Gangsterboss, hatte alles bis zum kleinsten Detail ausgetüftelt:*

■ **Er fand heraus, wo Reemtsma wohnt.** Gar nicht so einfach. Denn der Zigarettenerbe gibt als Adresse in Hamburg grundsätzlich den Krumdalsweg 17 an. Hier steht aber nur sein Arbeitshaus. In Wahrheit wohnt er im Krumdalsweg 11. Dort sind nur seine Frau und sein Sohn gemeldet – unter dem Namen Scheerer.

■ **Superhirn ließ den Krumdalsweg sechs Wochen lang ausspionieren.** Nicht einfach in einem Millionärsweg (Sackgasse, keine Wendemöglichkeiten), in dem sich jede Familie vor Entführungen fürchtet, auf kleinste Merkwürdigkeiten achtet.

■ **Die Benutzung eines ausländischen Kennzeichens am Entführer-Auto zur Irreführung der Verfolger – genial.** Die Buchstaben- und Zahlenkombinationen sind uns fremd. Auch Reemtsma wurde getäuscht, konnte sich die Buchstabenfolge (VF oder FV) nicht merken.

■ **Der Gangsterboss – er hat Nerven wie Drahtseile.** Auch nach der zweiten gescheiterten Geldübergabe keine Spur von Nervosität. Er erhöhte dreist das Lösegeld von 20 auf 30 Millionen Mark.

■ **Bei der Lösegeldübergabe – nur kein Risiko eingehen.** Um nicht wiedererkannt zu werden, ließ er für jeden Termin ein neues Auto klauen.

■ **Superhirn** – er ließ Reemtsma vor der Fahrt ins Geiselverlies die Uhr abnehmen, damit er nicht sehen konnte, wie lange er unterwegs war.

B **Die Entführung des Hamburger Millionenerben Jan Philipp Reemtsma** war das Werk einer professionell arbeitenden Verbrecher-Clique. Die Geiselgangster haben ihr Opfer gezielt und lange vorher ausgesucht, Grundstück und Nachbarn wochenlang beobachtet, die Tat bis ins Detail geplant und durchgeführt. Nur durch eine sorgfältig ausgeklügelte Strategie konnte das Lösegeld in Höhe von 30 Millionen Mark beim dritten Versuch übergeben und die dramatische Geiselnahme beendet werden.

In einem Exklusiv-Interview mit der *Süddeutschen Zeitung* hat Jan Philipp Reemtsma erstmals seine eigene Rolle in dem 33 Tage dauernden Entführungsfall erläutert. Er war mit einem der Gangster im ständigen Dialog. Er gewann das Vertrauen der Entführer, empfahl nach vier Wochen Geiselhaft einen Professor und einen Pfarrer als Lösegeldüberbringer, die von seinen Gangstern akzeptiert wurden. Sein Bewacher sei wenigstens nicht sadistisch gewesen, berichtete Reemtsma. In seinem nur schwach beleuchteten Verlies sei er aber zwischenzeitlich so verzweifelt gewesen, dass er einen Abschiedsbrief an seine Frau und seinen Sohn geschrieben habe.

Beim ersten Versuch der Geldübergabe waren der Rechtsanwalt Johannes Schwenn und Ann Kathrin Scheerer, die Ehefrau von Reemtsma, zu spät gekommen; beim zweiten Versuch warf der Anwalt den schweren Sack mit präparierten 20 Millionen Mark verabredungsgemäß über einen Zaun, doch die Beute wurde nicht abgeholt. Erst der dritte Versuch klappte. An der Autobahn bei Krefeld übernahmen die Kidnapper das Geld – diesmal unpräparierte Scheine, die eigens aus Amerika eingeflogen worden waren.

Auf die Frage, was die Zahlung des Lösegelds für ihn bedeute, meinte Reemtsma, allein der Verlust des Geldes sei für ihn nicht „ein besonders schmerzlicher Gedanke. Aber was man damit Vernünftiges hätte machen können, anstatt dass solche Lumpen es irgendwo auf den Bahamas verjuxen." Er hoffe, dass es der Polizei mithilfe seiner Beobachtungen gelinge, die Gangster zu fassen. „Ich will diese Leute vor Gericht haben", sagte Reemtsma in einem Interview, „es bedeutet mir viel, denen noch mal in die Augen zu sehen."

__3__ Beantworten Sie die folgenden Fragen zu den beiden
Zeitungsartikeln.

ⓐ Wer steht in den beiden Artikeln jeweils im Mittelpunkt
der Berichterstattung?

ⓑ Wie wird der Entführer dargestellt?
Unterstreichen Sie Charakterisierungen in den Texten.

ⓒ Welcher Artikel ist eher neutral, welcher drückt die Meinung
des Reporters aus?

ⓓ Welche Inhalte stehen in den beiden Artikeln im Vordergrund?

Artikel A	Artikel B	berichtet über
		■ die Vorbereitung der Geiselnahme
		■ das Verhältnis J. Ph. Reemtsma – Entführer
		■ die Qualitäten des Gangsters
		■ die problematische Übergabe des Lösegelds
		■ die Tricks der Entführer

ⓔ Welcher Artikel ist aus
einer Boulevardzeitung?
Woran erkennt man das?

AB 109 14

__GR 4__ Unterstreichen Sie die Verbformen der Aussagen von Jan Philipp
Reemtsma in Artikel B.   GR S. 130

Welche Verben geben die direkte, welche die indirekte Rede wieder?

__GR 5__ Kreuzen Sie die richtigen Aussagen an.

Die indirekte Rede

  ☐ drückt eine Distanz zum Gesagten aus.
  ☐ verwendet nur Formen des Konjunktivs I.
  ☐ gibt die Worte einer anderen Person wieder.
  ☐ benutzt man vor allem in geschriebenen Texten,
     zum Beispiel in der Zeitungssprache.
  ☐ hat vier verschiedene Zeitstufen.

__GR 6__ Formen Sie die Sätze um.

ⓐ In die direkte Rede: Sein Bewacher sei wenigstens nicht sadistisch gewesen, berichtete
Reemtsma. In seinem schwach beleuchteten Verlies sei er aber zwischenzeitlich so verzweifelt
gewesen, dass er einen Abschiedsbrief an seine Frau und seinen Sohn geschrieben habe. (...) Auf
die Frage, was die Zahlung des Lösegelds für ihn bedeute, meinte Reemtsma, allein der Verlust
des Geldes sei für ihn nicht „ein besonders schmerzlicher Gedanke."
Reemtsma berichtete: „Mein Bewacher war wenigstens nicht sadistisch. ..."

ⓑ In die indirekte Rede: „Ich will diese Leute vor Gericht haben", sagte Reemtsma in einem
Interview, „es bedeutet mir viel, denen noch mal in die Augen zu sehen."
Reemtsma sagte in einem Interview, er ...   AB 109 15–18

__1__   Lesen Sie einen Auszug aus dem Bericht, den der Entführte nach seiner Freilassung schrieb.

J. Ph. Reemtsma im Keller

Ich hatte eigentlich nach Hause kommen wollen. Mitternacht; da war der Wald, in dem man mich ausgesetzt hatte, dann war da das Dorf gewesen, das erste Haus, in dem noch Licht brannte, und der darin wohnte, hat mich ohne Wenn und Aber hereinkommen lassen, obwohl ich ihm wie ein sehr sonderbarer Strolch vorgekommen sein muss. Ich habe meine Frau angerufen, gesagt: „Ich bin's. Ich bin frei." Und ich hatte mir ein Taxi rufen wollen, nach Hause fahren, einfach so, die Dreiviertelstunde hältst du auch noch durch. Und dann der Moment, 33 Tage herbeigesehnt, obwohl ich mir während dieser 33 Tage verboten hatte, ihn mir auszumalen: Ich stehe vor unserer Haustür, ich klingle, meine Frau öffnet mir, und jetzt, jetzt könnte ich – was? Wahrscheinlich weinen, vielleicht einfach umfallen, nein, das nicht, aber in den Armen meiner Frau sehr, sehr schwer werden, die Spannung nicht mehr selber tragen, und dann (oder zuvor?) sie halten, fest, ihre Anspannung auffangen. ... Nein, wir würden raufgehen zu unserem Sohn (oder hat er mich gehört und kommt gerade die Treppe herunter?), und wir sind alle drei an seinem Bett (oder sitzen auf dem Teppich) und halten einander fest.

„Ich, ich rufe mir ein Taxi und bin dann in einer Dreiviertelstunde da." Irgend so etwas habe ich wohl gesagt und damit demonstriert, dass ich in den viereinhalb Wochen im Keller allerhand Realitätssinn eingebüßt hatte. Sie wolle kommen, sagte sie, mich abholen, und: „Wir fliegen nach New York." Ich wollte aber nach Hause. Ein kurzer Moment der Verwirrung. Dann setzte der Verstand wieder ein: Ich habe keine Ahnung, was hier draußen los ist, ich kenne mich nicht mehr aus, sie soll entscheiden.

Eine halbe Stunde erzähle ich meinem Gastgeber in ich weiß nicht wie geordneten Worten, was mir passiert ist. Dann ist die Polizei da, hat meine Frau dabei. Nein, keine Umarmungen, erst die Kleidung aus Gründen der Spurensicherung in diese Plastiksäcke. Wir gehen in einen Nebenraum. Ich ziehe mich um, merke wieder, wie unsicher ich auf den Beinen bin. Dann umarmen wir einander. Mein Gastgeber an diesem Abend sagte später in einem TV-Interview, das Gefühl, das wir ihm vermittelt hätten, sei *relief* gewesen, Erleichterung, aber eben mit diesem atmenden Klang, den das englische Wort hat: *relief*. Er hatte recht.

__2__   Beantworten Sie die Fragen zu diesem Textauszug.

Jan Philipp Reemtsma   Im Keller

ⓐ Welchen Moment der Entführung beschreibt Reemtsma?
ⓑ Wo trifft er zunächst ein?
ⓒ Wie stellt er sich seine Ankunft zu Hause vor?
ⓓ Was geschieht tatsächlich?
ⓔ In welcher psychischen Verfassung ist Reemtsma wohl zu diesem Zeitpunkt?
ⓕ Wie erlebt Reemtsmas Gastgeber das Wiedersehen des Entführten mit seiner Frau?

___1___ Sie hören jetzt Radionachrichten.

Überlegen Sie vorher kurz: Worüber berichten Nachrichten im Radio normalerweise?

___2___ Hören Sie die vier Meldungen.

CD 2 | 20–23

Ergänzen Sie beim ersten Hören die folgende Übersicht.

	Woher stammt die Nachricht?	Thema
Nachricht 1		
Nachricht 2		
Nachricht 3		
Nachricht 4		

___3___ Stichworte notieren

CD 2 | 20–23

Hören Sie die vier Nachrichten noch einmal. Überprüfen Sie beim Hören jeder Nachricht, ob sie Antworten auf die folgenden Fragen enthält.

	Was ist passiert?	Wer?	Wann?	Wie viel?
Nachricht 1				
Nachricht 2				
Nachricht 3				
Nachricht 4				

___4___ Hören Sie die vier Nachrichten einzeln.

CD 2 | 20–23

a Ergänzen Sie die Angaben.

Nachricht 1
1 Zwei Männer flohen mit einem gestohlenen Auto vor .... und nahmen ....
2 Nach dem Schusswechsel: ein Täter .... , die Geisel .... , der zweite Täter ....

Nachricht 2
1 Die vier wichtigsten Unterzeichner der Reform: ....
2 Zahl der Regeln zur korrekten Schreibweise: ....
3 Veränderungen bei der Kommasetzung: ....
4 Ab wann sind die Regeln gültig? ....

Nachricht 3
1 Was mussten die Leute tun, die nahe bei der Lackfabrik wohnen? ....
2 Größe des Schadens: ....

Nachricht 4
1 Wahrscheinliche Entwicklung der Bierpreise: ....
2 Lieblingsbiersorten in Bayern: 1 .... 2 ....

AB 112 19

b Was ist typisch für die Sprache der Nachrichten?

___5___ Rekonstruktion der Radionachrichten

Ergänzen Sie die Titel unten mithilfe Ihrer Stichpunkte aus den Aufgaben 2 und 3. Geben Sie dann eine der Nachrichten mithilfe Ihrer Stichpunkte mündlich wieder.

Nachricht 1: Schießerei mit der Polizei nach Geiselnahme
Nachricht 2: Reform der deutschen Rechtschreibung
Nachricht 3: Brand in Lackfabrik
Nachricht 4: Bierpreise in Bayern

Erstellen Sie gemeinsam eine Kurszeitung.

Arbeiten Sie in folgenden Schritten:

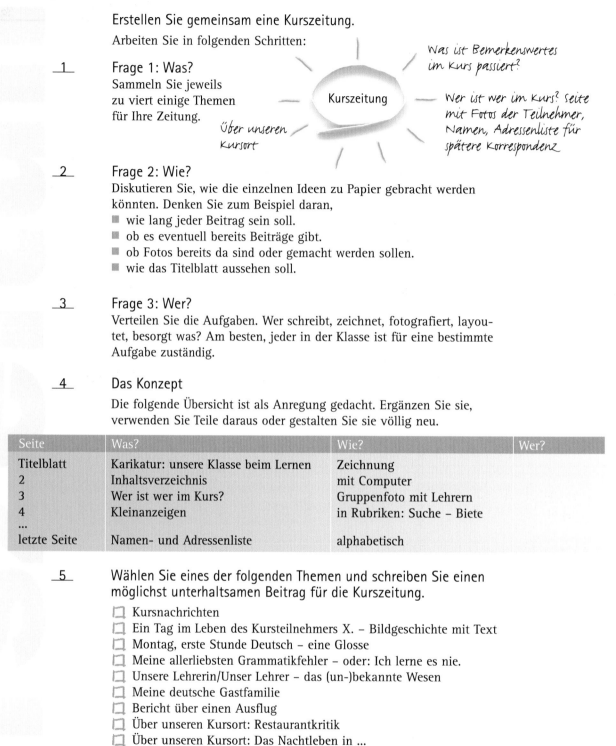

__1__ **Frage 1: Was?**

Sammeln Sie jeweils
zu viert einige Themen
für Ihre Zeitung.

Kurszeitung

Was ist Bemerkenswertes im Kurs passiert?

Wer ist wer im Kurs? Seite mit Fotos der Teilnehmer, Namen, Adressenliste für spätere Korrespondenz

Über unseren Kursort

__2__ **Frage 2: Wie?**

Diskutieren Sie, wie die einzelnen Ideen zu Papier gebracht werden
könnten. Denken Sie zum Beispiel daran,

- wie lang jeder Beitrag sein soll.
- ob es eventuell bereits Beiträge gibt.
- ob Fotos bereits da sind oder gemacht werden sollen.
- wie das Titelblatt aussehen soll.

__3__ **Frage 3: Wer?**

Verteilen Sie die Aufgaben. Wer schreibt, zeichnet, fotografiert, layou-
tet, besorgt was? Am besten, jeder in der Klasse ist für eine bestimmte
Aufgabe zuständig.

__4__ **Das Konzept**

Die folgende Übersicht ist als Anregung gedacht. Ergänzen Sie sie,
verwenden Sie Teile daraus oder gestalten Sie sie völlig neu.

Seite	Was?	Wie?	Wer?
Titelblatt	Karikatur: unsere Klasse beim Lernen	Zeichnung	
2	Inhaltsverzeichnis	mit Computer	
3	Wer ist wer im Kurs?	Gruppenfoto mit Lehrern	
4	Kleinanzeigen	in Rubriken: Suche – Biete	
...			
letzte Seite	Namen- und Adressenliste	alphabetisch	

__5__ Wählen Sie eines der folgenden Themen und schreiben Sie einen
möglichst unterhaltsamen Beitrag für die Kurszeitung.

- Kursnachrichten
- Ein Tag im Leben des Kursteilnehmers X. – Bildgeschichte mit Text
- Montag, erste Stunde Deutsch – eine Glosse
- Meine allerliebsten Grammatikfehler – oder: Ich lerne es nie.
- Unsere Lehrerin/Unser Lehrer – das (un-)bekannte Wesen
- Meine deutsche Gastfamilie
- Bericht über einen Ausflug
- Über unseren Kursort: Restaurantkritik
- Über unseren Kursort: Das Nachtleben in ...
- Videoklub: Filmkritik

__6__ **Bilden Sie zu zweit ein Redaktionsteam.**

Sie erhalten jeweils zwei Artikel der anderen Teilnehmer. Lesen Sie
diese und machen Sie Vorschläge, wo gekürzt, worüber noch geschrieben
und was korrigiert werden soll.

Nach der Endredaktion bekommen alle Kursteilnehmer ein Exemplar.

GRAMMATIK – *Konnektoren und Präpositionen 2*

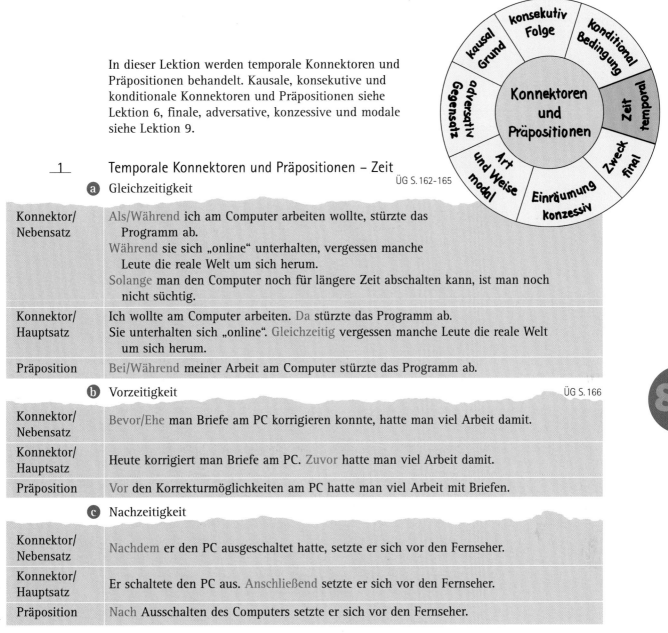

In dieser Lektion werden temporale Konnektoren und Präpositionen behandelt. Kausale, konsekutive und konditionale Konnektoren und Präpositionen siehe Lektion 6, finale, adversative, konzessive und modale siehe Lektion 9.

__1__   Temporale Konnektoren und Präpositionen – Zeit

a Gleichzeitigkeit   ÜG S. 162-165

Konnektor/ Nebensatz	Als/Während ich am Computer arbeiten wollte, stürzte das Programm ab. Während sie sich „online" unterhalten, vergessen manche Leute die reale Welt um sich herum. Solange man den Computer noch für längere Zeit abschalten kann, ist man noch nicht süchtig.
Konnektor/ Hauptsatz	Ich wollte am Computer arbeiten. Da stürzte das Programm ab. Sie unterhalten sich „online". Gleichzeitig vergessen manche Leute die reale Welt um sich herum.
Präposition	Bei/Während meiner Arbeit am Computer stürzte das Programm ab.

b Vorzeitigkeit   ÜG S. 166

Konnektor/ Nebensatz	Bevor/Ehe man Briefe am PC korrigieren konnte, hatte man viel Arbeit damit.
Konnektor/ Hauptsatz	Heute korrigiert man Briefe am PC. Zuvor hatte man viel Arbeit damit.
Präposition	Vor den Korrekturmöglichkeiten am PC hatte man viel Arbeit mit Briefen.

c Nachzeitigkeit

Konnektor/ Nebensatz	Nachdem er den PC ausgeschaltet hatte, setzte er sich vor den Fernseher.
Konnektor/ Hauptsatz	Er schaltete den PC aus. Anschließend setzte er sich vor den Fernseher.
Präposition	Nach Ausschalten des Computers setzte er sich vor den Fernseher.

__2__   Temporale Konnektoren und Präpositionen auf einen Blick

Bedeutung	Konnektor + Nebensatz stellt das Verb ans Ende	Konnektor + Hauptsatz kann auf Pos. 1 oder im Mittelfeld stehen	Präposition
temporal	als, wenn, immer wenn, sooft	da	bei + Dat. immer bei + Dat.
	während, solange	gleichzeitig	während + Gen., Dat.
	bevor, ehe	vorher, zuvor	vor + Dat.
	seit(dem)	seitdem	seit + Dat.
	nachdem	dann, danach, anschließend	nach + Dat.
	sobald, gleich wenn, gleich nachdem, bis, so lange bis	gleich danach	gleich nach + Dat. bis zu + Dat. bis + Akk.

129

ÜG S. 128

__3__ Formen der indirekten Rede

a Indirekte Rede in der Gegenwart: Konjunktiv I/II

	sein	haben	Modalverben	andere Verben
ich	sei	hätte	könne	ginge
du	sei(e)st/wär(e)st	hättest	könntest	ging(e)st
er/sie/es	sei	habe	könne	gehe
wir	seien	hätten	könnten	gingen
ihr	sei(e)t/wär(e)t	hättet	könntet	ginget
sie/Sie	seien	hätten	könnten	gingen

In der Gegenwartsform der indirekten Rede gibt es eine Mischung aus
Formen von Konjunktiv I und Konjunktiv II. Die im heutigen Deutsch
nicht mehr verwendeten Konjunktiv-I-Formen werden durch
Konjunktiv-II-Formen ersetzt.

b Indirekte Rede in der Vergangenheit
Im Konjunktiv I gibt es wie im Konjunktiv II nur eine
Vergangenheitsform (gegenüber drei Formen im Indikativ). Man bildet
sie auf der Basis der Perfektformen.

Indikativ	Indirekte Rede	Indikativ	Indirekte Rede
er versprach er hat versprochen er hatte versprochen	er habe versprochen	sie reiste sie ist gereist sie war gereist	sie sei gereist
sie fragten sie haben gefragt sie hatten gefragt	sie hätten gefragt	sie flogen sie sind geflogen sie waren geflogen	sie seien geflogen

__4__ Funktion der indirekten Rede

In der indirekten Rede kann man wiedergeben, was ein anderer gesagt
hat. Man benutzt sie vor allem, um in schriftlichen Texten etwas zu
zitieren.

Direkte Rede	Indirekte Rede
Der Polizeisprecher sagte gestern: „Wir sind den Entführern auf der Spur und werden sie bald finden."	*Der Polizeisprecher sagte gestern, sie seien den Entführern auf der Spur und würden sie bald finden.*
Herr Reemtsma erklärte: „Ich gewann das Vertrauen der Gangster."	*Herr Reemtsma erklärte, er habe das Vertrauen der Gangster gewonnen.*
Auf die Frage: „Was bedeutet die Bezahlung des Lösegeldes für Sie?" meinte Reemtsma: „ … "	*Auf die Frage, was die Bezahlung des Lösegeldes für ihn bedeute, meinte Reemtsma, …*
Superhirn sagte zu Reemtsma: „Geben Sie mir Ihre Uhr!"	*Superhirn sagte zu Reemtsma, er solle ihm seine Uhr geben.**

* Der Imperativ wird in der indirekten Rede mit den Verben *sollen* oder *mögen*
wiedergegeben.

9

1   Sehen Sie die Fotos oben an.

In welches Foto würden Sie am liebsten „einsteigen"?
Warum?

2   Bei welcher dieser Aktivitäten können Sie sich
am besten entspannen?

Wie häufig haben Sie Gelegenheit dazu?

Wenn ich Entspannung suche, … ich am liebsten …
Um mich wirklich zu entspannen, muss ich …
Ein gutes Mittel gegen Stress ist für mich …

131

1   Gut für das Wohlbefinden

ⓐ Ordnen Sie die Begriffe den Kategorien im Raster zu.
Ergänzen Sie in jeder Spalte ein bis zwei Begriffe.

ein warmes ~~Bad~~ nehmen – Milchprodukte – zügiges Gehen – tanzen – ausreichend Eiweißlieferanten – beschleunigter Puls und Atmung – Kohlehydrate – relaxen im Wachzustand – Vollkornprodukte – körperliche Aktivität – Erholung in der Natur – Gartenarbeit – ausreichend Schlaf – gezielte Übungen im Fitness-Center – stärkehaltige Beilagen – richtiges Durchatmen – versteckte Fette – ein gutes Buch lesen – joggen – Vitamin- und Mineralstoffbomben – Meditation – auf dem Heimtrainer strampeln – Heißhunger kontrollieren – zu viele akustische Reize vermeiden

Bewegung	Ernährung	Entspannung
		ein warmes Bad nehmen

ⓑ Formulieren Sie mithilfe dieses Wortschatzes Tipps für folgende Personen:

Person A – ein gestresster Jungmanager, der so gut wie keine Freizeit hat
Person B – eine Studentin, die kurz vor ihren Prüfungen steht
Person C – eine junge Mutter mit zwei Kleinkindern

Der Jungmanager sollte auf jeden Fall …
Für die Studentin empfehle ich …
Dabei kann sie …
Wenn ich die junge Mutter wäre,
würde ich versuchen, … zu …
… könnte Person … nicht schaden.

2   Sprichwörter

ⓐ Suchen Sie zu den Sprichwörtern jeweils die passende zweite Hälfte.

Sport	liegt die Kraft.
Wer rastet,	bringt Segen.
Wenn die Katze aus dem Haus ist,	der rostet.
In der Ruhe	ist Mord.
Sich regen	tanzen die Mäuse auf dem Tisch.

ⓑ Welche Ratschläge verbergen sich hinter diesen Sprichwörtern?
Beispiel: *Sport ist Mord. Man sollte nicht zu viel Sport treiben, weil das gefährlich ist.*

3   Ergänzen Sie die fehlenden Wörter in diesem Refrain eines Songs des Österreichers Rainhard Fendrich.

Alt – gesund – hart – Jung – Kraft – Schwung – Sport

Es lebe der …
Der ist … und macht uns …
Er gibt uns … er gibt uns …
Er ist beliebt bei … und …

AB 116   2

__1__   **Ernährungspyramide**

   a   Ergänzen Sie die Spalte „Empfehlung" mit den folgenden Wörtern.

Eiweiß/Protein und Calcium – ungezuckerte, alkoholfreie Getränke –
kalorienreiche Fette, Öle und Süßigkeiten – Mineralstoffe und
Vitamine – stärkehaltige Beilagen, Kohlenhydrate

Empfehlung		Lebensmittel
nur wenig		
moderat		*Torten*
		vollfetter Käse
ausreichend		
viel	*stärkehaltige Beilagen, Kohlenhydrate*	
nach Belieben		

   b   Welche Lebensmittel gehören zu welcher Kategorie in der Pyramide?
z.B.: *Wurstwaren, Getreide, Tee, Früchte, ...*
Ergänzen Sie in der rechten Spalte für jede Kategorie 3–4 Lebensmittel.

__2__   **Menüs**

   a   Stellen Sie eine „gesunde" und eine „ungesunde" Mahlzeit zusammen.

	gesunde Mahlzeit	ungesunde Mahlzeit
Frühstück Mittagessen Abendessen		

> *Zum Frühstück gibt es heute ...*
> *Außerdem servieren wir noch ...*
> *Besonders lecker schmeckt dazu ...*

   b   Lassen Sie die anderen raten, welches die gesunde und welches die
ungesunde Mahlzeit ist.

__3__   **Mit welcher Thematik haben die folgenden Ausdrücke zu tun?**

die Pfunde purzeln lassen – FdH (Friss die Hälfte) – gezielt abnehmen –
auf Diät sein

__4__   **Unterhalten Sie sich zu viert über folgende Fragen.**

- Wer hat schon einmal versucht, mithilfe einer Diät abzunehmen?
- Was muss man bei dieser Diät beachten?
- Funktioniert sie auch langfristig? Was ist in diesem
  Zusammenhang der sogenannte Jo-Jo-Effekt?

AB 116   3–4

__1__ Ess-Typen – Was stellen Sie sich darunter vor?

__2__ Stimmen Sie dieser Aussage zu? Begründen Sie Ihre Meinung.

> „Keine unserer lebenswichtigen Tätigkeiten hat so großen Symbolcharakter wie das Essen. In unserer Gesellschaft wird der primäre Grund des Essens, nämlich Hunger zu stillen, zweitrangig. Die sekundären Motive wie Genuss, Geselligkeit oder gesellschaftlicher Status scheinen zu überwiegen. Bei einigen Lebensmitteln genießen wir sogar mehr die soziale Anerkennung als den Geschmack."
>
> S. Fehrmann, Ernährungswissenschaftlerin

__3__ Sehen Sie sich die Bilder zu den folgenden Texten an.

ⓐ Was für Lebensmittel sehen Sie auf den Fotos?
ⓑ Wo kann man diese Waren kaufen?

__4__ Lesen Sie die Beschreibung verschiedener „Ernährungstypen".

❶ Bei diesen Menschen steht die Gesundheit im Vordergrund. Die Nahrung soll möglichst naturbelassen und unbehandelt, also nicht weiterverarbeitet sein. Zusätze jeglicher Art werden abgelehnt. Authentischer, nicht künstlicher Geschmack ist für diese Menschen wichtig. Sie essen wenig Fleisch und viel frisches Obst und Gemüse. Hoch industrialisierte Produkte wie Dosen-, Instant- und Fertiggerichte lehnen sie ab. Viele sind ökologisch orientiert, das heißt, sie kaufen konsequent im Naturkosthandel Erzeugnisse aus kontrolliertem Anbau.

❷  Auch bei dieser Gruppe spielt die Gesundheit eine wichtige Rolle. Sie wird jedoch eher als Mittel zum Zweck gesehen, um im Beruf und bei den Hobbys möglichst fit zu sein. Nahrung soll vor allem den Körper leistungsfähig machen – oder erhalten. Der Geschmack ist Nebensache und darf durch künstliche Aromen erreicht werden. Gegessen wird auch Functional Food, also Lebensmittel mit gesundheitsfördernden Zusätzen wie probiotischer Joghurt oder Mineraldrinks. Diese Esser sind vor allem an den Wirkungen ihrer Ernährung interessiert, nicht an weitergehenden Informationen, etwa an Aspekten der Tierhaltung.

❸ Genuss beim Essen und die Exklusivität der Gerichte stehen bei dieser Gruppe im Vordergrund. Betont wird neben dem hohen Preis auch die Qualität von Lebensmitteln. Das Gesundheitsbewusstsein ist weniger stark ausgeprägt. Es wird viel und lange gekocht, aber auch häufig außer Haus gegessen.

Anhänger des traditionellen Stils bevorzugen Mahlzeiten mit dem Etikett „wie früher", „gutbürgerlich" oder „deutsche Küche". Es wird deftig gegessen, mit viel Fleisch, Kartoffeln, Soßen und traditionellen einheimischen Gemüsen. Die Gerichte enthalten häufig einen sehr hohen Fettanteil. Deshalb ist in diesem Ernährungsmilieu der Fett- und Choleseringehalt von Lebensmitteln ein beliebtes Gesprächsthema. Man trifft die Gruppe oft auf dem Wochen- und Bauernmarkt. **④**

Einfachheit und Geschwindigkeit der Zubereitung von Mahlzeiten stehen bei dieser Gruppe im Mittelpunkt. Das drückt sich hauptsächlich in einem hohen Konsum von Fertig- und Halbfertiggerichten aus. Hinter diesem Ernährungstyp verbergen sich die meisten Fast-Food-Fans. Das Thema „Gesunde Ernährung" scheint diesen Menschen nicht so wichtig zu sein. **⑤**

Auch für diese Esser ist Schnelligkeit Trumpf. Allerdings kommt bei ihnen noch der Preis als Entscheidungskriterium hinzu. Es wird fast ausschließlich auf billige Angebote geachtet und typischerweise bei Discountern oder in Verbrauchermärkten eingekauft. Diese Gruppe gilt in der Marktforschung als für weiterführende Ernährungsinformationen praktisch unerreichbar, da weder an gesundheitlichen noch an ökologischen Themen Interesse besteht. Die Entscheidung fällt – meist zwangsläufig wegen eines geringen Einkommens – über den Preis. **⑥**

9

P 5   **Suchendes Lesen**

Für welche der sechs Ernährungsweisen (1–6) würden sich die einzelnen Personen (A–E) interessieren? Möglicherweise gibt es nicht für jede Person etwas Passendes.

Beispiel: Thomas R. treibt sehr intensiv Sport und will seine Fitness durch die Ernährung unterstützen. **Lösung:** Text 2

A   Heidi B. kocht am liebsten in der Mikrowelle.

B   Für Friederike S. ist Essen vor allem Ausdruck von Lebensqualität. Der Geldbeutel spielt dabei keine Rolle.

C   Sandra F. ist Vegetarierin und achtet beim Einkauf auf ökologisch unbedenkliche Nahrungsmittel.

D   Martin F., Student, kann und möchte fürs Essen nicht viel ausgeben und auch nicht lange am Herd stehen.

E   Franz und Marta W. machen am Wochenende gern einen richtigen Sonntagsbraten mit reichhaltigen Beilagen.

6   Zu welchem Typ gehören Sie am ehesten? Warum?   AB 117 5–6

__1__ Was versteht man unter „Wellness"?

a Bringen Sie die Silben in den einzelnen Wörtern der Definition in die richtige Reihenfolge.

Ak–ten–tä–vi–ti zur rung–ge–stei des per–li–chen–kör und li–schen–see fin–be–Wohl–dens

_____

b Was gehört Ihrer Meinung nach zu einem Wellness-Programm?

__2__ Sie hören ein Interview.

CD 2 | 24–26

a Wer spricht hier?

b In welcher Reihenfolge werden folgende Themen angesprochen?
- [1] verschiedene Kunden von Wellness-Angeboten
- [ ] Preise der Hotels
- [ ] problematische Angebote
- [ ] Unterschied zwischen Urlaubsprogramm und Wellness
- [ ] unterschiedliche Bedürfnisse von Männern und Frauen
- [ ] zertifizierte Betriebe

__3__ Sie hören das Gespräch nun noch einmal in Abschnitten.

CD 2 | 24–26 Lesen Sie die Aufgaben vor dem Hören. Ergänzen Sie die Antworten während des Hörens oder danach.

Abschnitt 1 Die beiden Personengruppen, die Wellness-Angebote nutzen, sind

_____ und _____

Frauen und Männer haben in Bezug auf Wellness unterschiedliche

Interessen, nämlich

Frauen: _____

Männer: _____

Abschnitt 2 Was Wellness nicht ist: _____

Es ist vielmehr: _____

Das Ziel sollte dabei sein: _____

Abschnitt 3 Das Verhältnis zwischen Preisen und Qualität ist nicht immer

_____

Dabei kann man sich an zwei Faktoren orientieren:

- ■ _____
- ■ _____

__4__ Welche Informationen fanden Sie interessant?   AB 118 7–8

„Gesundheit im Kurs – Tipps für einen ausgewogenen Lebensstil"

Stellen Sie einen kleinen Ratgeber zu diesem Thema zusammen.
Gestalten Sie dazu zum Beispiel ein Collageposter, das Sie im
Klassenzimmer aufhängen, oder ein Merkblatt, das Sie verteilen.

Arbeiten Sie in folgenden Schritten:

ⓐ Thematische Definition
Setzen Sie sich in Gruppen zusammen und überlegen Sie, unter welches Motto aus den Bereichen Bewegung, Ernährung oder Entspannung Sie Ihr Poster stellen wollen.

ⓑ Ideensammlung
Machen Sie Stichpunkte, welche Aspekte Sie wichtig finden.

ⓒ Stoffsammlung
Sie erhalten von Ihrem Kursleiter/Ihrer Kursleiterin Zeitschriften und Prospekte, Stifte, Schere, Klebstoff und einen großen Bogen Papier.
Suchen Sie aus den verteilten Materialien geeignete, d.h. ansprechende, provokante oder auch witzige Bilder heraus.

ⓓ Sprachliche Gestaltung
Verfassen Sie Slogans, die an Menschen appellieren, die nicht genug Rücksicht auf ihr Wohlbefinden und ihre Gesundheit nehmen.
Nehmen Sie die Wortschatzseite dieser Lektion zu Hilfe.

Beispiel: *Tun Sie für sich und Ihren Körper endlich mal etwas Gutes!*

> **Zur Vorbeugung gegen ... sollten Sie öfter mal ...!**
> **Warum entspannen Sie sich nicht mit ...?**
> **Vorsicht vor ...! Die gefährden Ihre Gesundheit!**
> **Versuchen Sie es lieber mit ...!**
> **Achten Sie bei ... auf ...!**
> **Wenn Sie sich kraftlos und abgespannt fühlen, ...**

ⓔ Fertigen Sie Ihr Poster oder Ihr Merkblatt an.
Poster: Verwenden Sie möglichst viele Bilder und dazu passende Slogans.
Merkblatt: Schreiben Sie möglichst mit Computer.

ⓕ Vorstellung und Auswertung
Stellen Sie Ihr Poster im Kurs vor. Erklären Sie, warum Sie sich für das Thema entschieden haben.

<u>1</u> Was bereitet Ihnen Stress?

▸ **a** Geben Sie einige Beispiele aus Ihrem Alltag.
▸ **b** Wie gehen Sie damit um?
▸ **c** Ist Stress für Sie immer ein unangenehmer Zustand?

<u>2</u> Welche Probleme haben diese Personen?

<u>3</u> Lesen Sie dazu folgenden Text aus der Zeitschrift *Psychologie heute*.

Das Stressparadox

Stress muss nicht einfach hingenommen werden, er lässt sich durch einige Kniffe in eine positive Kraft verwandeln.

Sie müssen in drei Tagen eine Facharbeit an der Universität abgeben und es fehlen Ihnen immer noch 20 Seiten. Ein Idiot nimmt Ihnen im Auto die Vorfahrt und zwingt Sie zu einer Vollbremsung. Es ist halb sechs nach-
5 mittags, Sie haben in einer Stunde Ihr erstes Rendezvous mit der Bekanntschaft vom vergangenen Samstagabend. Ihr Chef bringt Ihnen Arbeit, die dringend noch heute zu erledigen ist.

Stress ist allgegenwärtig in unserem Leben. Und er
10 scheint ständig zuzunehmen – der Preis für unsere Lebensweise. Sie ist geprägt von Tempo, wachsender Komplexität, Unsicherheit, Konkurrenzdruck, Über-reizung, aber auch vom unablässigen Streben nach mehr: mehr Erfolg, Geld, Genuss, Glück, Aufmerk-
15 samkeit.

Wir sehen Stress als unvermeidliches Übel, und die Wunden, die er schlägt, gelten mitunter schon als Leistungsnachweis – wer keinen Stress hat, erscheint verdächtig. Manche zitieren gerne den Nietzsche-
20 Satz: „Was uns nicht umbringt, macht uns nur här-ter!" Aber diese „Weisheit" ist, im Lichte der moder-nen Stressforschung betrachtet, grundfalsch. Was uns nicht sofort umbringt, macht uns nicht nur ner-vös, erschöpft und missgelaunt, es macht einige
25 Gestresste sogar fett, wie man in einer Studie he-rausfand: Stress raubt uns nicht nur die Seelenruhe, er ist eng verknüpft mit den großen Killerkrankheiten – hohem Blutdruck, Herzinfarkt und Krebs.

Stress entsteht für den heutigen Menschen vor allem dort, wo ihm die 30 Kontrolle über die Dinge zu entglei-ten droht: Nicht eine hohe Arbeitsbelastung, auch nicht Krisen oder Konflikte machen uns krank, sondern das Gefühl, das eigene Leben nicht mehr steuern und beein-flussen zu können. 35

Nicht immer merken wir sofort, was Stress uns antut, manchmal ist seine gesundheitszersetzende Wirkung erst nach Monaten und Jahren erkennbar. Negativer Stress wirkt in drei Spielarten:

■ Akuter Stress überfällt uns wie ein Raubtier und löst sofort hef- 40 tige körperliche Reaktionen aus – Schweißausbrüche, Herzrasen, feuchte Hände sind die Symptome der „Kampf-oder-Flucht-Reaktion".

■ Bei **mittelfristig** wirksamem Stress passt sich der gestresste Körper an die Belastung an – wir glauben fälschlicherweise, alles 45 sei wieder im Lot, **während** die chemische Balance unserer Hormone nachhaltig gestört bleibt.

■ Chronischer Stress: Auf ungelöste Probleme oder wiederkehren-de Ärgernisse reagiert der Körper eher „unauffällig", indirekt und unspezifisch, **indem** er seine chemische Balance dauerhaft verän- 50 dert. Wir unterschätzen diesen schleichenden Stress, weil er ver-gleichsweise undramatisch wirkt. Verschwinden chronische Stressoren nicht aus unserem Leben – ein schikanöser Chef, ein permanent unzufriedener Partner –, dann passt sich der Körper an die Dauererregung an, etwa **durch** anhaltend erhöhten Blutdruck, 55 den wir mit der Zeit für normal halten. Bösartiger chronischer Stress lässt sich **jedoch** an bestimmten typischen Signalen able-sen: Wenn wir häufig erschöpft, morgens schon todmüde, unkon-zentriert, ängstlich oder konfus sind, ist fast immer Stress die Ursache. Und länger anhaltende Stressphasen münden nicht sel- 60 ten in das Burn-out-Syndrom, das Gefühl, ausgebrannt zu sein.

Richtig ist, dass wir einen Großteil des Stresses kaum vermeiden können. Zudem trennt oft nur ein schmaler Grat das, was uns schädlichen Distress verursachen kann, von
65 dem unschädlichen Eustress, der die Quelle für tiefste Befriedigung, wenn nicht gar Glück ist. So klagen die meisten Menschen zwar über Stress bei der Arbeit – gleichzeitig sind sie, das hat die Untersuchung eines amerikanischen „Glücksforschers" gezeigt, am Arbeitsplatz am
70 glücklichsten. Partnerbeziehungen und Familienleben zeigen ebenfalls ein Janusgesicht – wir brauchen Bindungen und Geborgenheit, obwohl wir häufig dafür mit Stress pur bezahlen.

Der Kardiologe Kenneth Cooper, der 1968 den Begriff (und die entsprechende Fitnessphilosophie) Aerobics erfand, 75 plädiert für eine besondere Taktik im Umgang mit Stress: Weil der potenziell krank machende Stress nicht zu eliminieren ist, sollten wir ihn erstens akzeptieren, ihn zweitens aber in „positiven" Stress umwandeln lernen, der uns beflügelt und voranbringt, ohne gesundheitlichen 80 Schaden anzurichten.

Der Feind ist also der „böse" Stress – ihn zu erkennen, einzudämmen oder sogar in „guten" Stress umzuwandeln ist die Voraussetzung für erfolgreiches Stressmanagement.

Heiko Ernst

4 Welche Textpassagen beschäftigen sich mit diesen Fragen?
Notieren Sie Zeilennummern.

Zeile 1–8	Beispiele für Stress-Situationen im Alltag
———	Auslöser von Stress
———	Belastender Stress entsteht, wenn ...
———	Drei Arten von negativem Stress
———	Der Unterschied zwischen Distress und Eustress
———	Mögliche Folgen von zu viel Stress
———	Ziel im Umgang mit Stress

5 Fassen Sie mithilfe von Aufgabe 4 die Hauptaussagen des Textes mündlich zusammen.

AB 120 9

GR **6** Konnektoren und Präpositionen

GR S. 142

a Markieren Sie im Text Sätze mit *aber, während, indem, durch, jedoch, obwohl, ohne ... zu, für, sondern, gleichzeitig*

b Ordnen Sie die Konnektoren und Präpositionen nach folgendem Schema und ergänzen Sie die Lücken, wenn möglich.

	Hauptsatzkonnektor	Nebensatzkonnektor	Präposition
adversativ	aber		
konzessiv	trotzdem	obwohl	trotz
final			
modal			

c Formulieren Sie die Sätze um.

Beispiel:

Wir brauchen Bindungen und Geborgenheit, obwohl wir häufig dafür mit Stress bezahlen.
Wir bezahlen häufig mit Stress für Bindungen und Geborgenheit, trotzdem brauchen wir sie.
Trotz des Stresses, mit dem wir ...

AB 121 10–15

139

__1__ Was ist Ihnen persönlich beim Deutschsprechen
besonders wichtig?

Wählen Sie eine der folgenden Aussagen aus und
begründen Sie Ihre Wahl.   Dass ich möglichst wenige Fehler mache.

Dass ich mich aktiv an einem Gespräch beteiligen kann, egal, ob ich dabei Fehler mache.

Dass ich möglichst flüssig spreche, das heißt ohne Stottern und lange Pausen.

Dass man an meiner Aussprache nicht sofort merkt, woher ich komme.

Dass ich mich präzise ausdrücke, d.h. die richtigen Wörter kenne.

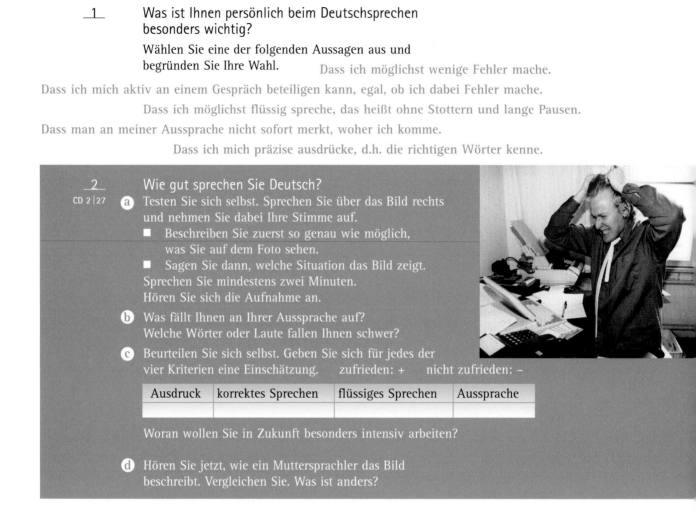

__2__ **Wie gut sprechen Sie Deutsch?**

CD 2|27 **a** Testen Sie sich selbst. Sprechen Sie über das Bild rechts
und nehmen Sie dabei Ihre Stimme auf.
- Beschreiben Sie zuerst so genau wie möglich,
  was Sie auf dem Foto sehen.
- Sagen Sie dann, welche Situation das Bild zeigt.
Sprechen Sie mindestens zwei Minuten.
Hören Sie sich die Aufnahme an.

b Was fällt Ihnen an Ihrer Aussprache auf?
Welche Wörter oder Laute fallen Ihnen schwer?

c Beurteilen Sie sich selbst. Geben Sie sich für jedes der
vier Kriterien eine Einschätzung.   zufrieden: +   nicht zufrieden: −

Ausdruck	korrektes Sprechen	flüssiges Sprechen	Aussprache

Woran wollen Sie in Zukunft besonders intensiv arbeiten?

d Hören Sie jetzt, wie ein Muttersprachler das Bild
beschreibt. Vergleichen Sie. Was ist anders?

__3__ Denkpausen

Damit der Faden beim Sprechen nicht abreißt, benutzen Muttersprachler
oft kurze Füllwörter. Manche von ihnen haben keine Bedeutung, zum
Beispiel *äh, hm, ...* Die folgenden Redewendungen sind manchmal hilf-
reich:
*Nun, ich sehe das so: ...   Also, es ist (doch) so: ...   Wissen Sie, was ich denke: ...
Die Sache ist die, ...   Offen gesagt, ...*

__4__ Spiel: Moment bitte!

Das folgende Spiel soll Ihnen helfen, flüssiges Sprechen zu üben.
Setzen Sie sich jeweils zu viert zusammen und verteilen Sie folgende
vier Themen. Jeder soll anschließend eine Minute ohne Pause über „sein"
Thema sprechen.

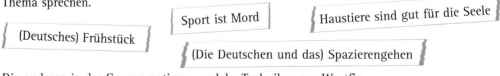

Sport ist Mord   Haustiere sind gut für die Seele

(Deutsches) Frühstück

(Die Deutschen und das) Spazierengehen

Die anderen in der Gruppe notieren, welche Techniken zur Wortfin-
dung und zur Überbrückung von Denkpausen die Sprecher jeweils verwenden.

__1__ Welchen Sport treiben Sie selbst und wie finden Sie Partner dafür?

__2__ Sehen Sie sich folgende Grafik an.
Welche Informationen finden Sie interessant?

__3__ Ausarbeitung eines schriftlichen Kurzreferats
Arbeiten Sie in folgenden Schritten.

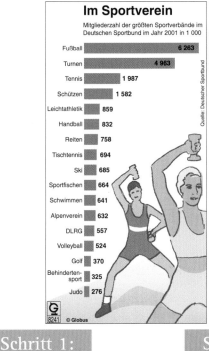

Im Sportverein

Mitgliederzahl der größten Sportverbände im
Deutschen Sportbund im Jahr 2001 in 1 000

Fußball	6 263
Turnen	4 963
Tennis	1 987
Schützen	1 582
Leichtathletik	859
Handball	832
Reiten	758
Tischtennis	694
Ski	685
Sportfischen	664
Schwimmen	641
Alpenverein	632
DLRG	557
Volleyball	524
Golf	370
Behinderten-sport	325
Judo	276

Quelle: Deutscher Sportbund

8241 © Globus

Schritt 1:

Sammeln Sie Stichworte zu folgenden Fragen:

■ Welchen Sport treiben Sie und wie finden Sie Partner dafür?

■ Welche Bedeutung hat Sport in unserer Gesellschaft heutzutage?

■ Welche interessanten Informationen entnehmen Sie der Statistik?

■ Welche Funktion kann ein Sportverein über den sportlichen Aspekt hinaus haben?

■ Wie organisieren sich die Menschen in Ihrem Heimatland beim Sport?

Schritt 2:

Gliedern Sie Ihren Text. Beantworten Sie dabei folgende Fragen:

■ Mit welchem der Punkte aus Schritt 1 leite ich das Referat am besten/ interessantesten ein?

■ Welche Argumente passen logisch hintereinander?

■ Wie bringe ich meine Meinung zum Ausdruck?

■ Womit schließe ich mein Referat ab?

Schritt 3:

Wählen Sie nun passende Sätze aus.

■ Persönlicher Einstieg*
Letztes Jahr beschloss ich, Tennis spielen zu lernen. ...

■ Einführung ins Thema
Allgemein kann man feststellen, dass ...
Heutzutage ist es für viele Menschen wichtig, ...

■ Informationen zusammenfassen
Die meisten/Die Hälfte aller ... sind laut Statistik ...
Der Grafik können wir entnehmen, dass mehr als die Hälfte ...

■ Folgerungen
Das bedeutet, dass in Deutschland ...
Daraus kann man schließen: ...

■ Vergleich zum Heimatland
Im Vergleich zu Deutschland sind die Menschen in meinem Heimatland ...
Anders als die Deutschen sind wir ... eher ...
Die ... sind in diesem Punkt ähnlich wie die Deutschen: ...

■ Persönliche Bewertung
Meiner Ansicht/Meinung nach ...
Was mich betrifft/angeht, würde ich sagen, dass ...

■ Schluss
Abschließend kann man also festhalten, dass ...
Meine persönlichen Erfahrungen zeigen: ...

__4__ Verfassen Sie nun Ihren Text. `AB 123` 16–19

* Anrede und Gruß sind bei einem schriftlichen Referat nicht unbedingt notwendig

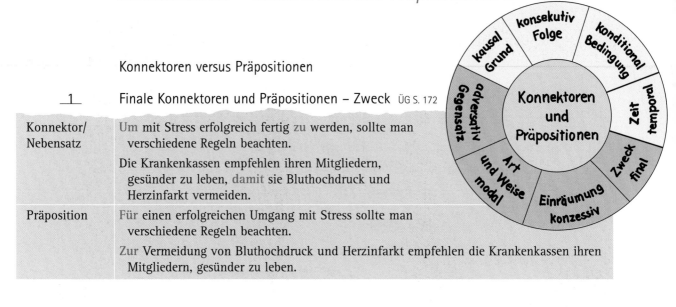

Konnektoren versus Präpositionen

__1__ Finale Konnektoren und Präpositionen – Zweck ÜG S. 172

Konnektor/ Nebensatz	Um mit Stress erfolgreich fertig zu werden, sollte man verschiedene Regeln beachten.
	Die Krankenkassen empfehlen ihren Mitgliedern, gesünder zu leben, damit sie Bluthochdruck und Herzinfarkt vermeiden.
Präposition	Für einen erfolgreichen Umgang mit Stress sollte man verschiedene Regeln beachten.
	Zur Vermeidung von Bluthochdruck und Herzinfarkt empfehlen die Krankenkassen ihren Mitgliedern, gesünder zu leben.

__2__ Adversative Konnektoren – Gegensatz ÜG S. 178

Konnektor/ Nebensatz	Wir glauben, alles sei wieder in Ordnung, während die chemische Balance im Körper gestört bleibt.
Konnektor/ Hauptsatz	Wir glauben, alles sei wieder in Ordnung, aber (jedoch) die chemische Balance im Körper bleibt gestört.
	Wir glauben, alles sei wieder in Ordnung, die chemische Balance im Körper jedoch bleibt (jedoch)* gestört.

* alternativ entweder vor oder nach dem Verb

__3__ Konzessive Konnektoren und Präpositionen – Einräumung ÜG S. 176

Konnektor/ Nebensatz	Wir brauchen Bindungen und Geborgenheit, obwohl wir häufig dafür mit Stress bezahlen.
Konnektor/ Hauptsatz	Häufig bezahlen wir dafür mit Stress. Trotzdem (Dennoch) brauchen wir Bindungen und Geborgenheit.
Präposition	Trotz des häufig damit verbundenen Stresses brauchen wir Bindungen und Geborgenheit.

__4__ Modale Konnektoren und Präpositionen – Art und Weise ÜG S. 180

Konnektor/ Nebensatz	Dadurch, dass er anhaltend den Blutdruck erhöht, passt sich der Körper an die Dauererregung an.
	Übergewicht lässt sich erfolgreich bekämpfen, indem man sich regelmäßig bewegt und fetthaltige Nahrungsmittel reduziert.
	Positiver Stress bringt uns voran, ohne gesundheitlichen Schaden anzurichten.
Präposition	Durch anhaltend erhöhten Blutdruck passt sich der Körper an die Dauererregung an.
	Übergewicht lässt sich durch regelmäßige Bewegung und Reduzierung von fetthaltigen Nahrungsmitteln bekämpfen.
	Positiver Stress bringt uns ohne gesundheitliche Schädigung voran.

1 Welches Verkehrs- oder Fortbewegungsmittel ist Ihnen sympathisch, welches nicht? Begründen Sie.

2 Was – wofür?

Beurteilen Sie die Verkehrsmittel danach, für welchen Zweck sie sich besonders eignen. Berücksichtigen Sie dabei Faktoren wie Geschwindigkeit, Preis, Bequemlichkeit, Erreichbarkeit des Ziels usw.

Das Flugzeug eignet sich besonders ...
Ungünstig ist es allerdings, wenn ...

3 Berichten Sie über typische Verkehrsmittel in Ihrem Heimatland/Ihrer Stadt.

Bei uns fahren viele mit ...
Wer es sich leisten kann, hat bei uns ...
Man benutzt vor allem ...

143

__1__ Woran denken Sie bei folgenden Stichworten?

Musik

wissenschaftliche Entwicklung

Stars

Autos zu dieser Zeit

50er- und 60er-Jahre

Mode

wichtige Ereignisse

__2__ Was wissen Sie über dieses Auto und seine Geschichte?

a Von welchem deutschen Automobilhersteller ist der Wagen?
b Wie nennt man das Modell und woher hat es wohl seinen Namen?
c Seit wann gibt es dieses Auto?

__3__ Lesen Sie nun den folgenden Text.

Wie alt ist der Verfasser des Textes etwa?

Auf Zeitreise mit dem Käfer

Wenn ich an den VW-Käfer denke, könnte mir ja Professor Ferdinand Porsche einfallen, der dieses Auto 1934 erfunden hat. Oder solche Dinge wie Heckmotor, Luftkühlung, Brezelfenster oder der 4. März 1950, als bereits der 100 000. Käfer
5 vom Band krabbelte. Mir fallen aber immer ganz andere Dinge ein: etwa Milchbar und Motorroller, Elvis Presley, Partys und Petticoats. Wir tanzten Rock'n'Roll, trugen die Zigaretten lässig im Mundwinkel wie James Dean, der 1956 mit seinem Porsche tödlich verunglückte, und nachts starr-
10 ten wir zum Himmel, um Sputnik, den ersten Satelliten, zu sehen, der seit 1957 um die Erde kreiste. Als der erste Fernseher bei uns zu Hause stand, freuten sich vor allem die Nachbarn: Die standen dann abends regelmäßig mit Bier und Salzstangen vor der Tür. 1960 traten in Hamburg zum
15 ersten Mal die Beatles auf – in einem Striptease-Lokal. Im gleichen Jahr kam die Anti-Baby-Pille auf und Armin Hary rannte in Rom die 100 m in 10,2 Sekunden. 1961 war Juri Gagarin der erste Mensch im Weltraum. In Berlin wurde die Mauer gebaut. Der VW-Käfer war damals noch ein „Halb-
20 starker", wie die Erwachsenen uns Burschen nannten, war also noch jugendlich und überall dabei, wo was los war. Anfang der 60er-Jahre waren schon über fünf Millionen Käfer unterwegs und sie vermehrten sich weiter wie die Kaninchen: 1967 war die
25 10. Million erreicht und 1972 stellte VW mit über 15 Millionen Exemplaren den bisherigen Produktionsrekord des Ford-T-Modells ein. Zwei Jahre später kam der Golf. Der Käfer musste
30 aus Wolfsburg ausziehen, wurde

aber in Emden, Brüssel und Übersee mit täglich 3 300 Exemplaren noch munter weitergebaut. 1979 lief der letzte europäische Käfer – ein Cabrio – vom Band. Ein Ende war aber keinesfalls in Sicht, denn in Mexiko wurde das Erfolgs-
auto bis 2003 weitergebaut. 1992 war in Puebla das 21-milli- 35
onste Exemplar gepresst worden.

Weil Technik und Sicherheit des Dauerbrenners Mitte der 90er-Jahre nicht mehr aktuell waren, brachte VW einen „neuen" Käfer heraus. Der kommt zwar auch wieder aus dem Puebla-Werk in Mexiko, aber unterm Blech steckt in- 40
zwischen modernste Technik.

Und dieses Auto, Freunde, ist der Hit! Es sieht so käfermodern aus, wie ein moderner Käfer nur aussehen kann, mit bulliger Spur, großen Rädern, dicken Kotflügeln, einem Porsche-Lächeln im Gesicht und einem so raffinierten Hin- 45
tern, dass man es nicht glaubt. Motor (vom Golf) und Antrieb sitzen vorn, hinten gibt's eine schöne große Hecktür und einen respektablen Kofferraum plus umklappbare Rückbank. Käfertypisch Nostalgisches ist wirklich toll in modernes Design umgesetzt. Ich sehe Halteschlaufen – und aaah, ich 50
glaube es nicht, eine Blumenvase. Die allein ist ja schon Grund genug, das Auto zu kaufen. 100 000 Käfer pro Jahr sind geplant. 60 % davon werden wohl in die USA und 40 % nach Europa gehen. Der Käfer biegt in die 55
unendliche Geschichte ein und der Motorroller hat längst sein Comeback gefeiert. Fehlen jetzt eigentlich nur noch die Petticoats für die Mädels. 60

10

___4___ Lesen Sie die erste Hälfte des Textes bis Zeile 36 noch einmal.

Notieren Sie sowohl die Stationen der Entwicklung des Käfers als auch andere wichtige Ereignisse dieser Zeit.

Jahr	Entwicklung des Käfers	Jahr	Ereignisse dieser Zeit
1934	Erfindung des Käfers durch F. Porsche	1956	James Dean verunglückte tödlich.
1950		1957	
1967		1960	
1972			
1979		1961	
1992			
2003			

___5___ Worum handelt es sich im vierten Textabschnitt (Zeile 42-60)?

☐ um eine sachliche, neutrale Beschreibung der Vor- und Nachteile des Wagens

☐ um eine kritische Analyse der Ausstattung des neuen Modells

☐ um ein Lob auf den neuen Käfer, mit persönlicher Begeisterung geschrieben

___6___ Zeigen Sie auf dem Foto einige Teile des neuen Käfers, die im Text beschrieben werden.

_GR 7_ Unterstreichen Sie im Text alle Passivformen.   GR S. 158

_GR 8_ Ergänzen Sie die Passivsätze.

a In Berlin	wurde	die Mauer	gebaut.
b 1967				
c Der Käfer				
d 1992				
e Käfertypisch Nostalgisches				
f 100.000				
g In Mexiko				

_GR 9_ Vergleichen Sie die Passivformen der Sätze oben.

a Welche Sätze haben die gleiche Struktur?

b In welchen Sätzen wird ein Vorgang ausgedrückt?

c In welchen Sätzen wird ein Zustand ausgedrückt?

AB 128 2-5

__1__ Beschreiben Sie das Foto.

Was könnte die Zeitung dazu berichtet haben?

Den passenden Zeitungsartikel finden Sie im Arbeitsbuch auf Seite AB 138.

> *Auf dem Bild sieht man ...*
> *Auf dem Foto sind ... abgebildet, die ...*
>
> *Das Besondere daran ist, dass ...*
> *Sehr auffällig ist ...*
>
> *Das Ganze wirkt ...*
> *Man hat den Eindruck, ...*
>
> *Die Zeitung hat vermutlich berichtet, dass ...*
> *Wahrscheinlich steht in der Zeitung, dass ...*
> *Der Kommentar zu diesem Foto könnte lauten: ...*

__2__ Spiel: Auf dem Polizeirevier

Ziel des Spieles ist es, zu erraten, mit welchen Problemen eine Spielerin/ein Spieler auf ein „Polizeirevier" kommt.

Eine Spielerin/Ein Spieler erhält von der Kursleiterin/dem Kursleiter eine Anweisung, die die anderen in der Klasse nicht kennen.

Beispiel: *Ich war im Supermarkt beim Einkaufen. Als ich aus dem Geschäft kam, war mein Fahrrad gestohlen.*

Ohne ein Wort zu sprechen, also ausschließlich mit nonverbalen Mitteln, spielt die Person ihr Problem in der Klasse vor. Die anderen versuchen, die Gesten zu deuten, und äußern Vermutungen.

Die Spielerin/Der Spieler gibt zu verstehen, welche Vermutungen richtig sind, und zwar so lange, bis die Klasse erraten hat, was sie/er auf dem Polizeirevier melden wollte.

AB 129 6–7

<u>1</u>   Sehen Sie sich den ersten Absatz des folgenden Textes kurz an.

Woher stammt er wohl?

☐ aus einer Werbeschrift für Navigationssysteme
☐ aus einer Fachzeitschrift für Ingenieure
☐ aus dem Wirtschaftsteil einer Tageszeitung

<u>2</u>   Lesen Sie den Text und ergänzen Sie anschließend in der Textzusammenfassung (S. 148) die fehlenden Nomen.

Autonavigation mit Kurs auf den Massenmarkt

Bonn (Reuter) – Ein trüber Novembertag. Auf dem Weg zu einem Geschäftstreffen in Frankfurt steigt der Autofahrer in Köln in seinen Wagen und schaltet den Bordcomputer an. Nachdem der Zielort
5 eingegeben worden ist, nimmt der Computer mit einem Satelliten in 17.700 Kilometer Entfernung zur Erde Verbindung auf und wertet Daten über Staus, Baustellen und Wetterbedingungen aus. Der Tipp des Computers: „Stellen Sie den Wagen zurück
10 in die Garage. Nehmen Sie den Intercity um 8.54 Uhr von Köln-Hauptbahnhof. Auf dem Kölner Autobahnring sind zwölf Kilometer Stau und im Westerwald herrscht dichter Nebel."

Inzwischen gibt es nicht nur bei zahlreichen Auto-
15 konzernen selbst für Mittelklassewagen satellitengesteuerte Navigationssysteme. Sogar Supermarktketten bieten diese als Taschen-Computer an.
Das Geheimnis dieser Geräte ist eine eingespeicherte digitale Karte mit Zigtausenden Straßenkilometern
20 und Hunderten von Stadtplänen. Der Computer weiß mithilfe eines Magnetkompasses immer, wo sich das Auto befindet. Über einfache Pfeilsymbole, die auf einem Armaturenbrett erscheinen, oder gesprochene Ansagen wird der Autofahrer von seinem elektroni-
25 schen Beifahrer durch Deutschland geleitet. Die Geräte dirigieren den Fahrer bis auf wenige Meter ans Ziel. „Die Route wird berechnet", „Links", „Rechts", „Folgen Sie dieser Straße, bis Sie weitere Anweisungen erhalten" sind bislang die typischen
30 Instruktionen für den orientierungslosen Autofahrer.

Die neuen Systeme lassen sich aber nur dann in großen Mengen absetzen, wenn sie noch mehr bieten und billiger werden, sagen Industrieexperten. Nachfrage sehen sie zunächst bei Speditionen, Taxiunternehmen, Vertretern, Autovermietungen und bei den 35 Luxuswagen. „Die meisten Fahrer sind ja immer auf der gleichen Route unterwegs und wissen, wie sie am besten zum Ziel kommen", sagt David Yates von einer Consultingfirma. „Die breite Öffentlichkeit ist nur zu gewinnen, wenn nutzvolle Informationen über 40 Verkehrsstaus und Unfälle abrufbar sind", fügt er hinzu.

Außer der reinen Routensuche bieten die Systeme teilweise jetzt schon den Weg zu Hotels, Restaurants und Sehenswürdigkeiten an. Ein größerer Kunden- 45 kreis ließe sich vor allem auch ansprechen, wenn die Navigationssysteme zusätzlich bei der Diebstahlsicherung einzusetzen wären. Das ist laut Experten durchaus vorstellbar. Falls ein Auto gestohlen wird, könnte es per Satellit bis auf wenige Meter genau 50 geortet werden.

LESEN 2

Textzusammenfassung

Zahlreiche Autokonzerne bieten den Autofahrern einen –1– an, der sie durch den Verkehr dirigiert. Derzeit sind bereits –2– auf dem Markt, die mithilfe von Ansagen oder Symbolen den genauen Weg angeben. Interessant sind diese bisher jedoch hauptsächlich für einen bestimmten Kundenkreis, wie zum Beispiel –3–. Wenn sie von normalen Autofahrern sinnvoll zu nutzen sind, etwa um über –4– zu informieren oder um den Wagen nach einem –5– wieder zu finden, werden die Travelpiloten in Zukunft noch größere Marktchancen haben.

1. *Bordcomputer*
2. ....
3. .... *und* ....
4. ....
5. ....

_3_ Schlüsselwörter

Im Titel stecken die Schlüsselwörter *Autonavigation* und *Massenmarkt*.
Unterstreichen Sie alle Wörter im Text, die die gleiche Bedeutung haben oder inhaltlich eng damit verbunden sind. Ergänzen Sie die Liste.

Autonavigation	Massenmarkt
Bordcomputer	*in großen Mengen abgesetzt*

GR _4_ Unterstreichen Sie im Text alle Konstruktionen, die ausdrücken, dass etwas „gemacht werden kann".

GR S. 159, 3

GR _5_ Wie lauten die folgenden Sätze im Passiv?

Ergänzen Sie die Übersicht.

Text	Alternativen zum Passiv	Passiv
Zudem seien die Systeme bei den aktuellen Preisen en gros nur schwer verkäuflich.	*sein* + Verbstamm + *-lich*	*Zudem könnten die Systeme bei den aktuellen ...*
Die neuen Systeme lassen sich aber nur dann in großen Mengen absetzen, ...	*sich* + Infinitiv + *lassen*	
Ein größerer Kundenkreis ließe sich vor allem auch ansprechen, ...		
... wenn nutzvolle Informationen abrufbar sind.	*sein* + Verbstamm + *-bar*	
... wenn die Navigationssysteme bei der Diebstahlsicherung einzusetzen wären.	*sein* + *zu* + Infinitiv	

AB 130 8–10

P 1

Mit dem Flieger ins Ausland

Im Jahr 2000 flogen insgesamt 49,3 Millionen Passagiere aus Deutschland ins Ausland

darunter in 1 000 nach:

Spanien	9 010
└ darunter Balearen	3 776
Kanaren	2 752
Großbritann.	4 121
USA	3 880
Türkei	3 720
└ Antalya	1 612
Italien	2 798
Frankreich	2 540
Griechenland	2 534
└ Griech. Inseln	1 539
Schweiz	1 664

Österreich	1 332
Tunesien	1 031
Portugal	1 008
Ägypten	869
Kanada	624
Japan	513
Thailand	433
Israel	329
Singapur	308
China	284
Indien	279
Hongkong	252

Quelle: Stat. Bundesamt 6912 © Globus

Sie erhalten folgenden Text zum Schaubild.

Leider ist der rechte Rand unleserlich. Rekonstruieren Sie und schreiben Sie jeweils das fehlende Wort an den Rand.

In der Luft herrscht Hochkonjunktur. Gut 49 Millionen Fluggäste starteten
Deutschlands Flughäfen ins Ausland. Das waren über sieben Prozent mehr
im Jahr zuvor. Innerhalb der letzten zehn Jahre hat sich die Zahl
Flugreisenden fast verdoppelt. Mit über 9 Millionen Reisenden
Spanien das Topziel des Jahres. 3,8 Millionen Menschen
auf die Balearen, 2,8 Millionen zog es auf die Kanarischen
Ziel Nummer zwei war Großbritannien mit 4,1 Millionen Flug-
überwiegend Geschäftsleuten. Es folgten die USA mit 3,9 Millionen.
riesigen Zuwachs gab es für das Flugziel Ägypten.
Zahl der Passagiere erhöhte sich gegenüber dem Vorjahr
fast 40 Prozent. Das Land der Pharaonen und Pyramiden
damit auf Platz zwölf der Hitliste.

von
(1)
(2)
(3)
(4)
(5)
(6)
(7)
(8)
(9)
(10)

10

2   Sehen Sie sich die Abbildung an und lesen Sie den dazugehörigen Text.

Unterstreichen Sie im Text Ausdrücke mit der Bedeutung *mehr werden*, z.B. *sich erhöhen*.

Verkehrslast wächst um ein Drittel

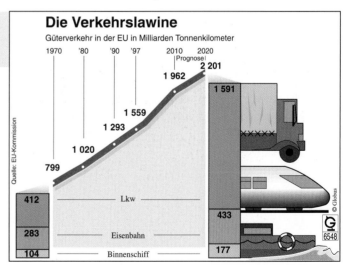

Die Verkehrslawine

Güterverkehr in der EU in Milliarden Tonnenkilometer

1970	'80	'90	'97	2010 Prognose	2020
799	1 020	1 293	1 559	1 962	2 201

Quelle: EU-Kommission

Lkw — 1 591

Eisenbahn — 433

Binnenschiff — 177

412 / 283 / 104

© Globus 6548

Auf die EU-Länder rollt eine gewaltige Verkehrslawine zu. Nach Berechnungen der EU-Kommission wird <u>sich</u> der Güterverkehr bis zum Jahr 2020 von derzeit rund 1 700
5   Milliarden Tonnenkilometer auf 2 201 Milliarden Tonnenkilometer <u>erhöhen</u> – ein Zuwachs von rund einem Drittel. Das ist nicht zuletzt eine Folge des zunehmenden Verkehrs nach und aus Osteuropa. Mit dem Fall des
10 Eisernen Vorhangs, der Öffnung der Märkte und langsam steigendem Wohlstand nimmt auch der Warenaustausch zwischen West- und Osteuropa zu. Es sind vor allem die Straßen, die die wachsende Verkehrslast zu tragen haben. Nach
15 den Prognosen der EU wird der Gütertransport im Jahr 2020 zu über 70 % mit Lkw abgewickelt; auf die Bahn werden 20 % entfallen, nur 8 % der Güter werden von Binnenschiffen transportiert.

AB 131   11–13

__1__ Lesen Sie die erste Seite einer Informationsbroschüre.

> Die Verkehrsdichte in den Städten steigt, und der PKW-Bestand wächst ständig weiter. Es ist zu erwarten, dass bald jeder Erwachsene ein Fahrzeug besitzt. In München sind derzeit 700 000 Autos registriert. Die brauchen viel Platz, nicht nur zum Fahren, sondern auch zum Stehen, denn das tun sie in mehr als 95% ihrer „Lebenszeit". Ist das überhaupt notwendig? Wir denken: Nein! Eine Alternative lautet:
> **Autoteilen – Carsharing – STATTAUTO.**
>
> **Eine verkehrspolitisch sinnvolle und preisgünstige Alternative zum Privatauto**
>
> STATTAUTO

__2__ Führen Sie ein Beratungsgespräch.

Jeweils zwei Teilnehmer bereiten eine Rolle vor.

Runde 1: Information

Interessent	Berater
Sie haben von der Organisation STATTAUTO gehört. Über folgende Fragen möchten Sie etwas erfahren: ■ Funktionsweise und praktische Durchführung ■ Kosten	Sie arbeiten bei der Organisation STATTAUTO. Am Telefon informieren Sie Interessenten über: ■ Funktionsweise und praktische Durchführung ■ Kosten
Überfliegen Sie den Text im Arbeitsbuch und überlegen Sie sich jeweils drei bis vier Fragen, die ein Interessent stellen könnte.	Lesen Sie den Text im Arbeitsbuch aufmerksam, um über die oben genannten Punkte Auskunft geben zu können. Markieren Sie beim Lesen Schlüsselwörter und wichtige Informationen.
Beispiele: *Ich habe von STATTAUTO gehört. Können Sie mir erklären, ...* *Und dann würde mich noch interessieren, ...*	Beispiele: *Also, das ist folgendermaßen: Sie ...* *Unser System funktioniert so: ...*

Runde 2: Zweifel – Argumentation

Interessent	Berater
Sie zweifeln daran, dass STATTAUTO wirklich so **praktisch** und **günstig** ist. Formulieren Sie Einwände zu ■ Funktionsweise und praktischer Durchführung Beispiele: *Ich finde das alles sehr kompliziert.* *Was mache ich, wenn ...?* *Das klingt ja alles sehr schön,* *aber es könnte doch passieren, dass ...* ■ Kosten Beispiel: *Das scheint mir aber ziemlich teuer!* *Ein eigenes Auto kostet auch nicht mehr.*	Sie versuchen, Interessenten von den **Vorteilen** von STATTAUTO zu überzeugen. Beispiele: *Wer mit STATTAUTO fährt, kann (braucht nicht) ...* *Wenn man nicht oft Auto fahren muss, ...* *Ich würde Ihnen auf jeden Fall raten, ...* *Sie können ja mal nachrechnen.* *Sie werden sehen, ...*

10

AB 133 14

<u>1</u>   Ergänzen Sie Wörter zum Wortfeld *Fortbewegung*.

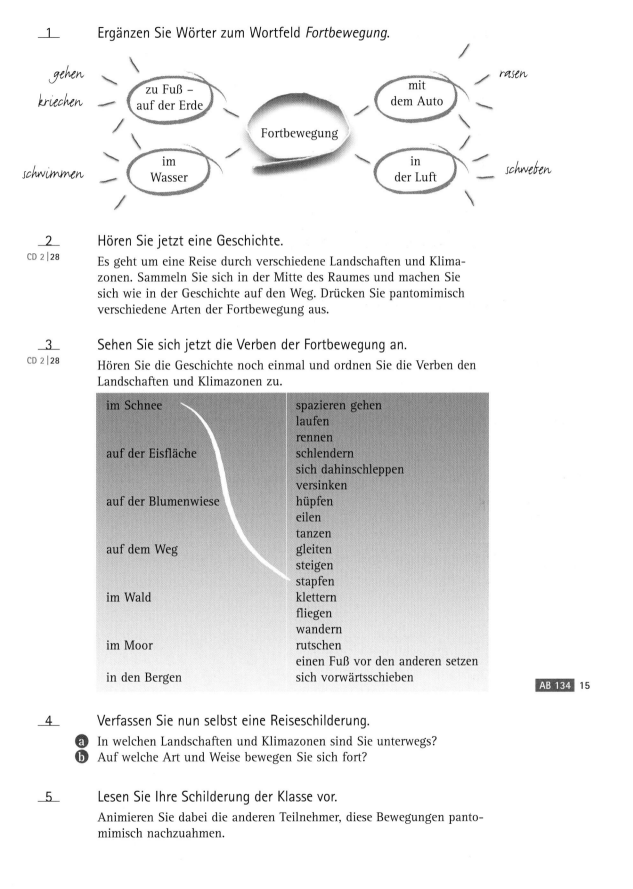

gehen
kriechen

zu Fuß –
auf der Erde

Fortbewegung

mit
dem Auto

rasen

schwimmen

im
Wasser

in
der Luft

schweben

<u>2</u>
CD 2 | 28   Hören Sie jetzt eine Geschichte.

Es geht um eine Reise durch verschiedene Landschaften und Klimazonen. Sammeln Sie sich in der Mitte des Raumes und machen Sie
sich wie in der Geschichte auf den Weg. Drücken Sie pantomimisch
verschiedene Arten der Fortbewegung aus.

<u>3</u>
CD 2 | 28   Sehen Sie sich jetzt die Verben der Fortbewegung an.

Hören Sie die Geschichte noch einmal und ordnen Sie die Verben den
Landschaften und Klimazonen zu.

im Schnee	spazieren gehen
	laufen
	rennen
auf der Eisfläche	schlendern
	sich dahinschleppen
	versinken
auf der Blumenwiese	hüpfen
	eilen
	tanzen
auf dem Weg	gleiten
	steigen
	stapfen
im Wald	klettern
	fliegen
	wandern
im Moor	rutschen
	einen Fuß vor den anderen setzen
in den Bergen	sich vorwärtsschieben

AB 134 15

<u>4</u>   Verfassen Sie nun selbst eine Reiseschilderung.

a In welchen Landschaften und Klimazonen sind Sie unterwegs?
b Auf welche Art und Weise bewegen Sie sich fort?

<u>5</u>   Lesen Sie Ihre Schilderung der Klasse vor.

Animieren Sie dabei die anderen Teilnehmer, diese Bewegungen pantomimisch nachzuahmen.

__1__   Wählen Sie eines der beiden Frauen-Fotos.

Was könnte am Lebenslauf dieser beiden Frauen besonders sein?
Was könnte besonders sein in Bezug auf das Thema „Mobilität"?

Heather Nova, 33, Sängerin, schrieb die Lieder für ihr neues Album auf den Bermudas.

Die Bäuerin Babette H., 84, lebt allein in Kainöd, einem einsamen Dorf in der Nähe von München.

__2__   Hören Sie die beiden Interviews nacheinander. Kreuzen Sie an, zu
CD 2|29–30   welchen Aspekten Sie etwas gehört haben.

Interview	Heather Nova	Babette H.
Gründe für Wahl des Transportmittels		
Eltern, Geschwister		
Freundschaften		
Wünsche/Sehnsüchte		
Schule/Schulabschluss		
Umgang mit dem Transportmittel		
Tagesablauf/Aktivitäten		
Wohnung/Wohnort		

__3__   Tauschen Sie sich in Vierer-Gruppen über die beiden Personen aus.

Verwenden Sie dazu Ihre Notizen.
Berichten Sie auch über die Gefühle dieser Frauen.

Was fand Heather Nova so toll?

Was fehlte ihr?

Wie sah sie die Schule?

Machte sie ihren Eltern Vorwürfe? Warum (nicht)?

Was meint Babette H., wenn sie sagt: „So schnell gebe ich nicht auf."?

Wozu braucht sie den Traktor?

Kann sie auch auf den Traktor verzichten? Warum (nicht)?

__4__   Wählen Sie für sich ein ungewöhnliches Fortbewegungsmittel.

ⓐ Welchen Traum würden Sie sich damit erfüllen?
ⓑ Wie oft und wozu würden Sie es nutzen?
ⓒ Wen würden Sie mitnehmen?

152

__1__   Berichten Sie.

Wie weit haben Sie es zu Ihrem Arbeitsplatz bzw. Ihrer Schule/Uni?
Welche Vor- und Nachteile hat es, wenn man arbeitsplatznah bzw. -fern
wohnt?

__2__   Lesen Sie die Porträts der vier Personen.

Herr Professor B., 46,
Hochschullehrer, lebt mit Frau
und Sohn in München im eige-
nen Haus. Er arbeitet an der
Universität Mainz und fährt jede
Woche mit dem Zug zwischen
Wohnort und Arbeitsstelle hin und her. Die
Anreise dauert von Tür zu Tür circa viereinhalb
Stunden.

Frau M., 43, ist
Außendienstmitarbeiterin beim
Hueber Verlag, sie lebt mit ihrem
Mann in Hamburg. Mehrmals im
Monat verreist sie dienstlich und
übernachtet außer Haus.

Frau T., 31, wissenschaftliche
Mitarbeiterin eines Instituts, arbeitet
seit einem Jahr in Hagen. Dort hat
sie nun eine eigene Wohnung. Ihr
Lebensgefährte lebt weiterhin am
ehemals gemeinsamen
Studienort in Heidelberg. Das
Paar sieht sich an den
Wochenenden.

Herr H., 32, verheiratet, arbeitet bei einem
Autohersteller in Ingolstadt als Mechaniker
in Schichtarbeit. Er fährt täglich 70–80
Minuten von seiner Wohnung in einem
Zweifamilienhaus, das seinen Eltern gehört,
zu seinem Arbeitsplatz.

__3__   Welche Personen passen hier?

Person	Typ	Erklärung
_____	Fernpendler	Täglich einfacher Arbeitsweg von mindestens einer Stunde.
_____	Varimobile	Beruflich bedingte mehrtägige Abwesenheit von der Familie.
_____	Fernbeziehungen	Partner leben an verschiedenen Orten in getrennten Wohnungen.
_____	Wochenendpendler	Zweithaushalt während der Woche am Ort des Arbeitsplatzes.
_____	Umzugsmobile	Aufgrund ihres Berufs in den letzten fünf Jahren umgezogen.

Kaum da, schon wieder weg

Nach vorsichtigen Schätzungen stehen in Deutschland zwischen 30 und 50 Prozent aller Arbeitnehmer
im Laufe ihrer Berufsbiografie irgendwann einmal vor
der Entscheidung: mobil – ja oder nein? Wer dann
umzieht, bricht in einen neuen Lebensabschnitt auf.
Aber auch wer sich auf das Pendeln einlässt, wird ab
diesem Zeitpunkt ein anderes Leben führen. Denn
beruflich notwendige Mobilität ist mehr als das Zu-
rücklegen einer Strecke in Zeit und Raum – sie ist der
Umstand, der gravierend in das Privatleben der
Betroffenen, ihrer Partner und der gemeinsamen
Kinder hineinwirkt. Zu diesem Ergebnis kommt eine
Studie des Bamberger Staatsinstituts für Familien-
forschung und der Universität Mainz.

Die vier wichtigsten Mobilitäts-Typen

Mobilität hat viele Gesichter. Zu jeder Mobilitätsform gibt es, so konnte die Studie zeigen, ein bestimmtes Profil: Fernpendler, die lange Anfahrtswege zum Arbeitsplatz in Kauf nehmen, sind zumeist männlich, nicht mehr ganz jung und häufig Familienväter. Die Strapazen des langen Arbeitsweges akzeptieren sie, weil sie sich einen Umzug zum neuen Arbeitsplatz nicht vorstellen können. Fernpendler leben zu 50 Prozent im Eigenheim oder in der Eigentumswohnung.

Ähnlich ist es bei den Varimobilen wie zum Beispiel bei Außendienstmitarbeitern. Der Unterschied besteht darin, dass beim Varimobilen Mobilität von vornherein fester Bestandteil des Berufsbildes ist. Ganz anders stellt sich die Situation der Menschen, die sogenannte Fernbeziehungen führen, dar: Diese Personen sind meist jung, kinderlos und haben ihren Bausparvertrag noch nicht eingelöst.

Genauso wie die Wochenendpendler – Shuttles – verfügen sie meist über eine hohe Schulbildung. Der typische Shuttle ist männlich und empfindet seine Mobilität als Übergangsphase. 50 Prozent von ihnen pendeln unfreiwillig, weil der heimatliche Arbeitsmarkt die Karriere- und Verdienstmöglichkeiten nicht hergibt, die sie sich vorstellen oder auf die sie angewiesen sind.

Auswirkungen der Mobilität auf die Familie

Dass ihre Familien im Alltag weitgehend ohne ihre Unterstützung auskommen müssen, dessen sind sich die allermeisten Pendler bewusst: „Das Ganze funktioniert natürlich nur, wenn man eine Frau hat, die sehr engagiert und fleißig ist und die eigentlich alles allein regeln kann", berichtet ein Wochenendpendler. Trotz dieser Beanspruchung sieht er wenig Probleme: „Wir haben eine relativ strikte Aufgabentrennung." Wer wofür zuständig ist, ergibt sich schon aus der Situation, die durch diese Form der Mobilität entsteht. Die Partnerin kümmert sich um Haushalt, Kinder und vielleicht um die häuslichen Finanzen. Sie hält ihrem mobilen Mann den Rücken frei und schlüpft wochentags in die Rolle einer alleinerziehenden Mutter: Bei 70 % liegt eine traditionelle Rollenaufteilung vor.

Obwohl der Fernpendler jeden Abend im gemeinsamen Haushalt anwesend ist, können die übrigen Familienmitglieder nicht mit ihm rechnen. Trotzdem: „Es liegt nicht allein an der mobilen Lebensform, ob der abwesende Elternteil gänzlich ausgeschlossen bleibt und sich lediglich als Gast in der eigenen Familie fühlt", relativiert die Studienmitarbeiterin, Frau Limmer. Manche pendelnden Väter, so die Forscherin, haben beispielsweise einen festen Telefontermin mit ihren Kindern vereinbart.

Erfahrungen mobiler Frauen

Besonders drastische Erfahrungen mit der Aufgabenverteilung schildern mobile Frauen. Anders als die mobilen Männer haben sie keinen, der ihnen die „ungeliebte" Familienarbeit abnimmt. „So bestimmte Sachen wie Wäschewaschen oder so, das bleibt alles liegen, bis ich dann wiederkomme", schildert eine Betroffene ihre Situation, „aber das liegt auch daran, dass ich nicht loslassen kann." Berufstätige Frauen, besonders wenn sie mobil sind, stehen häufig unter einem enormen gesellschaftlichen Druck, bei allem auch noch eine gute Mutter und Hausfrau sein zu müssen.

Emotionale Folgen

Interessanterweise wird oftmals weniger das Alltagsmanagement als eigentliches Minenfeld dieser Partnerschaft empfunden, sondern die emotionale Entfremdung: Zu viele Eindrücke und Erlebnisse werden ohne den Partner gemacht und verarbeitet. Das gewachsene Vertrauen in die Beziehung schwindet – und das Misstrauen macht sich langsam breit. Trotzdem scheinen sich manche Menschen in Wochenend- und Fernbeziehungen durchaus wohlzufühlen, vor allem dann, wenn noch keine Kinder vorhanden sind. Die Beziehung ist ein wertvolles Gut, das – nur am Wochenende genossen – einen Beigeschmack von Belohnung und Luxus hat: „Unsere Wochen vergehen schnell, es ist schnell wieder Wochenende, und das ist immer wie ein Fest", berichtet eine Shuttlefrau euphorisch.

LESEN 3

Mobilität und Kinder?

Für viele Paare sind diese beiden Lebensbereiche nicht vereinbar. 42 Prozent der befragten Männer und 69 Prozent der befragten Frauen gaben an, dass sich die berufliche Mobilität auf die Familienplanung hemmend ausgewirkt habe. Vor allem die Frauen sehen mit wachsender Unruhe, wie ihre biologische Uhr tickt, während sie beruflich mobil sein müssen: „Ich habe jetzt zum dritten Mal beruflich neu angefangen, und da möchte ich mich erst mal darauf konzentrieren", erzählt eine Betroffene. Und eine andere Wochenendpendlerin setzt klare Prioritäten: „Also, wenn es um den Preis ist, dass ich zu Hause bleibe und Hausfrau werde, dann möchte ich nicht schwanger werden." 75 Prozent der befragten Frauen sind mit 36 Jahren noch kinderlos. Während sich bei den mobilen Männern der geplante Einstieg in die Familiengründung allenfalls verzögert, müssen wir davon ausgehen, dass eine große Mehrheit mobiler Frauen kinderlos bleiben wird. Eine Tendenz mit schwerwiegenden demografischen Folgen: „Weniger Bevölkerung, alternde Bevölkerung sind die Konsequenzen", erklärt Professor Norbert F. Schneider, Leiter der Studie.

___4___ Ergänzen Sie Informationen aus dem Text.

a Beruflich notwendige Mobilität hat Folgen für: _____

b Gründe für „Fernpendeln": _____

c Häufige Aufgabenverteilung in „Pendlerfamilien": _____

d Probleme und Überlegungen weiblicher „Berufsmobiler": _____

e Nachteile der Mobilität für eine Familiengründung: _____

___GR 5___ Partizipialkonstruktionen   GR S. 159/4,5

Partizipien sind von Verben abgeleitet und übernehmen die Funktion eines Adjektivs. Man unterscheidet Partizip-I- und Partizip-II-Formen.

a Unterstreichen Sie im Text alle adjektivischen Partizip-I- und Partizip-II-Formen.
b Ergänzen Sie die Beispiele im Raster und formen Sie sie, wo möglich, in Relativsätze um.

Partizip I	Partizip II	Relativsatz	Bedeutung
Eine allein-erziehende Mutter		Eine Mutter, die (ihre Kinder) allein erzieht.	aktiv + gleichzeitig zum Hauptverb
	die sogenannten Fernbeziehungen	(die) Fernbeziehungen, die so genannt werden	passiv

c Partizipien haben entweder eine **aktive** Bedeutung und bezeichnen eine Handlung, die **gleichzeitig** oder **vorzeitig** zum Hauptverb des Satzes stattfindet, oder sie haben eine **passive** Bedeutung.

Vergleichen Sie die Partizip-II-Formen
die befragten Männer und *das gewachsene Vertrauen*.

Was trifft auf welche Form zu?

- passive Bedeutung
- aktive Bedeutung
- vorzeitig zum Hauptverb des Satzes
- gleichzeitig zum Hauptverb des Satzes

AB 134 16–19

155

1 Lesen Sie die drei Statements.

In der Zeitschrift des Allgemeinen Deutschen Automobilclubs
ADAC motorwelt standen folgende drei Statements unter der Überschrift:

Was Auto-Mobilität wirklich für unsere Gesellschaft bedeutet

A

*„Der Straßenverkehr
richtet Millionenschäden
an. Wir alle müssen
deshalb umdenken."*

*Alternativen zum motorisierten
Individualverkehr müssen vor
allem in den Städten gefunden
werden.*

B

*„Jeder hat das Recht auf
ein eigenes Auto!"*
*Mobilität ist ein Zeichen von
persönlicher Freiheit und Indivi-
dualität. Das Auto ist das einzige
Fortbewegungsmittel, mit dem
jeder Mensch zu jeder Zeit, gemeinsam mit mehreren anderen
Menschen, fast jeden Ort nach
seinem Fahrplan erreichen kann.*

C

„Ökonomie vor Ökologie!"
*Wenn weniger Autos gekauft
werden, geht es uns in Deutschland allen wirtschaftlich
schlechter. Wir müssen deutlich
machen, dass die Automobil-
industrie eine Schlüsselindustrie
ist.*

2 Welches Statement ist *pro*, welches ist *contra* Auto?

Welches gefällt Ihnen am besten? Warum?

3 Nehmen Sie in einem Leserbrief an die Redaktion der Zeitschrift
Stellung zu dem Thema.

Berichten Sie dabei, wie die Menschen in Ihrem Heimatland mit
diesem Thema umgehen. Bevor Sie mit dem Schreiben beginnen, führen
Sie die folgenden Arbeitsschritte aus:

ⓐ Sammeln Sie Ideen zum Thema, die Sie in Ihrem Text
verwenden möchten.

ⓑ Gruppieren Sie inhaltlich zusammengehörige Ideen.
Beispiel: *Statement A*

Lärm Bäume Luftverschmutzung

schlafstörungen **Schäden** Unfälle

Gesundheit

c Lesen Sie folgende Redemittel.

Intentionen	Redemittel
den Anlass nennen	*In der letzten Ausgabe Ihres Magazins diskutierten Sie die Frage, ...* *In Ihrer Zeitschrift las ich unlängst einen Artikel, ...* *In letzter Zeit hört man immer häufiger ...*
eine These/Behauptung aufstellen	*Ich bin der Meinung, dass ...* *Ich möchte dazu folgende These aufstellen: ...*
eine Gegenthese formulieren	*Diese Behauptung lässt sich leicht widerlegen. ...* *Wir müssen uns dagegen wehren, dass ...*
Argumente dafür/dagegen anführen	*Einige Gründe sprechen dafür, dass ...* *Ich möchte (noch) darauf hinweisen, dass ...* *Ein weiterer Gesichtspunkt ist ...* *Andererseits muss man aber bedenken, dass ...* *Zwar ist es richtig, dass ..., aber ...* *Dagegen muss man einwenden, dass ...*
abschließend zusammenfassen und ein Fazit ziehen	*Man kann also festhalten, dass ...* *Man sollte schließlich zu einem Kompromiss kommen: ...*

P 4 Schreiben Sie nun Ihren Leserbrief.

Sagen Sie darin,

▨ warum Sie schreiben.
▨ welches der Statements A, B oder C Ihnen sympathisch ist.
▨ warum diese Meinung Ihnen gefällt.
▨ welches der Statements Sie ablehnen.
▨ warum diese Meinung Ihnen unsympathisch ist.
▨ wo Sie Möglichkeiten für einen Kompromiss sehen.

Wählen Sie einige Redemittel aus Aufgabe 3 c und schließen Sie Ihren Leserbrief mit einem Gruß.

AB 136 20

5 Lesen Sie Ihren Text noch einmal durch.

Prüfen Sie, ob Ihr Brief folgende Elemente enthält:

▨ Datum ▨ Anrede ▨ einleitender Satz
▨ Stellungnahme ▨ Grußformel

6 Überprüfen Sie den Aufbau Ihres Textes.

Lesen Sie den Brief dazu einmal laut.

a Wird deutlich, welche Meinung Sie haben?
b Schließen die Sätze gut aneinander an?

ÜG S. 110-115

__1__ Formen des Passivs

a Vorgangspassiv
Das **Vorgangspassiv** bildet man aus einer Form des Verbs
werden + **Partizip II.**

einfache Formen

	Präsens	**Präteritum**	**Perfekt**	**Plusquamperfekt**
ich	werde gefragt	wurde gefragt	bin gefragt worden	war gefragt worden
du	wirst belogen	wurdest belogen	bist belogen worden	warst belogen worden
er/sie/es	wird verkauft	wurde verkauft	ist verkauft worden	war verkauft worden
wir	werden verfolgt	wurden verfolgt	sind verfolgt worden	waren verfolgt worden
ihr	werdet gesehen	wurdet gesehen	seid gesehen worden	wart gesehen worden
sie/Sie	werden aufgefordert	wurden aufgefordert	sind aufgefordert worden	waren aufgefordert worden

mit Modalverb

Präsens	Dieses Jahr *müssen* mehr Fahrzeuge *verkauft werden.*
Präteritum	Die Zahlen der vergangenen Jahre *konnten* nicht *erreicht werden.*
Perfekt	1992 *hat* das 21-millionste Exemplar des VW-Käfers *verkauft werden können.*
Plusquamperfekt	Die Produktion *hatte* nach Mexiko *verlegt werden müssen.*

b Zustandspassiv
Man bildet es aus einer **Präsens-** oder **Präteritumform** des Verbs
sein + **Partizip II.**

Präsens	Die Berliner Mauer *ist abgerissen.*
Präteritum	Die Stadt *war* fast drei Jahrzehnte *geteilt.*

__2__ Verwendung von Vorgangs- und Zustandspassiv

Aktiv Die Geschäftsleitung *verlegt* die Produktion nach Mexiko.
(Vorgang: Blickrichtung auf die handelnden Personen)

Vorgangspassiv Die Produktion *wird* nach Mexiko *verlegt.*
(Vorgang: Blickrichtung auf den Verlauf der Handlung)

Zustandspassiv Die Produktion *ist* nach Mexiko *verlegt.*
(Zustand: Blickrichtung auf das Resultat der Handlung)

10

ÜG S. 116

3 Alternativen zum Passiv

Anstelle von **Passivkonstruktionen mit dem Modalverb** *können* sind
alternative Formen möglich. Dafür gibt es drei Varianten.

Passiv	Der Bordcomputer *kann* auch nachträglich *eingebaut werden*.
	Die Systeme *können* noch nicht in großen Mengen *verkauft werden*.
Alternativen	
ⓐ *sich* + Infinitiv + *lassen*	Der Bordcomputer *lässt sich* auch nachträglich *einbauen*.
	Die Systeme *lassen sich* noch nicht in großen Mengen *verkaufen*.
ⓑ *sein* + Infinitiv + *zu*	Der Bordcomputer *ist* auch nachträglich *einzubauen*.
	Die Systeme *sind* noch nicht in großen Mengen *zu verkaufen*.
ⓒ *sein* + Verbstamm + *-bar/-lich*	Der Bordcomputer *ist* auch nachträglich *einbaubar*.
	Die Systeme *sind* noch nicht in großen Mengen *verkäuflich*.

ÜG S. 44

4 Partizip I und Partizip II in Adjektivfunktion

Partizipien leitet man zwar vom Verb ab, sie haben jedoch häufig die
Funktion von Adjektiven oder Adverbien.
Beispiel: *das schöne, gepflegte Auto*
Steht ein Partizip vor einem Nomen, so hat es die entsprechende
Adjektivendung.

Partizip I	Partizip II
Infinitiv + *d* + Adjektivendung	Partizip II + Adjektivendung
die *pendelnden* Väter	die *befragten* Frauen
pendelnde Väter	von den *befragten* Frauen

ÜG S. 44, 154

5 Partizipialkonstruktionen oder Relativsätze

Relativsätze lassen sich verkürzt in Form von Partizipialkonstruktionen
wiedergeben.
Beispiel: Familien, *die betroffen sind*
   betroffene Familien

Bedeutungsunterschiede:

Partizip-I-Konstruktion	Partizip-II-Konstruktion	
Aktiv-Bedeutung Zustände oder Vorgänge, die gleichzeitig neben der Haupthandlung herlaufen	Passiv-Bedeutung	Aktiv-Bedeutung Vorgang, der schon abgeschlossen ist

Beispiele:

Relativsatz	Aktiv/Passiv	Partizip	Partizipialkonstruktion
eine Mutter, *die (ihre Kinder) allein erzieht*	Aktiv – gleichzeitig	Partizip I	eine *alleinerziehende* Mutter
das Vertrauen, *das wächst*	Aktiv – gleichzeitig	Partizip I	das *wachsende* Vertrauen
Fernbeziehungen, *die so genannt werden*	Passiv	Partizip II	*sogenannte* Fernbeziehungen
der Einstieg, *der geplant wurde/ist*	Passiv	Partizip II	der *geplante* Einstieg
das Vertrauen, *das gewachsen ist*	Aktiv – vorzeitig*	Partizip II	das *gewachsene* Vertrauen
der Zug, *der angekommen ist*	Aktiv – vorzeitig*	Partizip II	der *angekommene* Zug

* nur bei Verben, die das Perfekt mit *sein* bilden

Auflösung zu Seite 107

**Arbeitsbuch
Lektion 6–10**

Verben

anstreben
beraten
(sich) einsetzen für + *Akk.*
erreichen
etwas raten + *Dat.*
fordern
leisten
schaffen
sich beschäftigen mit + *Dat.*
sich bewerben um + *Akk.*/
  bei + *Dat.*
sich erkundigen bei/nach + *Dat.*
sich vorstellen
tätig sein
unterstützen
verbinden mit + *Dat.*
verhandeln
verlangen
verteidigen
zu tun haben mit + *Dat.*

Nomen

die Abteilung, -en
die Angabe, -n
der/die Angestellte, -n
die Anlage, -n
die Anrede, -n
der Arbeitgeber, -
der Arbeitnehmer, -
der Aufstieg
die Ausbildung, -en
der/die Auszubildende, -n
die Beförderung, -en
der Bereich, -e
das Berufsleben, -
der Bewerber, -
die Bewerberin, -nen
die Bewerbung, -en

die Einarbeitung
die Einrichtung, -en
der Empfänger, -
der Erfolg, -e
das Fachgebiet, -e
die Fähigkeit, -en
das Gehalt, ¨-er
der Nebenjob, -s
die Referenz, -en
die Schreibkraft, ¨-e
der/die Selbstständige, -n
die Stelle, -n
das Stellenangebot, -e
die Tätigkeit, -en
der Umgang
der Verdienst
der Vertreter, -
die Vertreterin, -nen
die Voraussetzung, -en
der/die Vorgesetzte, -n
das Vorstellungsgespräch, -e

Adjektive/Adverbien

ehemalig
karriereorientiert
kontaktfreudig
krisensicher
kürzlich
leger
piekfein
selbstbewusst
souverän
tabellarisch
üblich (un-)
verantwortungsvoll
verkehrs(un)günstig
vorteilhaft (un-)
zufriedenstellend
zuverlässig (un-)

Konnektoren und Präpositionen

also
aufgrund + *Gen.*
daher
deswegen
falls
folglich
im Falle + *Gen.*
im Falle, dass
infolge + *Gen.*
infolgedessen
nämlich
sonst
wegen + *Gen.*

Ausdrücke

auf eigene Rechnung arbeiten
Berufserfahrung sammeln
einen Beruf (eine Tätigkeit)
  ausüben
einen Brief verfassen
einen Termin ausmachen
einen Vertrag abschließen
ein Formular ausfüllen
ein Gespräch einleiten/beenden/
  entgegennehmen
etwas auf den neuesten
  Stand bringen
Fähigkeiten/Kenntnisse erwerben
im Hotel ein- und auschecken
ins Schwitzen kommen
seinen Lebensunterhalt verdienen
sich Fähigkeiten (Kenntnisse)
  aneignen
um Auskunft bitten
Voraussetzungen mitbringen

6

---

 1   Wortfeld *Arbeitsplatz* → WORTSCHATZ

Ordnen Sie folgende Nomen zum Bereich „Arbeitsplatz" den vier Kategorien zu.
Manche Begriffe passen zu verschiedenen Kategorien.

die Abteilung, der/die Angestellte, der Arbeitnehmer, der Aufstieg, die Ausbildung,
die Beförderung, der Bereich, die Bewerbung, die Einarbeitung, die Fähigkeit,
das Gehalt, das Stellenangebot, der Verdienst, der Vorgesetzte, das Vorstellungsgespräch

Einstieg	Hierarchie (oben - unten)	Struktur	Motivation
	der / die Angestellte	*die Abteilung*	

LEKTION 6

zu Seite 86, 5

2 Kausale und konsekutive Satzverbindungen → GRAMMATIK

a Sätze bilden
Verbinden Sie folgende Sätze mithilfe der Konnektoren und
Präpositionen in Klammern.

1. Kathrin Schmoll will beruflich weiterkommen. Sie besucht einen
   Fortbildungslehrgang. (*deshalb, denn, nämlich, weil, da, wegen*)

2. Otto Grimm möchte die Berufspraxis kennenlernen. Er macht eine
   Ausbildung als Bankkaufmann. (*nämlich, aus diesem Grund, da*)

3. Die Firma Zimmer sucht Auszubildende. Sie inseriert in der Zeitung.
   (*darum, infolgedessen, daher, weil*)

4. Clara Feuerbach zahlt eine hohe Miete. Sie braucht ein gutes
   Einkommen. (*nämlich, weil, deswegen, folglich*)

5. In großen Betrieben gibt es zurzeit zahlreiche Entlassungen. Die
   Arbeitslosenzahl steigt stark an. (*deshalb, sodass, infolge, aufgrund*)

b Satzbaupläne ergänzen
Ergänzen Sie die Sätze aus Übung 2 in der Übersicht.

Hauptsatz	Konnektor	Position 1	Position 2	Position 3, 4	Endposition
Kathrin Schmoll will beruflich weiterkommen.		*Deshalb*	*besucht*	*sie einen Lehrgang.*	
Kathrin Schmoll besucht einen Lehrgang,	*denn*	*sie*	*will*	*beruflich*	*weiterkommen.*
Kathrin Schmoll besucht einen Lehrgang,		*sie*	*will*	*nämlich beruflich*	*weiterkommen.*
Sie besucht einen Lehrgang,	*weil*	*sie*	*beruflich*		*weiterkommen will.*

Position 1		Position 2	Position 3, 4 ...
Da (Weil) K. Schmoll beruflich weiterkommen will,		*besucht*	*sie einen Lehrgang.*
Wegen ihres beruflichen Weiterkommens		*besucht*	*sie einen Lehrgang.*

zu Seite 86, 5

3 Warum Bewerber scheitern → LESEN/GRAMMATIK

a Gründe zuordnen
Bewerber um eine neue Stelle können aus verschiedenen Gründen scheitern. Stellen Sie
Vermutungen über die Häufigkeit der Gründe an und ordnen Sie die Gründe A bis J den
Prozentzahlen im Schaubild zu.

A zu alt
B zu wenig Berufserfahrung
C Persönlichkeit ungeeignet
D fehlende Kenntnisse
E Mängel in der Allgemeinbildung

F zu hohe Einkommensforderungen
G gesundheitlich beeinträchtigt
H keine (geeignete) Berufsausbildung
I überqualifiziert
J unvereinbare Arbeitszeitwünsche

1
2
3
4
5
6
7
8
9
10

Warum Bewerber scheitern

Die wichtigsten Gründe,
weshalb Arbeitsverträge
nicht zustande kommen

Die Bewerber sind / haben...

37 %
37
35
18
16
16
10
10
7
5

Stand 1993 — Mehrfachnennungen   © Globus

b Sätze bilden
Formulieren Sie zu jedem der Gründe einen Satz mithilfe der folgenden Konnektoren
oder Präpositionen.

weil – da – denn – aufgrund – nämlich – wegen

Beispiel: *Manche Bewerber bekommen keine Stelle, weil sie schon zu alt sind.*

zu Seite 86, 5

_4_ Konnektoren und Präpositionen → GRAMMATIK

Ergänzungsübung: Setzen Sie die passenden Wörter in die Lücken ein.

denn – infolge – zu ..., um ... zu – aufgrund – weil – aus diesem Grund – wegen –
daher – zu ..., als dass

Für die Arbeitgeber scheint die derzeitige Arbeitsmarktlage recht günstig zu sein;
aus diesem Grund können sie bei der Suche nach neuen Mitarbeitern meist unter einer Fülle von
Bewerbern auswählen. Dennoch kommt es vor, dass Stellen unbesetzt bleiben. Die häufigsten
Gründe, weshalb Arbeitsverträge nicht zustande kommen, zeigt das Schaubild. Aus Sicht der Arbeitgeber waren 37% der Bewerber _____ ihrer Persönlichkeit nicht geeignet, weitere 37% wurden abgelehnt, _____ sie bei ihren Gehaltsforderungen zu hoch
gepokert hatten. 35% hatten keine ausreichenden Kenntnisse und sind _____ gescheitert. _____ zu geringer Berufserfahrung erhielten 18% keine Zusage bei der Jobsuche.
Jeweils 16% hatten entweder keine geeignete Ausbildung oder ihre Arbeitszeitwünsche waren mit denen der Arbeitgeber nicht vereinbar. Einige Bewerber (10%) waren _____
alt, _____ man ihnen noch eine neue Stelle angeboten hätte. _____
ihrer mangelhaften Allgemeinbildung wurde weiteren 10% abgesagt. 7% scheiterten beim Vorstellungsgespräch, _____ sie waren gesundheitlich beeinträchtigt, und 5% waren sogar
_____ hoch qualifiziert, _____ die ausgesuchte Stelle _____ erhalten.

zu Seite 86, 5

_5_ Ergänzen Sie die Sätze. → GRAMMATIK

a Frau Küng ist im Berufsleben erfolgreich, weil ...
b Aufgrund ... hat sie bei der Stellensuche keine Probleme.
c Sie könnte sich aber auch selbstständig machen, ... nämlich ...
d Am kommenden Dienstag wird sie sich bei Firma Müller vorstellen, da ...
e Wegen ... bietet man ihr die Stelle an.

zu Seite 87, 2

__6__ Tabellarischer Lebenslauf → WORTSCHATZ/SCHREIBEN

ⓐ Begriffe ergänzen
Ergänzen Sie folgende Begriffe im folgenden tabellarischen Lebenslauf.

Weitere Qualifikationen – Name und Adresse – Ort, Datum – Unterschrift – Geburtsdatum – Berufstätigkeit – Fortbildungen – Geburtsort – Schulbildung/Studium – Sprachkenntnisse

LEBENSLAUF

Franz Schulz
Neue Straße 5
12345 Musterhausen

22.11.1976
Steinberg
deutsch
ledig

Staatsangehörigkeit
Familienstand

1995   Abitur am Einstein-Gymnasium in Steinberg
1995–1999   Studium Bauingenieur an der TH Musterhausen
1999   Examen und Abschlussarbeit, Gesamtnote gut

Okt.–Dez. 1999   Praktikum bei Bressoni in Mailand
Feb.–Mai 2000   Praktikum bei Dupont et Besson in Lyon
seit Juli 2000   Bauingenieur bei der Stadtbau GmbH

Englisch   mündlich und schriftlich gut
Italienisch   mündlich gut, schriftlich ausreichend
Französisch   mündlich und schriftlich befriedigend

Computer   Fundierte Kenntnisse im Umgang mit
                3D-CAD-Systemen
                Sprachkurse Italienisch und Französisch
                Schulungen auf dem CAD-System „Architekt 3D"
                Bauleiter-Kurs bei der Bau-Akademie

Musterhausen, den 20. September 2004

Franz Schulz

Unterschrift

ⓑ Lebenslauf verfassen
Verfassen Sie nun anhand der Begriffe in **ⓐ** einen tabellarischen Lebenslauf für sich selbst.

LEKTION 6

zu Seite 88, 5

7   Bewerbungsbrief → SCHREIBEN

Suchen Sie für sich selbst ein Stellenangebot in einer Zeitung (kann auch eine muttersprachliche sein) und ergänzen Sie den Bewerbungsbrief entsprechend.

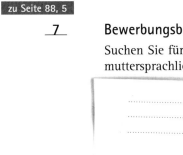

> ....
> ....
> ....
>
> ....
> ....
>
> Ihr Stellenangebot
>
>
> Sehr geehrte Damen und Herren,
>
> Ihre Stellenanzeige in .... vom .... hat mein besonderes
> Interesse geweckt.
> Sie suchen jemanden, der ....
>
> Meine spezielle Eignung für diese Tätigkeit möchte ich im
> Folgenden darlegen:
> Ich bin .... und arbeitete bereits ....
>
> Während meiner Tätigkeit erwarb ich Kenntnisse in ....
>
> Sehr gern arbeite ich ....
> Ich verfüge auch über Wissen im .... Bereich, ...
>
> Wenn Sie mir die Gelegenheit zu einem persönlichen Gespräch geben, freue
> ich mich.
>
> Mit freundlichen Grüßen
>
> ....
>
> Anlagen: ....
> ....

zu Seite 88, 5

8   Wortpaare finden → WORTSCHATZ

Jeweils ein Wort aus der linken und aus der rechten Spalte drücken eine gegenteilige Wertung aus. Suchen Sie die Paare. Welche Wörter haben bei einer Bewerbung Ihrer Meinung nach eine positive, welche eine negative Bedeutung?

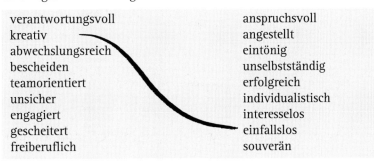

verantwortungsvoll	anspruchsvoll
kreativ	angestellt
abwechslungsreich	eintönig
bescheiden	unselbstständig
teamorientiert	erfolgreich
unsicher	individualistisch
engagiert	interesselos
gescheitert	einfallslos
freiberuflich	souverän

LEKTION 6

zu Seite 89, 1

9 Telefonnotiz → HÖREN/SCHREIBEN

Herr Gander von der Personalabteilung macht sich
während des Gesprächs mit Frau Schwarz Notizen.
Hören Sie dazu das Telefongespräch noch einmal
und ergänzen Sie die Telefonnotiz.

Wer ruft an:

Berufserfahrung der Interessentin:

Ausbildung:

Besondere Wünsche:

Weitere Schritte:

zu Seite 89, 2b

10 Jemanden um Auskunft bitten → SPRECHEN

Sie erkundigen sich telefonisch nach einer Stelle, die in der Zeitung
inseriert war. Ergänzen Sie folgende Satzanfänge.

Und dann würde ich gern ...	Außerdem wollte ich noch ...
Könnten Sie mir vielleicht ...?	Also, können wir so ...?
Haben Sie eine ...?	Wie ist das ...?
Ist es denn ...?	Mich würde noch ...

a _Könnten Sie mir vielleicht_ sagen, ob Herr Meier zu erreichen ist?

b .... möglich, dass Sie mich morgen gegen 10 Uhr zurückrufen?

c .... Ahnung, ob man bei dieser Tätigkeit Schicht arbeiten muss?

d .... wissen, wie lange die tägliche Arbeitszeit ist.

e .... interessieren, ob man einen Dienstwagen bekommt.

f .... eigentlich, wenn man unterwegs übernachten muss?

g .... verbleiben, dass ich am Mittwoch zu einem
persönlichen Gespräch komme?

h .... fragen, auf welches Fachgebiet man
sich spezialisieren könnte.

zu Seite 89, 2c

11 Das Wunder von Lengede → LESEN

Lesen Sie die Inhaltsangabe zum Film und beantworten Sie
dann die Fragen.

Videotipp

Als am 7. November 1963 auf einem Feld nahe dem niedersächsischen Ort Lengede der
Bergbauarbeiter Bernhard Wolter nach 14 Tagen völliger Dunkelheit wieder das Sonnenlicht
erblickt, bricht ein unbeschreiblicher Jubel aus. Es ist der letzte von elf längst tot geglaub-
ten Kumpels, der in die Arme seiner ebenfalls erschöpften Retter sinkt und sich zum
5 Krankenwagen tragen lassen muss. Als dieser wenig später langsam von der Unglücksstelle
rollt, wird er von Millionen Augen weltweit verfolgt. Während dieser Tage blickte die ganze
Welt gebannt nach Lengede, und die Männer und Frauen, die dort versuchten, das
Unmögliche möglich zu machen, wurden mit bangem Hoffen beobachtet. Die dramatische
Rettung sollte als das „Wunder von Lengede" in die Geschichte eingehen.
10 Erzählt wird im Film die Geschichte jener Männer und Frauen, die selbst dann noch nicht
aufgaben, als alles verloren schien. Die noch weitergruben, als die Glocken bereits zur
Trauerfeier riefen.
DAS WUNDER VON LENGEDE ist kein Katastrophenfilm. Es sind die Menschen mit ihren
Geschichten und ihren Emotionen, die im Vordergrund stehen. Da ist der Bohrmeister, der
15 seinen besten Freund in der Tiefe sucht. Da sind die Frauen, die den Rettungskräften Brote
schmieren in der Hoffnung, die letzten Kraftreserven mobilisieren zu können, die über
Leben und Tod entscheiden. Da sind die Witwen, die in Trauerkleidung neben ihren
Nachbarinnen bangen, um einfach da zu sein, falls diese ihr Schicksal teilen müssen. Und
da sind die Verschütteten, die auf ihren toten Kumpels hocken und nur auf das eine warten:
20 die immer unmöglicher erscheinende Rettung. Trotz aller Dramatik und Trauer erlebten
diese Menschen ein ergreifendes Happy End.

ⓐ Warum sprach man vom „Wunder von Lengede"?

ⓑ Für wen war bereits die Trauerfeier organisiert?

ⓒ Worum geht es in dem Film hauptsächlich?

- ▇ Um die Katastrophe im Bergwerk.
- ▇ Um die Gefühle der Menschen.
- ▇ Um die geniale Technik der Retter.

zu Seite 92, 6

12 Konditionale Satzverbindungen → GRAMMATIK

Was passt zusammen? Verbinden Sie jeweils einen Satz aus der linken und einen aus der rechten Spalte mit einem passenden Konnektor oder einer passenden Präposition aus der mittleren Spalte. Manchmal gibt es mehrere Möglichkeiten.
Beispiel:
Wenn Frau Meindl sehr viel Arbeit hat, muss sie Überstunden machen.

Frau Meindl hat sehr viel Arbeit.		Sie kann die Videokamera nicht kaufen.
Sie hat Rückenschmerzen.	wenn	Sie sollte die Qualität ihres Bürostuhls überprüfen.
Sie hat eine langwierige Krankheit.	im Falle	
Sie bekommt dieses Jahr kein Weihnachtsgeld.	ohne	Sie muss Überstunden machen.
Sie liest ein interessantes Stellenangebot in der Zeitung.	falls	Sie muss ein ärztliches Attest bringen.
Sie wandert am Wochenende.	bei	Sie will an die Probleme im Büro nicht denken.
Sie hat keine Unterstützung von ihren Kolleginnen.		Sie kann die Verbesserungsvorschläge gegenüber ihrem Chef nicht durchsetzen.
		Sie erkundigt sich vorab telefonisch.

zu Seite 93, 3

13 Überlegungen zur Berufswahl → SCHREIBEN

Was sollte man bedenken, bevor man sich für einen Beruf entscheidet?
Sammeln Sie zu diesem Thema Stichpunkte und bringen Sie sie in eine sinnvolle Reihenfolge.
Beispiele:
- ▇ notwendige Qualifikation
- ▇ hauptsächliche Tätigkeit (sitzen im Büro, auf Reisen sein, ...)

Verfassen Sie mithilfe der folgenden Satzteile eine Empfehlung.

> *Man sollte sich vorher gut überlegen, ob/wie ...*
> *Außerdem muss man unbedingt darüber nachdenken, ...*
> *Wichtig erscheint mir auch ...*
> *... darf man dabei nicht vergessen.*
> *Abschließend möchte ich noch hinzufügen, ...*

LEKTION 6

zu Seite 94, 4

14 Spiel: Berufsalphabet → SPRECHEN

Die Kursleiterin/Der Kursleiter beginnt. Sie/Er nennt einen Beruf, der mit dem Buchstaben A beginnt, und eine passende Tätigkeit, zum Beispiel: Ein Architekt zeichnet Pläne für Häuser.
Dann ist eine Kursteilnehmerin/ein Kursteilnehmer an der Reihe. Sie/Er muss nun einen Beruf mit dem Buchstaben B suchen und einen Satz bilden. Die/Der Nächste macht weiter mit C usw. Wer keinen Beruf mit „seinem" Buchstaben findet oder keine Tätigkeit nennen kann, scheidet aus. Gewonnen hat, wer übrig bleibt.

zu Seite 95, 3

15 Wer übt welche Tätigkeiten aus? → WORTSCHATZ

- **a** Bankangestellter
- **b** Hotelfachfrau
- **c** Erzieherin
- **d** Spediteur
- **e** Verlagslektorin
- **f** Gärtner
- **g** Schreiner
- **h** Architektin

1 Versandpapiere ausstellen
2 über Kreditmöglichkeiten informieren
3 Manuskripte auswählen
4 Bauherren beraten
5 Blumen und Gemüse züchten
6 Holz bearbeiten
7 Modellhäuser entwerfen
8 Zinsen berechnen
9 Zimmerbuchungen entgegennehmen
10 Streit um Spielsachen schlichten
11 Beete bewässern
12 eine Fracht verladen
13 Tischbeine verleimen
14 sich um den Zimmerservice kümmern
15 mit den Kleinen basteln
16 mit Autoren verhandeln

zu Seite 95, 3

16 Redewendungen und Sprichwörter → WORTSCHATZ

Setzen Sie die folgenden Ausdrücke in die Sätze unten ein.

Es ist noch kein Meister vom Himmel gefallen.

Lehrjahre sind keine Herrenjahre.

ein Trittbrettfahrer sein

nicht mehr wissen, wo einem der Kopf steht

Viele Köche verderben den Brei.

sich kein Bein ausreißen

- **a** Vor Weihnachten haben wir in der Spielwarenabteilung immer so viel Arbeit, dass wir ...
- **b** Die neue Praktikantin ist jedes Mal völlig verzweifelt, wenn sie einen Fehler macht. Doch ihre Chefin beruhigt sie dann immer mit folgenden Worten: ...
- **c** Alle arbeiten wie verrückt, nur der Kollege Schneider ...
- **d** Er tut immer so, als sei er der fleißigste Mitarbeiter. Außerdem gibt er seinen Vorgesetzten grundsätzlich recht. Er ...
- **e** Frank Bauer hält nicht viel von Teamarbeit. Immer wenn ihm ein Kollege vorschlägt, ein Projekt in der Gruppe durchzuführen, sagt er: ...
- **f** Einige Auszubildende beschweren sich über ihre langweiligen Tätigkeiten. Doch der Ausbilder sagt immer nur: „Das ist nun mal so. ..."

AB 80

LEKTION 6

zu Seite 95, 4

17   Beziehungen am Arbeitsplatz → WORTSCHATZ/GRAMMATIK

Bilden Sie Sätze.

ein Arbeitgeber mehrere Arbeitnehmer Betrieb bestehen aus normalerweise

Beispiel:
Ein Betrieb besteht normalerweise
aus einem Arbeitgeber und mehre-
ren Arbeitnehmern.

A
Mitarbeiter Vorgesetzter Anweisungen befolgen

B
viele Sachbearbeiter Abteilungsleiter verantwortlich sein für

C
Meister Handwerksbetrieb Ausbildung zuständig sein für

D
Angestellter Selbstständiger Einkommen nicht so geregelt sein wie

E
Chef Sekretärin Arbeiten erledigen für

zu Seite 95, 5

18   Was macht man, wenn ...? → WORTSCHATZ

Ergänzen Sie die folgenden Ausdrücke.

Berufserfahrung sammeln auf eigene Rechnung arbeiten um Auskunft bitten einen Termin ausmachen Voraussetzungen mitbringen ein Formular ausfüllen	(etwas) auf den neuesten Stand bringen seine Kenntnisse erweitern einen Vertrag abschließen seinen eigenen Lebensunterhalt verdienen

a Wenn man etwas wissen will, kann man jemanden *um Auskunft bitten.*
b Wenn man einen neuen Pass braucht, muss man ...
c Wenn man Fachmann/-frau werden will, sollte man erst einmal ...
d Wenn man eine neue Stelle antritt oder eine neue Wohnung mietet,
muss man ...
e Wenn man von seinen Eltern nicht mehr finanziell unterstützt wird,
muss man ...
f Wenn etwas veraltet oder unmodern ist, muss man es ...
g Wenn man ein Praktikum macht, kann man ...
h Wenn man sich mit jemandem geschäftlich treffen will, sollte man ...
i Wenn man eine leitende Stelle haben will, muss man die erforderlichen ...
j Wenn man nicht angestellt ist, ... man ...

LEKTION 6

zu Seite 95, 5

19 Spiel: Ballonfahrt → WORTSCHATZ/SPRECHEN

Einige Teilnehmer setzen sich in die Mitte des Zimmers.
Stellen Sie sich vor, Sie sitzen in einem
Ballon, die anderen sind Beobachter. Die
Beobachter schreiben Berufe auf Kärtchen.
Jeder „Ballonfahrer" zieht eine Berufskarte.
Nun beginnt plötzlich der Ballon zu sinken.
Es können nur zwei Passagiere an Bord bleiben,
die anderen müssen aus dem Ballon springen.
Jeder im Ballon muss nun so überzeugend wie
möglich argumentieren, warum sein Beruf so
bedeutend ist, dass er nicht springen kann. Die
anderen Ballonfahrer können auch Gegenargumente
einbringen. Nach etwa zehn Minuten wird die
Diskussion beendet. Die Beobachter entscheiden,
wer im Ballon bleiben darf.

zu Seite 98, 9

20 Regeln für den Arbeitsplatz → GRAMMATIK

Formen Sie folgende Sätze um. Verwenden Sie die Konnektoren oder
Präpositionen in Klammern.
Beispiel:
Sollte Ihr Chef Ihnen eine Gehaltserhöhung versprechen, nehmen Sie
ihn beim Wort. (*falls*)
*Falls Ihr Chef Ihnen eine Gehaltserhöhung verspricht, nehmen Sie ihn
beim Wort.*

a Wenn Sie den ganzen Tag im Büro sitzen, dann treiben Sie am besten
zweimal pro Woche Ausgleichssport. (*Verb in Position 1*)
b Bei einem Streit mit einem Vorgesetzten können Sie den Betriebsrat
um Hilfe bitten. (*wenn*)
c Wenn Sie Fragen zur Arbeitszeitregelung haben, wenden Sie sich
an das Personalbüro. (*bei*)
d Falls ein Kollege Sie zum Mittagessen einlädt, dürfen Sie sich
ruhig revanchieren. (*„sollte" in Position 1*)
e Im Falle eines Stromausfalls im Lift Ihres Bürogebäudes bewahren
Sie bitte Ruhe! (*falls*)

zu Seite 98, 9

21 Vergleichssätze mit *je ... desto* → GRAMMATIK

Bilden Sie Sätze.
Beispiel:
Der Job ist langweilig. Die Zeit vergeht langsam.
Je langweiliger der Job ist, desto langsamer vergeht die Zeit.

a Die Ausbildung ist gut. Die Chancen auf dem Arbeitsmarkt sind groß.
b Der Chef lobt seine Mitarbeiter oft. Sie sind motiviert.
c Das Bewerbungsschreiben ist klar formuliert. Man liest es gern.
d Die Kenntnisse eines Bewerbers sind vielseitig. Das Interesse
des Personalchefs ist groß.

LEKTION 6

zu Seite 98, 9

__22__ Konditionale Konnektoren und Präpositionen → GRAMMATIK

Ergänzen Sie folgende Konnektoren und Präpositionen.

< falls – sonst – ~~wenn~~ – je ... desto – im Falle – ohne – sollte

a ___Wenn___ Sie einen Nebenjob suchen, rufen Sie uns umgehend an.

b Wir beschäftigen uns mit ganz besonderen Bereichen des Im- und Exports. _____ ungewöhnlicher der Auftrag ist, _____ interessanter wird er für uns und eventuell auch für Sie.

c Warten Sie nicht zu lange damit, uns anzurufen, _____ könnte es zu spät sein.

d Wir garantieren Ihnen: _____ eines Vertragsabschlusses mit einem neuen Kunden erhalten Sie eine Sonderprämie.

e Auch _____ Berufserfahrung können Sie bei uns einsteigen.

f _____ die Zusammenarbeit nicht zufriedenstellend sein, lässt sich das Arbeitsverhältnis von beiden Seiten fristlos kündigen.

g _____ Sie noch mehr über uns wissen wollen, wählen Sie die Nummer 08721-3325.

zu Seite 98, 9

__23__ Zuhören – aber wie? → LERNTECHNIK

Wie genau man einen Hörtext verstehen muss, hängt von der Textsorte und von der Hörintention ab.

Globales Hören

Man konzentriert sich nicht auf jedes Wort, sondern nur darauf,
- welche Personen sprechen.
- wo und wann das Gespräch stattfindet.
- worüber gesprochen wird.
- mit welcher Absicht gesprochen wird.

Selektives Hören

Man sucht nach bestimmten Informationen.
- Man wartet auf bestimmte Schlüsselwörter und hört erst dann genauer hin.
- Man beachtet den Rest des Textes nur so weit, dass man den Faden nicht verliert.

Detailliertes Hören

Es ist wichtig, jedes Wort zu verstehen.
- Man hört den Text mehrmals.
- Man macht Pausen und unterteilt den Text – wenn möglich – in Abschnitte.

Welche Art zu hören eignet sich im Allgemeinen am besten für welchen Text? Begründen Sie.

Textsorten	globales Hören	selektives Hören	detailliertes Hören	Begründung
Verkehrsmeldung im Radio				
Rezept für einen Cocktail				
erstes Hören eines Dialogs/Hörspiels im Fremdsprachenunterricht				
Durchsage über Fahrplanänderungen				
Nachrichten im Radio				

zu Seite 98, 9

24 Stellenwechsel → LESEN/GRAMMATIK

Wer wechselt wie häufig die Stelle?

a Ordnen Sie die Ziffern aus der Statistik zu.
Nehmen Sie dafür die Informationen aus dem Text
zu Hilfe.

☐ verheiratete Arbeitnehmer
☐ Männer
☐ ledige Arbeitnehmer
☐ verwitwete Arbeitnehmer
☐ Frauen

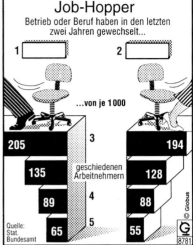

Job-Hopper
Betrieb oder Beruf haben in den letzten
zwei Jahren gewechselt...

1 ☐   2 ☐

...von je 1 000

205	3	194
135	geschiedenen Arbeitnehmern	128
89	4	88
65	5	55

Quelle: Stat. Bundesamt

© Globus 8781

Alter und Ehe bremsen Mobilität

Jeder fünfte ledige Mann hat in den letzten zwei Jahren seinen Hut genommen und den Betrieb oder sogar
den Beruf gewechselt. Damit sind die Ledigen männ-
lichen Geschlechts die eifrigsten „Job-Hopper" unter
den Berufstätigen. Kein Wunder, sind sie doch nicht nur ungebunden,
sondern meist auch jung, und viele haben ihre Lebensstellung noch nicht
gefunden. Ähnlich bei den weiblichen Ledigen; sie wechseln Job oder
Beruf kaum weniger häufig. Ganz anders sieht es bei Verheirateten bei-
derlei Geschlechts aus. Mit Familie fällt es offenbar schwerer, das Risiko
eines Wechsels auf sich zu nehmen. Erst recht erweist sich das Alter als
Bremse für die berufliche Mobilität. Denn die verwitweten Männer oder
Frauen sind in aller Regel schon älter, und diese Arbeitnehmergruppe
wechselt seltener als alle anderen den Betrieb oder den Beruf.

b Gründe für den Stellenwechsel
Vervollständigen Sie das Raster.

Wie oft?	Wer?	Warum?
häufig	ledige Arbeitnehmer	*sie sind ungebunden sie haben ...*
weniger häufig	verheiratete Arbeitnehmer	
eher selten	verwitwete Arbeitnehmer	

c Kausale, konsekutive und konditionale Sätze
Formulieren Sie Sätze mit folgenden Konnektoren oder Präpositionen.
Nehmen Sie die Informationen aus dem Schaubild und dem Text zu
Hilfe.

kausal (Grund): weil, denn, nämlich, aufgrund, deswegen
konsekutiv (Folge): sodass, um ... zu, infolge, folglich
konditional (Bedingung): wenn, bei, je ... desto

Beispiel:
*Wenn man ledig und ungebunden ist, wechselt man häufiger den
Betrieb.*

1   Die „aspirierten" Konsonanten

Nehmen Sie ein Blatt Papier und halten Sie es etwa zehn Zentimeter vor Ihren Mund. Nun sprechen Sie den Laut *p* so, dass sich das Papier deutlich bewegt. Man spricht eigentlich: *p* + *h*, also ein aspiriertes *p*. Sprechen Sie die Laute *t* und *k* genauso aspiriert, bis sich das Blatt bewegt.

Die Laute *b* - *d* - *g* sind nicht aspiriert.

2   Wortpaare
LERNER-CD 1

Hören Sie und sprechen Sie anschließend nach.

a

Bass	–	Pass	Daumen	–	taumeln	Kehle	–	Gel
plus	–	Bluse	trennen	–	drinnen	grau	–	Kraut
Pinie	–	Biene	tun	–	du	kratzen	–	Glatze

b

Lappen	–	laben	Feder	–	Vetter	legen	–	lecken
Liebe	–	Lippe	Made	–	Mathe	wegen	–	wecken
Viper	–	Fibel	Motte	–	Mode	Macke	–	Magen

3   b - d - g am Wortende
LERNER-CD 2

Wenn *b* - *d* - *g* Endbuchstaben sind, d.h. am Ende eines Wortes oder einer Silbe stehen, spricht man *p* - *t* - *k*. Bei *Kleid* und *weit* hört und spricht man also am Ende ein aspiriertes *t*.
Hören Sie und sprechen Sie anschließend nach:

a

Typ	–	Betrieb
Gebiet	–	Abschied
Tätigkeit	–	Bescheid
Zweck	–	weg
Scheck	–	Beleg

aber:

b

bleib	–	bleiben
fremd	–	Fremde
Held	–	Helden
Vertrag	–	Verträge
gib	–	geben

4   Lautkombinationen
LERNER-CD 3

a Hören Sie die Sätze einmal ganz.

b Hören Sie die einzelnen Sätze und sprechen Sie nach.

- Geben Sie mir Bescheid. Gib mir Bescheid.
- Der Hauptteil des Textes besteht aus wörtlicher Rede.
- Die Gäste in der Diskothek sind entsprechend gekleidet. Die Gäste tragen entsprechende Kleidung.
- Gut gelaunt beginnt er die Gartenarbeit.
- Das Hotel bietet praktische Parkmöglichkeiten.
- Auf diesem Gebiet ist der Betrieb ein Trendsetter. Viele Betriebe imitieren die beliebten Produkte.
- Ein grob kariertes Hemd passt bei der groben Gartenarbeit.
- Der Vertrag wurde erfolgreich abgeschlossen. Bei uns trinkt man auf erfolgreich abgeschlossene Verträge.

LEKTION 6

Lernkontrolle: Was haben Sie in dieser Lektion gelernt?

Kreuzen Sie an.

Ich kann ...

Lesen

☐ ... in Stellenanzeigen bestimmte relevante Inhaltspunkte schnell finden und verstehen.

☐ ... einer Reportage über *Hotelberufe* die wichtigsten Inhaltspunkte entnehmen.

☐ ... die Intention und die Stilmerkmale, wie z.B. Ironie, in einer Glosse über angemessene *Kleidung* erkennen.

Hören

☐ ... in einem Auskunftsgespräch Fragen und Informationen zu einer bestimmten beruflichen Tätigkeit verstehen.

☐ ... in einem Radiofeature zum Thema *Service-Berufe* die wesentlichen Aussagen und bestimmte Einzelheiten verstehen.

Schreiben – Interaktion

☐ ... Interviewfragen zum Thema *Berufsporträt* formulieren.

Schreiben – Produktion

☐ ... ein Bewerbungsschreiben richtig aufbauen.

☐ ... darin angeben, welche Kenntnisse und Erfahrungen ich in einen Arbeitsbereich einbringen kann.

Sprechen – Interaktion

☐ ... in einem Auskunftsgespräch mit dem Personalbüro einer Firma Fragen zum angebotenen Arbeitsplatz stellen.

☐ ... darin Bezug auf den Gesprächspartner nehmen, auf Fragen zum eigenen Fachgebiet antworten.

☐ ... Personen um ein Interview bitten, es führen und auf interessante Antworten näher eingehen.

☐ ... die im Interview erhaltenen Informationen umfassend und inhaltlich korrekt an die Klasse weitergeben.

Sprechen – Produktion

☐ ... die für mich wichtigen Aspekte bei der Berufswahl nennen und begründen.

☐ ... über eigene Erfahrungen bei der Berufswahl berichten.

Wortschatz

☐ ... Berufe benennen und Tätigkeiten beschreiben.

☐ ... Verbindungen von Nomen und Verben sowie qualifizierende Adjektive zum Thema *Arbeit und Beruf* verwenden.

Grammatik

☐ ... komplexe Haupt- und Nebensätze mithilfe von kausalen, konsekutiven und konditionalen Konnektoren bilden.

☐ ... meine Ausdrucksweise durch gezielten Einsatz von Konnektoren und Präpositionen variieren.

Sprechen Sie mit Ihrer Kursleiterin/Ihrem Kursleiter über Tipps zum Weiterlernen.

Verben

(ab)leugnen + *Akk.*
auf sich nehmen + *Akk.*
auseinandergehen
befürchten
ermutigen
genießen
heiraten
klammern
neigen zu + *Dat.*
sich anfreunden mit + *Dat.*
sich durchsetzen
sich einlassen auf + *Akk.*
sich orientieren an + *Dat.*
sich verbergen
sich verlieben in + *Akk.*
sich verloben mit + *Dat.*
übereinstimmen
verheiratet sein mit + *Dat.*

Nomen

die Abwechslung, -en
die Annäherung, -en
die Bedrohung, -en
das Bedürfnis, -se
die Bereicherung, -en
die Bereitschaft
die Braut, ¨e
der Bräutigam, -e
die Ehe, -n
die Ehefrau, -en
der Ehemann, ¨er

die Entscheidung, -en
der Flirt, -s
der Forscher, -
der/die Geliebte, -n
die Harmonie, -n
der Heiratsantrag, ¨e
die Heiratsanzeige, -n
der Heiratsschwindler, -
die Heiratsvermittlung, -en
der Kosename, -n
die Liebesbeziehung, -en
der Liebesentzug
der Liebeskummer
die Liebesnacht, ¨e
der Liebhaber, -
der Pfarrer, -
die Quelle, -n
das Risiko, Risiken
die Rolle, -n
das Signal, -e
der Single, -s
die Souveränität
die Spannung, -en
die Tante, -n
der Taufpate, -n
der Trauschein, -e
der Trauzeuge, -n
die Trennung, -en
das Verhalten
der Verhaltensforscher, -
der/die Verlobte, -n
die Verlobung, -en
die Zweideutigkeit, -en

Adjektive/Adverbien

angestrengt
freilich
nonverbal
potenziell
reizvoll
seitlich
verbindlich (un-)
verlockend

Konnektoren

daraufhin
wobei

Ausdrücke

auf die Nerven gehen
auf leisen Sohlen daherkommen
das Herz höher schlagen lassen
den Ton angeben
die zweite Geige spielen
du kannst mir den
  Buckel runterrutschen
Entscheidungen treffen
etwas auf sich nehmen
etwas aufs Spiel setzen
etwas aus den Augen verlieren

7

1 **Pluralformen** → **WORTSCHATZ**

Ordnen Sie die Nomen nach den Pluraltypen.

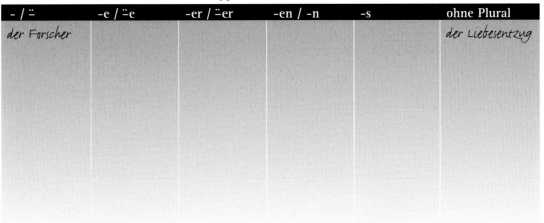

- / ¨	-e / ¨e	-er / ¨er	-en / -n	-s	ohne Plural
der Forscher					*der Liebesentzug*

zu Seite 101, 1

__2__ Bildbeschreibung → SCHREIBEN

Verbinden Sie die Sätze 1–10 so, dass ein flüssiger Text entsteht.

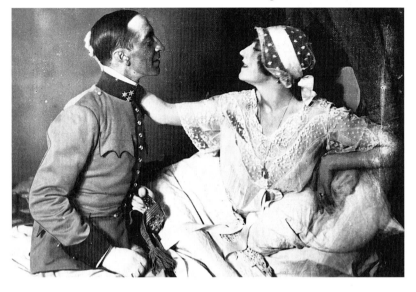

7

In einem Bett .... ,
die ....
und ....
Auf dem Bettrand .... in Uniform.
Er hält .... ,
wahrscheinlich ....
Während sie ....
und ihn .... ,
wirkt ....
Es sieht so aus, als ob sie ....
....
Insgesamt ....

1. Eine Frau ist im Bett.
2. Die Frau hat ein Nachthemd an und einen Hut auf.
3. Ein Mann sitzt auf dem Bettrand.
4. Der Mann trägt eine Uniform.
5. Der Mann hält etwas in der Hand. Es ist wahrscheinlich ein Säbel.
6. Die Frau legt dem Mann den Arm um den Hals.
7. Die Frau schaut den Mann verführerisch an.
8. Der Mann wirkt betont korrekt und distanziert.
9. Wahrscheinlich will die Frau den Mann zu sich ins Bett ziehen.
10. Die Szene wirkt künstlich.

zu Seite 103, 6

__3__ Das Nomen in der deutschen Sprache → LESEN/GRAMMATIK

Der amerikanische Autor Mark Twain schreibt über das Nomen (Substantiv):

Jedes deutsche Substantiv hat sein Geschlecht, aber in der Verteilung liegt weder Sinn noch Methode. Infolgedessen bleibt nichts weiter übrig, als jedes Wort mit seinem Geschlecht auswendig zu lernen. Aber dazu gehört ein Gedächtnis vom Umfang eines Geschäftshauptbuches. Im Deutschen ist „das junge Mädchen" geschlechtslos, „Rübe" dagegen nicht. (...) Durch irgendein Versehen des Schöpfers der deutschen Sprache ist eine Frau weiblich, ein Weib dagegen nicht, was doch wirklich ein Unglück ist. Das Weib, wie gesagt, hat kein Geschlecht, sondern ist sächlich.

Mit welchem Aspekt des Nomens bzw. Substantivs beschäftigt sich Mark Twain hier?

☐ mit der Deklination
☐ mit dem Genus
☐ mit dem Numerus

Nennen Sie ein Parallelbeispiel zu *das junge Mädchen*.

LEKTION 7

zu Seite 103, 6

4 Singular und Plural → GRAMMATIK

Ergänzen Sie die fehlenden Wörter. Geben Sie im Singular auch
den Artikel an. Sehen Sie sich dazu die Übersicht im Kursbuch auf
Seite 113, 2 an. Geben Sie den passenden Pluraltyp an.

Singular	Plural	Pluraltyp
die Eigenschaft	*Eigenschaften*	*4*
	Köpfe	
das Ereignis		
	Lieder	
die Freundin		
	Brüder	
der Partner		
	Stellen	
das Team		
	Ergebnisse	
das Paar		
	Sofas	
die Untersuchung		
	Scheidungen	
die Gewohnheit		
	Münder	
die Beziehung		
	Freiheiten	
das Jahrhundert		
	Chancen	
der Kampf		

zu Seite 103, 6

5 Pluraltypen → GRAMMATIK

Setzen Sie die folgenden Nomen in die richtige Spalte unten ein.

die Schachtel – der Kenner – das Lokal – das Werk – die Fabrik –
die Halle – die Galerie – das Viertel – der Ort – der Klub – der Block –
das Dach – der Fluss – der Turm – die Aggression – das Blatt –
die Bibliothek – der Emigrant – das Leiden – das Recht – die Prüfung –
die Schwäche – die Vorliebe – der Versuch – das Kleid – die Nacht –
das Rad – das Radio – der Koffer – der Schmerz – das Dorf –
die Mannschaft – der Traum – der Gott – das Zeichen – der Hafen –
das Detail – das Mittel – der Staat – der Blick – die Angst – der Nerv –
das Bild – die Schulter – der Artikel

- oder ¨	-e oder ¨e	-er oder ¨er	-en oder -n	-s
die Kenner	*die Lokale*	*die Dächer*	*die Schachteln*	*die Klubs*

zu Seite 103, 6

__6__ Textgrammatik → LESEN

Bringen Sie die Sätze des folgenden Textes in die richtige Reihenfolge.
Achten Sie besonders auf die hervorgehobenen Wörter.

Der erste Blick

Der entscheidende Moment beim Kennenlernen

☐ Frauen schauen *dagegen* bei den Männern die obere Region an.

☐ Der erste Blick dient dazu, Informationen über einen potenziellen Partner zu sammeln. Personen schauen die Körperregionen an, die für sie die wesentlichen Informationen bieten.

☐ Im Jahr 1979 wurde *zum Beispiel* in einer Studie festgestellt, dass Frauen in acht Sekunden alle wesentlichen Informationen über einen Mann herausholen.

☐ Männer tasten *dabei* häufiger die mittlere und untere Körperregion der Frauen mit dem Blick ab.

☐ Es gibt *also* biologisch „heiße Körperstellen", die als erste abgefragt werden. Diese Beobachtungen stimmen mit den Erkenntnissen anderer Forscher überein.

☐ Der größte Teil der Frauen gibt *dabei* an, vor allem das Gesicht als Hauptquelle zu benutzen.

zu Seite 103, 8

__7__ Fugenelement: ja oder nein? → GRAMMATIK/WORTSCHATZ

Kombinieren Sie folgende Verbstämme, Adjektive und Nomen zu mindestens zehn zusammengesetzten Nomen. Fügen Sie den Artikel hinzu.

zu Seite 103, 8

__8__ Bilderrätsel → WORTSCHATZ

Finden Sie zu jedem Bild mindestens ein zusammengesetztes Nomen.
Beispiele: *B1 + C5 = der Fingernagel/A3 + C1 = das Königsschloss*

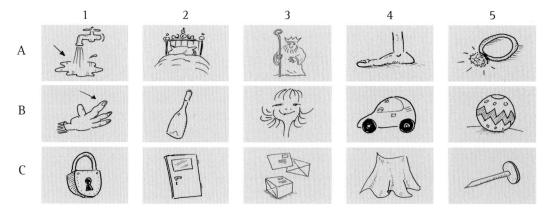

LEKTION 7

zu Seite 103, 8

9 Wortbildung: Farbenspiel → WORTSCHATZ

Wer findet die meisten „sinnvollen" Kombinationen aus jeweils
einer Farbe und einem Nomen?

Braun
Gelb
Weiß
Rot
Schwarz
Grün
Blau

Fahrer   Bär   Gold
Wein   Schnabel   Säure
Fieber   Brot   Fläche
Kohle   Sucht   Arbeit   Wild   Licht
Markt   Wal   Seher
Kohl   Wurst
Beere   Zeug

zu Seite 103, 8

10 Worterklärungen → WORTSCHATZ

a Erklären Sie jetzt bitte schriftlich die Bedeutung von fünf Wörtern,
die Sie in Übung 9 gebildet haben.
Beispiel: *Gelbsucht = eine Krankheit, bei der sich die Haut gelb färbt*

b Lesen Sie Ihre Definitionen in der Klasse vor und lassen Sie die
anderen erraten, welcher Begriff gemeint ist.

zu Seite 103, 8

11 Bedeutung zusammengesetzter Nomen → WORTSCHATZ

Ergänzen Sie die Lücken.

Nomen	Bedeutung
das Selbstvertrauen	*das Vertrauen in sich selbst*
die Beziehungsprobleme	
	der Kontakt mit Blicken
die Kopfbewegung	
	die Heirat aus Liebe

zu Seite 103, 8

12 Verliebt, verlobt, verheiratet → WORTSCHATZ

Bilden Sie zusammengesetzte Nomen und fügen Sie den Artikel hinzu.
Achten Sie auf das Fugenelement -s!

Braut-   Trau-   Hochzeits-   Ehe-   Verlobungs-   Heirats-

die Heirats -anzeige	-feier	-kleid
-mutter	-scheidung	-urkunde
-berater	-foto	-kutsche
-brecher	-frau	-mann
-ring	-torte	-zeuge

LEKTION 7

zu Seite 104, 1

13 Die richtige Reihenfolge? → WORTSCHATZ

Nummerieren Sie: Wie ist die „normale" Reihenfolge?

Sie heiraten.	....
Sie verlieben sich.	....
Sie erwarten ein Kind.	....
Sie haben ein Baby.	 1
Sie lernen jemanden kennen.	
Sie verloben sich.	....

zu Seite 104, 2

14 Nomen, Verb, Partizip → WORTSCHATZ/GRAMMATIK

Ergänzen Sie die fehlenden Wörter.

Artikel	Nomen	Verb	Partizip
die	Heirat	heiraten	verheiratet sein
		sich verloben	
		sich scheiden lassen	
			verzichtet haben
die	(gute) Ausbildung		
		entstehen	
			(gut) erzogen sein

zu Seite 104, 2

15 Wortbildung → GRAMMATIK

Mit dem Nomen *Liebe* können viele zusammengesetzte Wörter gebildet werden.

als Bestimmungswort	als Grundwort
Liebe-s-Nomen	Nomen-(s)-*liebe*
Liebe leben	*Tierliebe*

Bilden Sie maskuline, feminine und neutrale Nomen zum Thema „Liebe".

der Liebesent-................	die Liebesna-................	das Liebesverh-................
der Liebesro-................	die Liebesbez-................	das Liebesp-................
der Liebesku-................	die Liebeshei-................	das Liebesob-................

zu Seite 104, 3

16 Synonyme → WORTSCHATZ

Finden Sie eine einfachere Ausdrucksweise. Verwenden Sie die folgenden Verben. Manchmal sind mehrere Lösungen möglich.

‹ lieben – mögen – gern haben – gern mögen

a Hans hängt sehr an seiner Mutter.
b Ich schätze Herrn Müller als Kollegen wirklich sehr.
c Herr Meyer hat den kleinen Tim richtig ins Herz geschlossen.
d Für diese Art von Musik habe ich überhaupt nichts übrig.
e Welchen von deinen Lehrern kannst du am besten leiden?

LEKTION 7

zu Seite 104, 5

__17__ Welches Wort passt nicht? → WORTSCHATZ

Beziehungen	Lebenspartner	Familienfeste	die Braut trägt
Freund	Gattin	Verlobung	Brautschuhe
Kamerad	Kollegin	Ostern	Brautkleid
Genosse	Ehefrau	Hochzeit	Brautstrauß
Vetter	Lebensgefährtin	Taufe	Brautpaar

Familienstand	zur Heirat gehören	Hochzeitsgeschenke	eine Ehe wird
verliebt	Braut	Toaster	versprochen
geschieden	Standesbeamter	Geschirr	geschlossen
verwitwet	Trauzeuge	Kaffeemaschine	gekündigt
verheiratet	Richter	Brille	gebrochen
ledig	Bräutigam	Handtücher	geschieden

zu Seite 105

__18__ Arbeit mit dem Wörterbuch → LERNTECHNIK

Wie finde ich das gesuchte Wort?

a Als Eintrag steht das Nomen im Wörterbuch immer in der Nominativ-Singular-Form.
Genus (maskulin, feminin oder neutral) und Pluralendung sind in jedem Wörterbuch
nach dem Wort angegeben.

Beispiele: *Signal*, n, *-e* neutral Plural: *Signale*

Frau, f, *-en* feminin Plural: *Frauen*

Ehemann, m, *¨er* maskulin Plural: *Ehemänner*

b Wenn Sie ein zusammengesetztes Nomen suchen, ist dies oft nicht zu finden.

c Schlagen Sie dann den letzten Teil des Nomens nach, der die allgemeine Bedeutung
trägt (das Grundwort). Was schlagen Sie in den folgenden Fällen im Wörterbuch nach?
das Familienidyll / das Ehescheidungsverfahren

zu Seite 105

__19__ Welche Bedeutung passt? → LERNTECHNIK

Häufig hat ein Wort mehrere Bedeutungen. Sie müssen aus dem
Kontext erschließen, welche im Text passt.

a Das Verb *vorgehen* aus dem Text *Signale der Liebe* im Kursbuch Seite 102, Zeile 16 hat laut
Wörterbuch sechs Bedeutungen. Welche Bedeutung ist im Text gemeint?

☐ handeln: In diesem Fall muss man behutsam vorgehen.

☐ geschehen, vor sich gehen: Was geht hier eigentlich vor?

☐ (Uhr): Meine Uhr geht vor.

☐ nach vorne gehen: Könnten Sie bitte ein Stückchen vorgehen?

☐ als Erster gehen: Du kannst ruhig schon mal vorgehen.

☐ Priorität haben: Bei meinem Mann geht die Arbeit immer vor.

b Schlagen Sie folgende Verben nach: *bemerken – aufführen – wiegen.*
Wie viele Bedeutungen können Sie finden?
Welche Bedeutungen passen im Text *Signale der Liebe* auf Seite 102?

c Machen Sie die Gegenprobe im anderen Teil des Wörterbuchs (Ihre Muttersprache – Deutsch).

LEKTION 7

zu Seite 106, 5

20 Lückentext → WORTSCHATZ

Lesen Sie die Transkription einer Passage aus dem Hörtext zu Kursbuch
Seite 106. Setzen Sie die folgenden Nomen in den Text ein. Zwei Nomen
können Sie zweimal einsetzen.

> (die) Familie – (die) Kleinstadt – (das) Lebensmuster – (der) Lebensstil, -e –
> (die) Partnerschaften – (die) Rücksicht – (das) Singledasein – (die) Studienkollegen –
> (die) Wohngemeinschaften

Ja, als ich jung war, mit 16 oder 18 Jahren, da habe ich mir natürlich auch vorgestellt, dass
ich einmal heiraten werde und eine _Familie_ gründen werde. Und ich glaube heute, ich
habe mich einfach orientiert an dem .... meiner Eltern, der Lehrer und eigentlich
aller Leute in der ...., aus der ich komme. Und ich bin dann nach Berlin
gegangen, habe dort studiert. Dort habe ich alleine gelebt, ich hatte ....,
Beziehungen, ich habe in .... gelebt. Und eigentlich haben meine ganzen Freunde und Bekannten, meine .... auch in Partnerschaften gelebt
oder allein oder in .... Also ich habe gelernt, dass es doch sehr viele
.... gibt. Und dass man auf sehr unterschiedliche Weise glücklich sein kann.
Im Laufe der Zeit habe ich eigentlich immer mehr Vorzüge entdeckt beim ....
Man ist einfach unabhängiger, man kann sein Leben frei gestalten. Man muss keine
.... nehmen, ich kann viel reisen zum Beispiel. Und deswegen ist das schon so,
dass ich mich jetzt immer bewusster zu diesem .... bekenne.

zu Seite 109, 2

21 Idiomatik → WORTSCHATZ

Finden Sie die richtige Erklärung.

a *Jemand geht mir auf die Nerven.*
- ☐ Er kitzelt mich.
- ☐ Er ärgert mich.
- ☐ Er macht mir Sorgen.

b *Du siehst alles durch eine rosarote Brille.*
- ☐ Du hast schlechte Augen.
- ☐ Du siehst alles positiv.
- ☐ Du hast dir eine neue Brille gekauft.

c *Du möchtest immer den Ton angeben.*
Du möchtest
- ☐ besonders gut aussehen.
- ☐ die Entscheidungen treffen.
- ☐ Musikunterricht nehmen.

d *Du möchtest nicht die zweite Geige spielen.*
Du möchtest
- ☐ bei einem Wettbewerb nicht Zweiter werden.
- ☐ in einem Streit nicht nachgeben.
- ☐ nicht im Hintergrund stehen.

e *Du bist bereit, Opfer auf dich zu nehmen.*
Du bist bereit,
- ☐ etwas mitzunehmen.
- ☐ Geld zu spenden.
- ☐ Schwierigkeiten zu akzeptieren.

f *Er tanzt dauernd nach ihrer Pfeife.*
- ☐ Er tanzt besonders gern mit ihr.
- ☐ Er tanzt schlecht.
- ☐ Er macht alles, was sie will.

g *Du setzt deine Beziehung aufs Spiel.*
- ☐ Du riskierst den Verlust des Partners.
- ☐ Es ist dir egal, was dein Partner macht.
- ☐ Du beendest deine Beziehung.

h *Ich habe die Sache aus den Augen verloren.*
- ☐ Ich bin darüber nicht mehr informiert.
- ☐ Ich habe die Lust an der Sache verloren.
- ☐ Ich habe nie etwas über die Sache gewusst.

i *Du kannst mir den Buckel runterrutschen.*
- ☐ Du könntest etwas gegen meine Rücken-
schmerzen tun.
- ☐ Es ist mir egal, was du machst.
- ☐ Ich sehe große Probleme vor mir.

LEKTION 7

zu Seite 109, 5

22 Wortbildung: Derivation → GRAMMATIK

a Nomen aus Verben ableiten. Finden Sie die passenden Nomen.

Verb	Nomen auf *-e, -t*; aus dem Infinitiv oder Wortstamm
ankommen	*die Ankunft*
fahren	
fürchten	
liegen	
schreiben	
sprechen	
streiten	

Verb	Nomen auf *-ung* oder *-schaft*
abwechseln	*die Abwechslung*
bedrohen	
befreundet sein	
bereit sein	
beziehen	
entscheiden	
enttäuschen	
erfahren	
meinen	
trennen	
unternehmen	

Verb	Nomen auf *-tum* oder *-nis*
sich irren	*der Irrtum*
erleben	
hindern	
gefangen sein	
wachsen	

Verb	Nomen auf *-er, -ler, -ei* oder *-el*
backen	*die Bäckerei*
drucken	
heucheln	
lehren	
verkaufen	
schließen	

b Nomen aus Adjektiven ableiten. Ergänzen Sie die Nomen.

Adjektiv	Nomen auf *-heit, -keit* oder *-igkeit*
dankbar	*die Dankbarkeit*
eitel	
frei	
gerecht	
herzlos	
schön	
selten	
unabhängig	
wahr	

zu Seite 109, 5

23 Nominalisierungen → WORTSCHATZ/GRAMMATIK

a Bilden Sie aus Verben Nomen, die in die Sätze passen.

Verb	Beispielsatz
erinnern	Evas Hochzeitsfest ist mir in guter *Erinnerung* .
ergeben	.... der Untersuchung ist noch nicht da.
reagieren	Ich fand .... des Mannes besonders interessant.
erfahren	Ich habe mit Hochzeiten wenig ....
bestellen	Ich habe meine .... schon gestern abgeschickt.
forschen	Ich finde .... über das Verhalten der Menschen interessant.
verbinden	Ich konnte nicht telefonieren. .... war unterbrochen.
begleiten	Sie geht nur noch in .... ihres Mannes aus dem Haus.
bilden	Ich finde, ... ist eines der wichtigsten Dinge im Leben.
konkurrieren	Bei Wettbewerben muss man mit starker .... rechnen.
analysieren	Wir warten noch auf Ihre .... des Fußballspiels.

ⓑ Bilden Sie aus den Adjektiven Nomen, die in die Sätze passen.

Adjektiv	Beispielsatz
aktiv	Ihre *Aktivität* ist bewundernswert.
faul	Er hat den Kurs geschafft, trotz seiner bodenlosen ....
geheim	Ihr Schönheitsrezept ist ein ....
arrogant	Seine .... ist kaum auszuhalten.
ehrlich	Seine absolute .... hat ihm schon oft geschadet.
sparsam	.... wurde früher von jeder guten Hausfrau erwartet.
sauber	Das galt auch für die ....
flexibel	In diesem Beruf brauchen Sie absolute ....
sensibel	Es fehlt ihm manchmal wirklich an ....
kritisch	Seine .... konnte ich schwer ertragen.
offen	Zu viel .... im Gespräch macht mich unsicher.
unabhängig	Ich brauche meine ....

zu Seite 109, 5

__24__ Lückentext: Nomen → LESEN/GRAMMATIK

Füllen Sie die Lücken im folgenden Zeitungsartikel mit Nomen,
die Sie aus den Verben oder Adjektiven in der rechten Spalte ableiten.

Die Liebe – nichts als reiner Zufall

Die Liebe macht den Wissenschaftlern schwer zu schaffen. Kaum hat sich bei Forschern an den Universitäten die *Meinung* durchgesetzt „Gleich und Gleich gesellt sich gern", da müssen die Lehrbücher wohl wieder neu geschrieben werden. Schuld daran sind die neuesten .... des amerikanischen Psychologen David Lykken. In einer groß angelegten Studie hat der .... herausgefunden, dass die Liebe ein Produkt des .... ist.

Für seine .... hatte Lykken Zwillinge gewählt. Sie sind zur gleichen Zeit und meist in derselben .... aufgewachsen. Eineiige Zwillinge haben das gleiche Erbgut. Immer wieder haben .... gezeigt, wie sehr sie einander nicht nur äußerlich gleichen. Wenn es Regeln gibt, und seien sie noch so kompliziert, dann müssten sich Zwillingsbrüder jeweils für Frauen entscheiden, die wenigstens ein paar .... haben. Doch trotz umfangreicher .... fand der Wissenschaftler solche gemeinsamen Punkte nicht. Die Partner und Partnerinnen eines Zwillingspaares wiesen kaum mehr .... auf, als der Computer für rein zufällig kombinierte Paare errechnete.

Dasselbe .... zeigte sich auch ohne Computerstatistik: Die Wissenschaftler fragten jeden Zwilling, wie er die Auserwählte seines Bruders fand, als er sie zum ersten Mal sah. Hätte er sich vielleicht selbst in sie verlieben können? Keineswegs. Fast jeder Zweite fand sie nicht einmal sympathisch. Wenn es dagegen um ...., Möbel oder Ferienziele ging, hatten sie fast den gleichen .... Weiblichen Zwillingen erging es mit den Männern der Schwestern nicht anders.

Diese Befunde sind ein schwerer .... für viele Theoretiker der Liebe. Er trifft auch Psychoanalytiker, die überzeugt sind, die .... der Eltern bestimme die Partnerwahl der Kinder. Denn Lykken kommt zu dem ....: Menschen verlieben sich „beinahe zufällig ineinander".

meinen
ergeben
forschen
zufällig
untersuchen
umgeben
versuchen
gemeinsam
testen
ähnlich
resultieren
sich kleiden
schmecken
schlagen
persönlich
schließen

LEKTION 7

zu Seite 110, 2

25   Gratulation → WORTSCHATZ

Ein frisch verheiratetes Paar hat Post bekommen.
Welche Grüße passen nicht zum Anlass?

☐ Dem Brautpaar alles Gute.

☐ Herzlichen Glückwunsch zur Verlobung.

☐ Zur Hochzeit die besten Wünsche.

☐ Mit den besten Wünschen zum Jubiläum.

☐ Wir gratulieren zur Hochzeit.

zu Seite 110, 2

26   Vermutungen → WORTSCHATZ/GRAMMATIK

Schauen Sie das große Bild im Kursbuch auf Seite 110 an. Ergänzen Sie
die fehlenden Wörter, mit denen man Vermutungen zum Ausdruck bringt.

⟨ scheinen – scheint – könnte – vielleicht – vermutlich – wahrscheinlich

Auf dem großen Bild sieht man einen Mann mit Badehose. Er hebt eine Frau hoch, die ein
weißes Hochzeitskleid trägt. Beide .... glücklich zu sein. .... ist
das Foto anlässlich einer Hochzeitsfeier aufgenommen worden. Es .... Nachmittag
zu sein, die Trauung ist .... bereits vorbei. Die Szene spielt sich .... im
Zusammenhang mit der Hochzeitsfeier ab. Auf dem Bild sind ein Bootssteg und Wasser zu
sehen, ... handelt es sich um einen See, oder die Aufnahme wurde am Meer
gemacht. Jedenfalls .... das Wetter sehr gut zu sein. .... ist es recht warm,
da der Mann in der Badehose nicht zu frieren .... Bei den beiden Personen handelt
es sich .... um das Brautpaar. Warum der Mann seinen Anzug ausgezogen
hat, ist nicht klar. Es .... sein, dass er seine Braut überraschen wollte.
.... will er mit ihr schwimmen gehen oder eine Bootsfahrt unternehmen.

zu Seite 110, 2

27   Bericht von einer Verlobung bzw. Hochzeit → SCHREIBEN

Sie waren zu einer Verlobung oder Hochzeit eingeladen und berichten jetzt Ihrem
deutschen Brieffreund/Ihrer deutschen Brieffreundin davon. Erzählen Sie,

▨ was Braut und Bräutigam anhatten, wie sie aussahen.

▨ welche Personen bei der Trauung dabei waren.

▨ wo die Trauung stattfand.

▨ was an dem Fest nach der Zeremonie besonders schön war.

▨ was für Geschenke das Brautpaar bekommen hat.

▨ ...

zu Seite 111, 4

28   Leserbrief – Textsortenmerkmale → SCHREIBEN

Welche Formulierungen sind für einen Leserbrief an eine Tageszeitung passend?
Bitte kreuzen Sie jeweils eine der drei Möglichkeiten an.

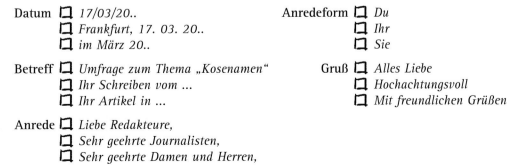

Datum ☐ *17/03/20..*
        ☐ *Frankfurt, 17. 03. 20..*
        ☐ *im März 20..*

Betreff ☐ *Umfrage zum Thema „Kosenamen"*
        ☐ *Ihr Schreiben vom ...*
        ☐ *Ihr Artikel in ...*

Anrede ☐ *Liebe Redakteure,*
        ☐ *Sehr geehrte Journalisten,*
        ☐ *Sehr geehrte Damen und Herren,*

Anredeform ☐ *Du*
              ☐ *Ihr*
              ☐ *Sie*

Gruß ☐ *Alles Liebe*
      ☐ *Hochachtungsvoll*
      ☐ *Mit freundlichen Grüßen*

zu Seite 112, 1

29 Biografie → LESEN/WORTSCHATZ

Setzen Sie die Nomen in den Text ein. Welche Nummer im Text entspricht welchem Nomen?

Der Schriftsteller Arthur Schnitzler

☐ Gelegenheit ☐ Kreis ☐ Besuch ☐ Fachartikel ☐ Freundschaften

☐ Laufbahn ☐ Assistent ☐ Privatpraxis ☐ Heimatstadt ☐ Ambitionen

ARTHUR SCHNITZLER wird am 15. Mai 1862 als zweiter Sohn des Arztes Professor Johann Schnitzler in Wien geboren. Die ärztliche (1) ist ihm (wie auch seinem Bruder) vorgezeichnet. Nach dem (2) des Akademischen Gymnasiums (1871 bis 1879) studiert Arthur Schnitzler Medizin an der Universität Wien und promoviert 1885. Bis 1888 arbeitet er als Sekundararzt am Allgemeinen Krankenhaus, anschließend bis 1893 als (3) seines Vaters an der Allgemeinen Wiener Poliklinik. Von 1887 bis 1894 ist er zudem Redakteur der „Internationalen Klinischen Rundschau" und verfasst eine Anzahl medizinischer (4). Nach dem Tod seines Vaters im Jahre 1893 eröffnet Schnitzler eine (5). Nun kann er seinen schriftstellerischen (6) mehr Zeit widmen. Er hat früh begonnen, sich literarisch zu betätigen. 1890 findet er Anschluss an den literarischen (7) im Café Griensteidl, aus dem sich (8) der verschiedensten Art entwickelten. Mit dem Stück „Das Märchen" gelingt es ihm im Jahr 1893 zum ersten Mal, ein Werk auf eine Bühne seiner (9) Wien zu bringen. Bei dieser (10) lernt er die Schauspielerin Adele Sandrock kennen.

zu Seite 112, 3

30 Textrekonstruktion *Halb zwei* → HÖREN/LESEN

Bringen Sie die folgenden Textstücke in die richtige Reihenfolge, sodass sich eine Inhaltsangabe der literarischen Szene *Halb zwei* ergibt. Erklären Sie, inwiefern die unterstrichenen Wörter Ihnen bei der Rekonstruktion des Textes geholfen haben.

1	2	3	4	5	6	7
C						

A Es ist bereits halb zwei Uhr nachts, <u>der Mann</u> ist müde. Er möchte nach Hause gehen, weil er am nächsten Tag wieder arbeiten muss.

B Er versucht ihr zu erklären, dass er <u>um acht Uhr aufstehen</u> muss und dass ihm bis dahin sowieso nur noch sehr wenige Stunden Schlaf bleiben.

C <u>Ein Mann</u> besucht seine Geliebte in ihrer Wohnung. Die beiden haben offenbar schon seit einiger Zeit ein intimes Verhältnis.

D <u>Nachdem</u> er ihr versichert hat, dass er sie sehr liebt, schafft er es <u>endlich</u>, sich von ihr loszureißen.

E Als er fertig angezogen ist und sich von ihr verabschiedet, versöhnen die beiden sich <u>wieder</u>.

F Sie zeigt überhaupt kein Verständnis für seine <u>Begründung</u> und provoziert einen regelrechten Streit. Darin bezeichnet sie ihn als falsch, brutal und als Egoist.

G Die beiden verabreden sich für den nächsten Abend um sechs Uhr wieder in ihrer Wohnung. Er verlässt <u>schließlich</u> das Haus und nimmt sich vor, morgen Abend früher nach Hause zu gehen.

LEKTION 7

zu Seite 112, 4

31 Artikel: Numerus und Genus → GRAMMATIK

Ergänzen Sie im folgenden Text die Artikelwörter.

Partnerschaft: Eine unendliche Geschichte

Jahrhundertelang war _die_ Ehe in westlichen Gesellschaften .... einzige legalisier-
te intime Beziehung zwischen Mann und Frau und kaum mehr als .... Reprodukti-
onsgemeinschaft. Im Mittelpunkt standen .... gemeinsamen Kinder. Liebesheiraten
waren eher selten. Mit .... Entstehung der bürgerlichen Gesellschaft im 19. Jahrhundert veränderte sich die Bedeutung von Liebe und Ehe radikal. .... Liebesheirat
wird zum Fundament .... bürgerlichen Familienidylls: Der Mann arbeitet außer Haus und
die Frau widmet sich der Kindererziehung und .... Haushalt. Diese klassische Arbeits-
teilung in .... Ehe hat sich bis in die Sechzigerjahre .... letzten Jahrhunderts
gehalten.
Doch dann pfiff .... Männern ein ganz neuer Wind um die Ohren. Die Frauenbewegung
.... frühen Siebzigerjahre brachte traditionelle Rollenmuster ins Wanken. .... eheliche
Schlafzimmer wurde Schauplatz .... Geschlechterkampfes. Die Folge: steigende
Scheidungsraten. Viele Frauen nutzen .... Chance, ihr Leben neu zu planen. Ausbildung
und Beruf sind seitdem nicht mehr nur eine Übergangsphase vor der Ehe, sondern ermöglichen .... Frau Unabhängigkeit vom Mann. Dennoch wollen .... wenigsten
heute auf Partnerschaft und Liebe verzichten. Freilich unter anderen Vorzeichen. Die Ehe ist
kein Muss mehr. Zahlreiche Paare ziehen es vor, ohne Trauschein zusammenzuleben.
.... freie und bewusste Wahl des Partners/der Partnerin ist der Beginn
.... modernen Beziehung.

das

der

dem

den

des

die

diese

eine

einer

eines

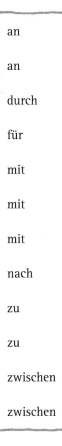

zu Seite 112, 4

32 Artikel: Nomen mit Präpositionen → GRAMMATIK
Ergänzen Sie den Text.

Paul hat schon seit längerer Zeit Interesse (1) .... d........ Dunkelhaarigen namens
Martina aus seiner Judogruppe. Er spürt immer eine gewisse Spannung (2) ....
ihn.........., wenn sie Übungen miteinander machen. Aber die Annäherung (3) ....
d........ Mädchen mit dem braunen Gürtel gestaltet sich schwierig. Da gibt es nämlich eine
intensive Freundschaft (4) .... ihr und Heiko, der ebenfalls einen Braungurt trägt.
Paul muss sich entscheiden, ob er für einen möglichen Flirt (5) .... Martina einen
Streit (6) .... Heiko riskieren will. Vielleicht sogar eine Bedrohung (7) .... d........
viel besseren Judokämpfer. Doch das Bedürfnis (8) .... Nähe (9) .... Martina ist
schließlich stärker. Paul gesteht Martina seine Liebe (10) .... ihr. Er ist überglücklich,
als sie sich schließlich (11) ....entscheidet. Noch am gleichen Tag löst sie nämlich die Verlobung (12) .... Heiko!

an

an

durch

für

mit

mit

mit

nach

zu

zu

zwischen

zwischen

AB 99

<u>33</u> Yasemin → LESEN

Lesen Sie die Inhaltsangabe und lösen Sie die folgenden Aufgaben.

Bei diesem Film handelt es sich um
☐ einen Dokumentarfilm.
☐ einen Krimi.
☐ eine Komödie.
☐ einen Liebesfilm.

In dem Film geht es um
☐ einen politischen Konflikt.
☐ einen Konflikt zwischen zwei Kulturen.
☐ einen wirtschaftlichen Konflikt.
☐ eine sportliche Auseinandersetzung.

Der Film spricht wahrscheinlich hauptsächlich
☐ ältere Menschen an.
☐ jüngere Menschen an.
☐ Männer an.
☐ Frauen an.

Videotipp

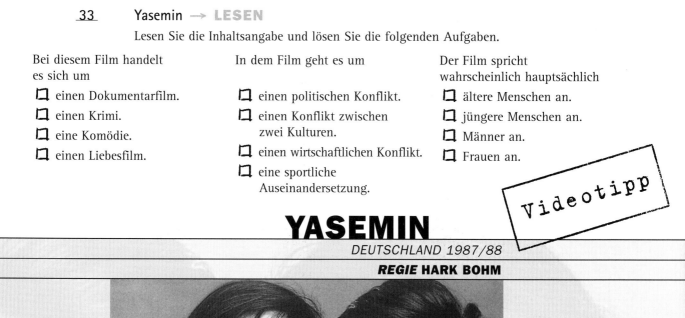

YASEMIN

DEUTSCHLAND 1987/88

REGIE HARK BOHM

Jan hat sich in Yasemin verliebt. Eigentlich nichts Besonderes. Doch schnell gibt es riesige, scheinbar unlösbare Probleme für die beiden, denn Yasemin ist Türkin. Ihr Vater wacht eifersüchtig über die bedrohte Ehre seiner Tochter und macht ihr das Leben zur Hölle ...

Yasemin ist die 17-jährige Tochter eines türkischen Gemüsehändlers in Hamburg-Altona. Jan ist Judo-Fan und Student. Die Annäherungsversuche des jungen Mannes wehrt Yasemin zunächst ab, weil sie vermutet, dass Jan sie lediglich einer Wette wegen erobern will. Aus dem anfänglichen Spiel entwickelt sich aber schnell eine ernsthafte Beziehung. Und Yasemin bekommt plötzlich zu spüren, was ihr früher völlig nebensächlich war: Sie ist Türkin. Ihr liebevoller Vater verwandelt sich in einen Despoten, der eifersüchtig über die Ehre seiner Tochter wacht. Die Männer der Familie fassen einen Plan: Yasemin soll in die Türkei geschafft werden, denn nur da ist sie vor dem Deutschen sicher. Als Jan von den Absichten ihres Vaters erfährt, beschließt er, Yasemin vor ihrem Schicksal zu bewahren. Gemeinsam flüchten sie mit Jans Motorrad.

Der Film nimmt die Perspektive der türkischen Familie ein und zeigt differenziert die Generationskonflikte und Anpassungsprozesse. Mit den Mitteln des Unterhaltungskinos, die auch einem jungen Publikum den Zugang zum Thema ermöglichen, wird unaufdringlich für ein neues Verständnis zwischen Deutschen und Türken, besonders den Türken in der zweiten und dritten Generation, geworben.

LEKTION 7 – *Aussprachetraining*

lange und kurze Vokale

LERNER-CD 4

Kurz oder lang?

Hören Sie die folgenden Wörter und markieren Sie die langen Vokale.
Lesen Sie die Wörter danach laut.

höhere Löhne	kühle Flüsse
höfliche Österreicher	mühsame Überstunden
zwölf Brüder	Sündenböcke
größere Dörfer	berühmte Künstler
fröhliche Töchter	fünf Übungen
müde Söhne	Frühstücksbrötchen

2

Betonte Vokale

Lesen Sie die Beispiele laut.

kurz		lang	
a	die Tante, der Mann	a	der Vater, die Zahl, der Saal
		ä	die Väter, zählen, Säle
e	der Vetter, der Pelz	e	das Leben, die Idee, der Lehrer
i	die Nichte, die Bitte	i	die Liebe, die Margarine, bieten
o	der Onkel, das Opfer	o	das Wohl, der Hof
u	die Mutter, die Suppe	u	die Schule, der Bruder, der Stuhl
ö	Töchter, öfter	ö	die Söhne, die Öfen
ü	Mütter, müssen	ü	die Mühle, Brüder

3

LERNER-CD 5

Sortieren

Hören Sie die Wörter und sortieren Sie nach kurzen und langen Vokalen.

Ball – Banane – begrüßen – bitten – Boot – dunkel – erzählen – Fall – geben – Höhle – Hölle – ihre – kam – Kasse – Kuh – Kuchen – kühl – küssen – lachen – lassen – Leben – Licht – Lupe – Melone – Messer – Müller – Mütze – nahm – nehmen – niesen – Ofen – Öl – Paar – Puppe – rot – riechen – Rübe – Saal – Schale – See – sie – siegen – singen – Sitz – Sohn – Sonne – Stadt – Straße – Suppe – Tomate – Träne – Wasser – Wiese – wissen – wüsste – Zitrone – Zucker

a Lange Vokale

a	e	i	o	u	ö	ü
Banane	Leben	riechen	Boot	Lupe	Öl	Rübe

b Kurze Vokale

a	e	i	o	u	ö	ü
Stadt	begrüßen	bitten	Sonne	Zucker	Hölle	Müller

4

LERNER-CD 6

Minimalpaare

Hören Sie und sprechen Sie nach.

a		u		i		o	
lang	kurz	lang	kurz	lang	kurz	lang	kurz
Staat	Stadt	Kuchen	Kunde	bieten	bitten	Ofen	offen
Saat	satt	Kugel	Kupfer	ihn	in	Hofe	hoffe
lasen	lassen	Puder	Puppe	Stil	still	Sohne	Sonne
Wahn	wann	Pudel	Putte	Lied	litt	wohne	Wonne
Hase	hasse	Muse	Mutter	Wiese	wissen	Pose	Posse

AB 101

Lernkontrolle: Was haben Sie in dieser Lektion gelernt?

Kreuzen Sie an.

Ich kann ...

Lesen

❏ ... mir eine Zeitschriftenreportage über das populärwissenschaftlich auf-bereitete Thema *Kontaktaufnahme* erschließen.

❏ ... aus dieser Reportage die wichtigen Informationen herausarbeiten.

❏ ... in einem für Zeitschriftenleser geschriebenen psychologischen Test zum Thema *Partnerschaft* die Fragen beantworten.

❏ ... Kommentare und Standpunkte in der dazugehörigen Testauflösung auswerten.

Hören

❏ ... spontan und in natürlichem Sprechtempo gesprochene, längere Gesprächsbeiträge zum Thema *Heiraten* verstehen.

❏ ... die persönlichen Einstellungen und die Argumentation der Gesprächsteilnehmer nachvollziehen.

❏ ... der Handlung einer Originalaufnahme der literarischen Szene *Halb zwei* von Arthur Schnitzler folgen.

❏ ... verstehen, worüber die zwei Personen der Szene in Streit geraten sind und was sie sich gegenseitig vorwerfen.

Schreiben – Produktion

❏ ... einen Beitrag zu einer Leserumfrage zum Thema *Kosenamen* verfassen.

❏ ... darin über Traditionen und aktuelle Trends im eigenen Land be-richten, Gedanken und Meinungen ausdrücken.

Sprechen – Produktion

❏ ... eine klare, detaillierte Beschreibung einer Situation im Zusammenhang mit einer Hochzeitsfeier geben.

❏ ... Vermutungen über die dargestellte Situation und das Verhältnis der Personen anstellen.

❏ ... eine kohärente Geschichte nach Bildern erzählen.

Sprechen – Interaktion

❏ ... in einem Gespräch über das Thema *Heiraten* detaillierte Antworten geben und eine Meinung äußern.

Wortschatz

❏ ... präzisen Wortschatz zur Beschreibung *persönlicher Beziehungen und Kontakte* einsetzen.

❏ ... umgangssprachliche Wendungen zum Ausdruck von Vorlieben genau und differenziert einsetzen.

Grammatik

❏ ... Nomen passend zu ihrer Deklination korrekt im Plural verwenden.

❏ ... zusammengesetzte Nomen erschließen und selber bilden.

❏ ... Nominalisierungen entschlüsseln und verwenden.

Sprechen Sie mit Ihrem Kursleiter/Ihrer Kursleiterin über Tipps zum Weiterlernen.

Verben

anschließen
anspielen auf + *Akk.*
berichten
(sich) etwas beschaffen
durchführen
drucken
erläutern
ermahnen
fassen
fliehen
flimmern
führen zu + *Dat.*
gefährden
herausfinden
löschen
nützen
schaden
sich merken
sich richten nach + *Dat.*
sich wenden an + *Akk.*
speichern
verbinden mit + *Dat.*
wahrnehmen

Nomen

der Absatz, ¨e
die Absicht, -en
der Analphabet, -en
die Auflage, -n
der Bericht, -e

die Beute
der Bildschirm, -e
die Boulevardzeitung, -en
die Daten (Pl.)
die Datenbank, -en
das Diskettenlaufwerk, -e
die Dosis, Dosen
die Droge, -n
der Drucker, -
die Entführung, -en
der Entzug
die Ersatzwelt, -en
die Festplatte, -n
das Feuilleton, -s
der Lautsprecher, -
das Lösegeld, -er
das Medium, Medien
die Meldung, -en
der Missbrauch
die Nachricht, -en
das Programm, -e
die Publikation, -en
die Rubrik, -en
der Schaden, ¨
die Schießerei, -en
die Schlagzeile, -n
die Schreibweise, -n
die Sendung, -en
die Spalte, -n
die Sucht, ¨e
das Symptom, -e
die Tastatur, -en
der Täter, -

der Umgangston
die Zeitschrift, -en
der Zuschauer, -
der Zwang, ¨e
der Zweck, -e

Adjektive/Adverbien

erneut
genial
interaktiv
seelenlos
seriös
sorgfältig
überregional
virtuell
zusätzlich

Konnektoren

ehe
sobald
solange
sooft

Ausdrücke

Auskunft geben über + *Akk.*
dafür sorgen, dass
ein Programm aufrufen/schließen
eine/keine wichtige Rolle spielen

8

__1__   Wortschatz definieren → SPIEL

Die Klasse arbeitet in zwei Gruppen. Jede Gruppe erhält jeweils drei
Zettel mit Begriffen aus dieser Lernwortschatzseite.

Jede Gruppe hat zwei Minuten Zeit, ihre Begriffe zu definieren.
Abwechselnd tragen die Gruppen sich die Definitionen vor.
Die anderen raten.

Beispiel: *eine Summe, die man bezahlen muss, um eine gefangene
Person freizubekommen* („Lösegeld")

LEKTION 8

zu Seite 116, 2

_2_ Sätze ergänzen → WORTSCHATZ

Wozu braucht man diese Teile eines Computers?

a Der Rechner ist *der eigentliche Computer.*
b Auf dem Monitor …
c Die Tastatur dient zum …
d Mithilfe der Maus …
e Auf einer CD-ROM, DVD oder Diskette …
f Mithilfe des USB-Sticks …
g Der Drucker …
h Mit dem Scanner …

zu Seite 118, 2

_3_ Textstellen finden → WORTSCHATZ

Wie heißen die folgenden Formulierungen im Text „Computer-Sucht" im Kursbuch S. 117?

a Wir beherrschten den Computer.
Wir hatten den schnurrenden Kasten im Griff. (Zeile 15/16)
b Das Gerät, das seltsame Geräusche von sich gibt, belebte …
c … die wir anfangs nicht ernst genommen haben
d … sind wir abhängig von der Computerelektronik
e … wir sprechen miteinander schon in Computersprache
f … registrieren sie nicht mehr, was in der Realität passiert
g … und es kostet immer mehr
h … betrogene Partnerinnen …

zu Seite 118, 4

_4_ Medienverhalten und Gesundheit → WORTSCHATZ/SPRECHEN

a Ergänzen Sie die passenden Wörter.
Bilden Sie danach Beispielsätze zu den Begriffen.
Beispiel: *Wer zu viel raucht, schadet seiner Gesundheit.*

Nomen	Adjektiv	Verb bzw. verbaler Ausdruck
die Gesundheit		
		süchtig werden/machen
die Heilung		
		erkranken
	gefährlich	
		schaden
der Missbrauch		
	nützlich	
	abhängig	

b Ergänzen Sie die Lücken.

Frau Sievers war jahrelang immer **gesund**, bis sie plötzlich an Asthma ....
Die Einnahme von zu vielen Medikamenten **nützt** meist nicht viel, sondern ....
dem Körper nur.
Jede Art von **Sucht** ist eine Krankheit, die nur sehr schwer zu .... ist.
Wer nicht mehr **vernünftig und frei** entscheiden kann, ob er zum Beispiel ein Glas Bier
trinken will, sondern es einfach tun muss, ist von seiner „Droge" ....
Wenn man ein Fahrzeug mit defekten Bremsen fährt, ist das nicht nur ein Risiko für die
eigene **Sicherheit**, sondern man .... auch andere.

LEKTION 8

zu Seite 118, 5

5 Temporale Konnektoren und Präpositionen → GRAMMATIK

Ergänzen Sie folgende Wörter im Text:

⟨ bis – gleichzeitig – nach – ~~vor~~ – immer wenn – bevor – sobald – seit – bei

Das digitale Klassenzimmer

SCHÜLER LERNEN BESSER AM COMPUTER

Kurz ...vor... sieben Uhr, knapp eine Stunde .... der Unterricht beginnt, wartet Claus-Peter Ahrens bereits ungeduldig vor dem Luisen-Gymnasium im Hamburger Stadtteil Bergedorf. .... der Hausmeister die Schulpforte geöffnet hat, stürmt der Oberschüler in den Computerraum und startet hastig einen der zwölf Rechner. Die Sekunden, ... der Computer hochgefahren ist, kann er kaum abwarten. Endlich erscheint auf dem Bildschirm, worauf er sich .... dem Aufstehen gefreut hat: die neuesten Nachrichten, die Schüler aus der japanischen Hafenstadt Yokohama in die Mailbox – einen elektronischen Briefkasten – des Gymnasiums geschickt haben. Noch .... der ersten Unterrichtsstunde tippt Claus-Peter einige Antworten in den Rechner und jagt sie per Mausklick in Sekundenschnelle nach Asien. .... dem Unterricht trifft er sich mit seinen Mitschülern von der Arbeitsgemeinschaft E-Mail. .... für die Schüler Unterricht per elektronischer Kommunikation auf dem Stundenplan steht (einmal pro Woche), sind die Hamburger Gymnasiasten über ein Datennetz mit Schulen in den USA, Kanada, Japan und Singapur verbunden. .... dieser Gelegenheit diskutieren die Jugendlichen im virtuellen Klassenzimmer über Gewalt und Rassismus, schicken Aufsätze über Bevölkerungswachstum oder die Gefahr von Atomkraftwerken zu ihren Freunden ans andere Ende der Welt. „Mit dem Computer kannst du fremde Länder und Kulturen auf Knopfdruck kennenlernen", sagt Claus-Peter. Und .... verbessern die Schüler auf spielerische Weise ihre Englischkenntnisse.

zu Seite 118, 5

6 Wie bedient man einen Computer? → GRAMMATIK/WORTSCHATZ

Formulieren Sie Sätze und verbinden Sie sie mithilfe von Konnektoren und Präpositionen.
Verwenden Sie den Wortschatz aus dem Kursbuch (Seite 116).

Nebensatzkonnektoren	Hauptsatzkonnektoren	Präpositionen
nachdem,	danach, anschließend, und,	nach, vor,
bevor, bis,	vorher, zuvor,	bis, bis zu,
während, wenn, solange	gleichzeitig	während, bei

Nachdem man den Monitor, die Tastatur und den Drucker an den Rechner angeschlossen hat, schaltet man den Netzschalter ein. ...

zu Seite 118, 5

7 Abläufe beschreiben → GRAMMATIK

Verfassen Sie mithilfe der Konnektoren und Präpositionen
aus Aufgabe 6 einen Text.

ⓐ Wie setzt man eine Kaffeemaschine in Gang?
Wasser einfüllen – Filtertüte in den Filter tun – Kaffee in den Filter füllen – Knopf drücken
ⓑ Wie bereitet man eine Party vor?
Gästeliste schreiben – Gäste anrufen oder Einladungskarten verschicken –
Musik organisieren – Essen und Getränke einkaufen – Raum vorbereiten und dekorieren

zu Seite 119, 2

__8__ Welches Wort passt? → WORTSCHATZ

Lesen Sie den Text und wählen Sie pro Lücke ein Wort aus dem Kasten unten.

Gefahren durch exzessive Mediennutzung

Die exzessive Nutzung der Medien wird häufig auch als Fernsehsucht (1) *bezeichnet*. Wer „fernsehsüchtig" ist, setzt sich bewusst der Überfülle des Medienangebots aus und schafft sich eine (2) .... Nach Angaben des Süddeutschen Rundfunks sind in Deutschland mehr als ein Viertel aller Zuschauer ab 14 Jahren, die täglich drei und mehr Stunden fernsehen, als (3) „..........................." zu bezeichnen. Laut einer Studie sind Vielseher ängstlicher als Wenigseher, unabhängig davon, ob es sich um Erwachsene oder um Kinder (4) .... Menschen, die im Fernsehen ständig ähnliche Verhaltensmuster angeboten bekommen, sind ärmer an Fantasie und auch stärker von konventionellen Stereotypen (5) ....

Untersuchungen bei Schülern haben gezeigt, dass der Umfang der Mediennutzung sozialstrukturell bedingt ist. Je höher die soziale Schicht, desto (6) .... der Fernsehkonsum. Die Menge des Fernsehkonsums steht im Zusammenhang mit der Fähigkeit der Familie, ihre Probleme in Gesprächen und gemeinsamen Handlungen (7) .... Wird das Fernsehen in dem Sinne als Erziehungsmittel eingesetzt, dass man mit ihm belohnen oder bestrafen kann, so führt das bei Kindern zu einem höheren Fernsehkonsum; aus (8) .... an elterlicher Liebe und Zuwendung sitzen die Kinder länger vor dem Bildschirm. Es besteht sogar ein direkter (9) .... zwischen Verhaltensstörungen bei Kindern und ausgedehntem Fernsehkonsum.

	A	B	C	D
(1)	aufgezeichnet	bezeichnet	gezeichnet	verzeichnet
(2)	Zusatzwelt	Umwelt	Ersatzwelt	Kinderwelt
(3)	Vielseher	Zuseher	Anseher	Zuschauer
(4)	zählt	zeigt	handelt	abspielt
(5)	erfahren	geprägt	erzogen	erfüllt
(6)	spannender	mehr	geringer	schlechter
(7)	anzuspielen	zu vergessen	zu verdrängen	zu lösen
(8)	Mangel	Überfluss	Zuviel	Fehlen
(9)	Verhältnis	Zwischenfall	Zusammenhang	Unterschied

zu Seite 119, 2

__9__ Die Glotze lebt → LESEN/SPRECHEN

ⓐ Für welches Medium stehen die folgenden umgangssprachlichen Ausdrücke: Glotze – Röhre – Kiste – Flimmerkasten – Pantoffelkino?

ⓑ Was stellen Sie sich unter interaktivem Fernsehen vor? Suchen Sie dafür Beispiele im folgenden Text.

Die Glotze *leb t* !

Gerade heute Morgen haben Sie den letzten Rest
Zahnpasta aus der Tube gequetscht. Am Abend schalten Sie den Fernseher ein, und was flimmert da ge-
ballt über den Bildschirm? Werbung für Zahnpasta.
5 Zufall? Im Konsumparadies der Zukunft vielleicht
nicht mehr. Amerikanische Marktforscher wissen
längst, dass eine Zahnpastatube durchschnittlich
sechs Wochen hält. In der digitalen Welt von morgen
hat die Supermarktkasse Ihren Einkauf registriert, als
10 Sie mit Ihrer Chipkarte bezahlt haben, und exakt
nach fünfeinhalb Wochen sorgt ein Computer der
Handelskette dafür, dass Sie in Ihrem ganz persönlichen Fernsehprogramm mit entsprechender Werbung
zugeschüttet werden. Zur gleichen Zeit wird Ihr
15 Nachbar vielleicht via Bildschirm daran erinnert,
dass sein Auto neue Reifen braucht.

Dieses Szenario präsentiert Robert Carberry, Chef der
IBM-Multimedia-Tochter Fireworks, auf einem Sym-
posium von Industriemanagern zum Thema „Fernsehen der Zukunft". Das Beispiel zeigt, dass es um mehr 20
geht als um zusätzliche Kanäle, ein besseres Bild
und digitale Techniken: Das Fernsehen der Zukunft
bietet nicht nur 500 Programme, sondern ist auch
interaktiv. Das Wort suggeriert die Abkehr vom pas-
siven Fernsehkonsum. Der Zuschauer als Akteur, der 25
selbst darüber entscheidet, ob in seinem Film der
Böse siegt oder der Held. Ob der Galan einen Kuss
bekommt oder eine Ohrfeige. Ob der Dinosaurier die
Zähne fletscht oder mit dem Schwanz wedelt. Jedem
sein eigenes Programm. 30

c Textrekonstruktion – Bringen Sie die Sätze in die richtige Reihenfolge.

◻ Die Kasse registriert den Einkauf.   ◻1 Man merkt, dass die Tube leer ist.

◻ Man kauft Zahnpasta.   ◻ Man bezahlt mit Chipkarte.

◻ Man sieht Werbung für Zahnpasta.   ◻ Der Nachbar sieht Reifenwerbung.

d Verbinden Sie die Sätze und verwenden Sie zum Beispiel:
*zuerst – anschließend – gleichzeitig – danach – schließlich – nachdem
– bevor - während*

zu Seite 119, 3

__10__   Schaubild → SPRECHEN/SCHREIBEN

Setzen Sie sich zu viert zusammen. Zwei Kursteilnehmer sehen sich das
Schaubild an, die anderen das Schaubild im Kursbuch S. 119. Sehen Sie
dabei nur Ihre Grafik an.

a Notieren Sie die Informationen, die Sie über die andere Grafik erhalten.
b Sagen Sie Ihren Partnern, welche Informationen Sie erhalten haben.

*Die Grafik zeigt ...
Man erfährt hier
etwas über ...
Dieses Schaubild gibt
Auskunft über ...*

Internet-Nutzer:
Darum gehen sie ins Netz
Von je 100 Befragten geben als Grund für die Internetnutzung zu Hause an:

Interessante Informationen	88
E-Mails versenden/empfangen	78
Faszination Internet	78
Neugierde	75
Interesse an neuer Technik	58
Beruf	44
Ausbildung	42
Unterhaltung	36
Kontakt zu vielen Menschen	35
Zeitvertreib	33
eigene Homepage	21
Computerspiele	13

LEKTION 8

zu Seite 121, 3

11 Textpuzzle → LESEN

Setzen Sie die Sätze 1–4 in die markierten Stellen A–D im Text ein.

Schreib doch mal „Verkehr"

Eine Frau steht in einem Schulzimmer der Volkshochschule Münster und grübelt lange hin und her. In der rechten Hand hält Karin R. unbeholfen ein kleines Stück Kreide. Dann setzt sie an und schreibt in tapsigen Bögen „Fkr" an die große Schultafel vor ihr.

A

Ruhig und geduldig wiederholt er, worum er seine Schülerin vor drei Minuten gebeten hatte: Schreib doch mal das Wort „Verkehr". Dabei „singt" er ihr mehrmals überdeutlich die Silben vor. Und siehe da:

B

Die sich da so schwertut mit den Buchstaben, ist Analphabetin. Noch vor Kurzem konnte sie so gut wie gar nichts lesen und schreiben. Doch jetzt, nachdem sie seit einem guten halben Jahr bei Hubertus im Kurs zweimal wöchentlich an ihrem Problem arbeitet, ist das nicht mehr ganz so.

C

Analphabeten – in Deutschland ein Tabu-Thema. Auch wenn Vertreter der Bonner Regierung „das hohe Bildungsniveau in der Bundesrepublik" preisen:

D

Von bis zu vier Millionen wurde in der Presse schon spekuliert, das wären dann etwa genauso viele wie Inline-Skater.

1 Besonders beim Vorlesen, das sich so anhört wie der Leseversuch eines fortgeschrittenen Erstklässlers, zeigt Karin, dass sie schon viel gelernt hat.

2 Kaum ist die Kreide abgesetzt, wandern ihre Augen fragend zu Peter Hubertus, der sich seit Jahren für Analphabeten engagiert und ihren Schreib- und Lesekurs leitet.

3 Erwachsene, die keinen Wegweiser, keinen Zugfahrplan und keinen Strafzettel entziffern können, gibt es immerhin noch viel zu viele.

4 Beim zweiten Versuch klappt es besser, da bringt diese erwachsene Frau immerhin schon ein „Ferker" zustande.

aus: ADAC motorwelt 11/96

zu Seite 121, 3

12 Schlüsselwörter finden → LERNTECHNIK

Schlüsselwörter nennt man die wichtigsten Wörter im Text. Es ist wichtig, sie schnell zu erkennen und zu verstehen. Kreuzen Sie jeweils die richtige der beiden Aussagen über Schlüsselwörter an.

Schlüsselwörter stehen eher am Anfang (a) / am Ende (e) eines Textes.	a	e
Sie sind meist unbetont (u) / betont (b).	u	b
Der Sprecher nennt sie mehrmals (m) / nur einmal (l) im Text.	m	l
Häufig (h) / Fast nie (n) werden sie durch Synonyme oder Pronomen ersetzt.	h	n

zu Seite 123, 5

13 Aus der deutschsprachigen Presse → SCHREIBEN

Welche deutschsprachigen Zeitungen oder Zeitschriften empfehlen Sie einer Freundin in Ihrem Heimatland, die am aktuellen Geschehen im deutschsprachigen Raum sehr interessiert ist?

Schreiben Sie einen Brief und erklären Sie darin,
- was für eine Publikation Sie ihm/ihr vorschlagen.
- um was für eine Art von Zeitung/Zeitschrift es sich dabei handelt.
- warum Sie diese Zeitung/Zeitschrift gerne lesen und empfehlen.
- welche Alternative Sie noch nennen können.

Achten Sie auf die formalen Bestandteile eines persönlichen Briefs, besonders bei Datum, Anrede und Gruß.

zu Seite 125, 3

__14__ Kurzporträt: Jan Philipp Reemtsma → LESEN

Ordnen Sie die Ereignisse chronologisch und suchen Sie aus dem Text die dazu passenden Jahreszahlen heraus.

Jahr	Reihenfolge	Ereignis
		Tod des Vaters
		Gründung einer Literaturstiftung
		Geburt Jan Philipp Reemtsmas
		Verkauf des Konzerns
1910	1	Gründung einer Zigarettenfabrik durch den Vater
		Einrichtung eines Instituts für Sozialforschung
		freie Verfügung über das Erbe

Millionenschwerer Mäzen

Jan Philipp Reemtsma wurde am 26. November 1952 als Sohn von Fürchtegott Reemtsma in Hamburg geboren. Sein Vater gründete 1910 in Erfurt eine Zigarettenfabrik, die zum größten Tabakkonzern Deutschlands aufstieg. Reemtsma wuchs im Hamburger Villenviertel Blankenese auf. Sein Vater starb 1959, das Vermögen wurde zunächst treuhänderisch verwaltet. Ab seinem 26. Geburtstag stand Jan Philipp Reemtsma das Riesenerbe frei zur Verfügung. Reemtsma studierte Literaturwissenschaft und Philosophie, promovierte. 1980 wurde er in den Aufsichtsrat des Konzerns berufen, doch wenig später verkaufte er das Allein-Erbe: für 300 Millionen Mark an die Tchibo-Familie Herz.

Jan Philipp Reemtsma – ein Forscher, Mäzen und Menschenfreund. Dem verarmten Autor Arno Schmidt griff er mit 350 000 DM unter die Arme. 1981 gründete er die Arno-Schmidt-Stiftung, deren Vorsitzender er ist. Unter anderem stiftet er jährlich den Arno-Schmidt-Literaturpreis. 1984 wurde das „Hamburger Institut für Sozialforschung" von ihm eingerichtet.

zu Seite 125, 6

__15__ Indirekte und wörtliche Rede → GRAMMATIK

a Unterstreichen Sie in dem Zeitungsartikel alle Formen der indirekten Rede. Welche stehen im Konjunktiv I, welche im Konjunktiv II?

Schweizer Dorf sucht Kinder per Zeitungsanzeige

Walliser Gemeinde Binn will Schulschließung verhindern – Job-Angebote für die Eltern

ZÜRICH, 14. Dezember – Wenn die Einwohner des kleinen Schweizer Bergdorfes Binn in der Kirche „Ihr Kinderlein kommet" singen, dann meinen sie das auch. Denn die Zahl der Kinder nimmt dort immer mehr ab. Um diese Entwicklung zu stoppen, griffen die Behörden des 160-Seelen-Dorfes zu einem ungewöhnlichen Mittel. Sie setzten in allen Landesteilen eine Anzeige in verschiedene Zeitungen: Binn suche „eine oder mehrere Familien" mit volksschulpflichtigen Kindern, heißt es darin, sonst müsse die Schule geschlossen werden. Interessierte erhielten von der Kommune in der Touristenregion Goms dafür günstige Wohnungen und einige Teilzeitstellen. Man könne beispielsweise das Verkehrsbüro des Dorfes in einer unberührten geschützten Berglandschaft leiten oder im Hotel „Ofenhorn" arbeiten.

Diese Anzeigen seien schon eine ungewöhnliche Art, „zu Kindern zu kommen", räumt Beat Tenisch, Vorsteher der Kommune, ein. Doch schließlich gehe es um die Erhaltung der Volksschule. Wenn Binn nicht schnell noch mindestens ein Kind für die erforderlichen sieben Schüler finde, werde die Schule vom Staat aufgegeben.

Doch die junge Generation des Dorfes sei meist noch unschlüssig in Sachen Familienplanung, sagt der 44-jährige Gemeindepräsident, und die Frauen wollten eben möglichst lang berufstätig sein. Doch er ist guten Mutes, denn er hat einige Anfragen erhalten.

ⓑ Wer oder was wird hier zitiert? Formulieren Sie die Textstellen in der direkten Rede.

In der .... steht: Binn sucht eine oder mehrere Familien mit schulpflichtigen Kindern. ...
Der .... räumt ein: Diese Anzeigen sind schon eine ungewöhnliche Art, ...

zu Seite 125, 6

16   Indirekte Rede → GRAMMATIK

ⓐ Gegenwart

Formen Sie die Sätze unten in die indirekte Rede um. Wählen Sie die passende Verbform im Konjunktiv I oder II.

Beispiele:
Er merkt sich den Satz. – *Er sagt, er merke sich den Satz.*
Wir schaden unserer Gesundheit. – *Sie meint, wir schadeten unserer Gesundheit (wir würden unserer Gesundheit schaden).*

1 Sie legt die Diskette ein. *Sie sagt, ...*
2 Das führt zu großen Problemen.
3 Du nimmst die Realität nicht wahr.
4 Die Schreibweise ist neu.
5 Ich weiß nichts davon.
6 Ihr habt die Zeitschrift zu Hause.
7 Wir müssen den Text ausdrucken.
8 Die Schlagzeilen bringen den Politiker in Schwierigkeiten.
9 Er gibt sich Mühe, alles richtig zu machen.
10 Ich will den Computer mit dem Lautsprecher verbinden.
11 Die Informationen werden auf der Festplatte gespeichert.

ⓑ Vergangenheit

Formen Sie die Sätze in die indirekte Rede um. Wählen Sie die passende Verbform im Konjunktiv I oder II.

Beispiel:
Du hast die Zeitschrift probeweise bestellt. – *Aber du hast doch gesagt, du hättest die Zeitschrift probeweise bestellt.*

1 Wir haben die Meldung sofort erhalten. *Er meinte, ...*
2 Die Nachricht flimmerte auch über den Bildschirm.
3 Ich kannte die entführte Millionärin persönlich.
4 Sie ist früher einmal zu uns nach Hause gekommen.
5 Der Kommissar dachte erneut über das Verbrechen nach.
6 Er konnte sich die Tat nicht erklären.

zu Seite 125, 6

17   Was man in einem Computerkurs alles erlebt → GRAMMATIK

Geben Sie folgende Schilderung eines Computerkursteilnehmers wieder. Da Sie den Kurs nicht miterlebt haben, referieren Sie in der indirekten Rede. Achten Sie dabei auf die Zeit.
Beispiel:
Mein Nachbar, Niko Schramm, erzählte mir gestern: Im vergangenen Monat fand ein toller EDV-Kurs für Fortgeschrittene statt.
Mein Nachbar, Niko Schramm, erzählte mir gestern, im vergangenen Monat habe ein toller EDV-Kurs stattgefunden.

ⓐ Der Lehrer erklärte uns das neue Computerprogramm sehr ausführlich. *Der Lehrer ...*

ⓑ Immer wieder wandten wir uns mit schwierigen Fragen an ihn.

ⓒ Aber alle Fragen wurden detailliert beantwortet.

ⓓ Wir Teilnehmer mussten aber auch versuchen, uns gegenseitig zu helfen.

ⓔ Es hat sich natürlich schnell herumgesprochen, wie viel man in diesem Kurs lernen kann.

ⓕ Aufgrund der großen Nachfrage wird der Kurs im nächsten Monat wiederholt.

zu Seite 125, 6

__18__ Vom Interview zum Bericht → LESEN/GRAMMATIK

ⓐ Lesen Sie das Interview der Süddeutschen Zeitung (SZ) mit Peter Glaser, Schriftsteller und Computerexperte. Unterstreichen Sie die Schlüsselwörter.

Interview zum Thema „Internet"

SZ: Wozu brauchen wir das Internet überhaupt?
Glaser: Das weiß keiner, das ist ja das Spannende. Mit dem Internet hat der Mensch wieder etwas hergestellt, das er nicht versteht, aber verstehen will.
SZ: Stürzt sich die Menschheit nicht auch deshalb ins Netz, weil sie nach einer neuen Utopie sucht?
Glaser: Natürlich ist das auch ein Grund. Ich vergleiche die momentane Netzeuphorie mit der ersten Mondlandung. Niemand konnte rational erklären, warum so viele Milliarden Dollar ausgegeben wurden, um drei Männer auf den Mond zu schießen. Mit dem Erreichen des Ziels war die Euphorie dann schnell verschwunden.

SZ: Die Aufregung um das Internet wird sich also bald wieder legen?
Glaser: Da bin ich ziemlich sicher und ich hoffe es auch. Bei der Einführung des PCs war auch die Rede von der „größten Revolution seit Gutenbergs Buchdruck". Heute ist der Computer schon fast so normal wie ein Bügeleisen und die Leute fangen an, damit ruhiger und selbstverständlicher umzugehen.
SZ: Aber das Internet verändert unsere Welt doch auch.
Glaser: Das kann man wohl sagen. Ich lernte meine Frau schließlich im Netz kennen. Aber andererseits gab es eine Art von Vernetzung schon vor 5000 Jahren bei den Bewässerungssystemen der Assy-

rer und Ägypter. Aus ihren Organisationen gingen später die ersten Staatsformen hervor. Netzstrukturen hatten schon immer soziale Auswirkungen.
SZ: Ein großes Problem im immer größer werdenden Internet ist wohl: Wie trenne ich nützliche von unnützen Informationen?
Glaser: Journalistische Qualitäten werden gefragter sein denn je. Das Printmedium wird niemals untergehen, sondern sich durch die elektronischen Medien erst richtig entfalten. Auch Bücher sind immer noch sehr praktisch. Außerdem: Kein Bildschirm kann jemals mit der Ästhetik einer schönen Buchseite konkurrieren.

ⓑ Geben Sie das Interview als Bericht in der indirekten Rede wieder. Wählen Sie zur Redeeinleitung aus folgenden Verben aus:

> sich informieren – die Frage stellen, ob (wie usw.) – wissen wollen –
> erklären – meinen – einwenden – antworten – erläutern – betonen –
> hinzufügen – unterstreichen

Beispiel:
In einem Interview mit dem Schriftsteller und Computerexperten Peter Glaser wollte die SZ wissen, wozu man das Internet überhaupt brauche. Herr Glaser meinte, das wisse keiner, das sei ja das Spannende. Mit dem Internet habe ...

LEKTION 8

zu Seite 127, 4

19   Nachrichten → **WORTSCHATZ**

Ergänzen Sie die Verben in der richtigen Form.

⟨ stehen – ausbrechen – schließen – verletzen – einsetzen

> ASCHAFFENBURG: Um 9 Uhr ist am Vormittag in einer Lackfabrik am westlichen
> Stadtrand von Aschaffenburg ein Feuer ...., wenig später ....
> sie in hellen Flammen. Alle verfügbaren Kräfte der Feuerwehr wurden ....,
> die Anwohner mussten Türen und Fenster .... Die Feuerwehr hat die Lage
> mittlerweile unter Kontrolle. Zwei Personen seien leicht .... worden, hieß
> es in einer ersten Bilanz. Die Größe des entstandenen Sachschadens ist derzeit noch
> nicht bekannt, ebenso wenig die Ursache des Brandes.

20   Good Bye, Lenin! → **LESEN**

GOOD BYE, LENIN

Videotipp

DEUTSCHLAND 2003

EIN FILM VON WOLFGANG BECKER

8

Geschichte wird gemacht. Nur für den 21-jährigen Alex geht nichts voran. Kurz vor dem Fall der Mauer fällt seine Mutter, eine selbstbewusste Bürgerin der DDR, nach einem Herzinfarkt ins Koma – und verschläft den Siegeszug des Kapitalismus. Als sie wie durch ein Wunder nach acht Monaten die Augen wieder aufschlägt, erwacht sie in einem neuen Land. Sie hat nicht miterlebt, wie West-Autos und Fast-Food-Ketten den Osten überrollen, wie Coca-Cola Jahrzehnte des Sozialismus einfach wegspült, wie man hastig zusammenwachsen lässt, was zusammengehört. Erfahren darf sie von alledem nichts: Zu angeschlagen ist ihr schwaches Herz, als dass sie die Aufregung überstehen könnte. Alex ist keine Atempause gegönnt. Um seine Mutter zu retten, muss er nun auf 79 Quadratmetern Plattenbau die DDR wieder auferstehen lassen. Schnell stellt er fest, dass sich dieser Plan schwieriger umsetzen lässt als erwartet ...

	richtig	falsch
Lesen Sie die Inhaltsangabe. Sind folgende Aussagen richtig oder falsch?		
Daniels Mutter träumte schon lange vom Siegeszug des Kapitalismus.	☐	☐
Nach ihrem Infarkt muss sie von jeder Aufregung verschont werden.	☐	☐
Ihr Sohn Alex möchte ihr klarmachen, dass Fast-Food und Coca-Cola einfach zum neuen Leben gehören.	☐	☐
Alex unternimmt alles Mögliche, um seiner Mutter die gute alte Zeit vorzuspielen und die Realität vor ihr zu verstecken.	☐	☐

1
LERNER-CD 7

Wortpaare *f* und *v*

ⓐ Hören Sie die Wortpaare zuerst einmal ganz.
ⓑ Hören Sie noch einmal und sprechen Sie nach.

Fernsehen	–	verstehen	für	–	vor
Forschung	–	Vorteil	Fehler	–	Verbreitung
Fahrt	–	Vater			

2
LERNER-CD 8

Wortpaare *v* und *w*

ⓐ Hören Sie die Wortpaare zuerst einmal ganz.
ⓑ Hören Sie noch einmal und sprechen Sie nach.

Video	–	Wissenschaft	November	–	verwenden
Wolle	–	Volontär	Wahrheit	–	Variante
Vase	–	Wasser			

ⓒ Sehen Sie sich noch einmal die Beispiele von Aufgabe 1 und 2 an. Können Sie eine Regel erkennen? Wann spricht man *v* wie *f*, wann spricht man *v* wie *w*?

3
LERNER-CD 9

Wie viele falsche Vasen?

Lesen Sie die Sätze und hören Sie sie anschließend.

- Wie viele wertvolle Vasen fanden die Verbrecher in dem Versteck?
- Fünfzig Euro will Valerie von ihrem Vater!
- Zu viel Fernsehen und Video führen zur Verbreitung von funktionalem Analphabetismus!
- Die Entführer wollten Fehler vermeiden.
- Wählen Sie eine der fünfundvierzig Varianten!

4
LERNER-CD 10

Durch die Nase! – *ng* und *nk*

Hören Sie den Unterschied und sprechen Sie nach.

singen	–	sinken	Enkel	–	Mängel
lang	–	schlank	Zangen	–	zanken
Kranke	–	Stange	Unken	–	Zungen

5

Diktat

Diktieren Sie Ihrer Nachbarin/Ihrem Nachbarn Teil **ⓐ** oder Teil **ⓑ** der Übung. Wer das Diktat hört und schreibt, schließt sein Buch.

ⓐ Wenn Sie den Videofilm vorbestellen wollen, wenden Sie sich an Frau Fluster. Die Enkel sehen auf den Fotos aus wie wahre Engel, aber sie haben Vaters venezianische Vase zerbrochen.

ⓑ Der Vogel war lange krank. Jetzt singt er wieder, Gott sei Dank. Wer Variation sucht, greift zur Zeitung: Vom Feuilleton bis zum Wetterbericht findet man fast alles.

LEKTION 8

Lernkontrolle: Was haben Sie in dieser Lektion gelernt?

Kreuzen Sie an.

Ich kann ...

Lesen

- ☐ ... Wortspiele in einer Werbeanzeige zum Thema *Computer* erkennen und verstehen.
- ☐ ... Hauptaussagen aus einer Glosse zur *Computersucht* entnehmen und die darin enthaltene Kritik erkennen.
- ☐ ... den in einem Zeitungsartikel berichteten Entführungsfall rekonstruieren.
- ☐ ... die Stilmerkmale verschiedener Zeitungsberichte vergleichen.

Hören

- ☐ ... komplexe Informationen aus einem Radiobeitrag zum Thema *Analphabetismus* verstehen.
- ☐ ... wesentliche Informationen in Radionachrichten verstehen und notieren.

Schreiben – Interaktion

- ☐ ... für eine Präsentation zum Thema *Mediennutzung* Notizen zu den Informationen einer Grafik machen.

Schreiben – Produktion

- ☐ ... mich in einem persönlichen Brief ausführlich zu einer deutschsprachigen Fernsehsendung äußern.
- ☐ ... für eine Kurszeitung einen Artikel zu aktuellen oder persönlichen Themen verfassen.

Sprechen – Interaktion

- ☐ ... in einer Besprechung Vorschläge zur Planung eines Internetcafés machen und mögliche Probleme benennen.
- ☐ ... auf Ideen und Einwände der Gesprächspartner eingehen.

Sprechen – Produktion

- ☐ ... die in einer Grafik zum Thema *Mediennutzung* aufgezeigten Trends mündlich präsentieren.
- ☐ ... eine deutschsprachige Zeitung/Zeitschrift nach bestimmten Kriterien vorstellen.

Wortschatz

- ☐ ... Fachausdrücke aus dem Wortfeld *Computer und Medien* anwenden.

Grammatik

- ☐ ... temporale Konnektoren und Präpositionen korrekt und variationsreich verwenden.
- ☐ ... Textpassagen in der indirekten Rede erkennen und Zitate oder Aussagen anderer Personen in indirekter Rede wiedergeben.

Sprechen Sie mit Ihrer Kursleiterin/Ihrem Kursleiter über Tipps zum Weiterlernen.

Verben

ablehnen
auslösen
beeinflussen
belasten
beschleunigen
durchatmen
entstehen
erledigen
erreichen
gefährden
genießen
gestalten
heilen
rasten
rosten
senken
sich bessern
sich bewegen
(sich) entspannen
sich ernähren
sich etwas gönnen
sich verbergen hinter + *Dat.*
strampeln
etw. umwandeln in + *Akk.*
vermeiden
verursachen
verschwinden
vorbeugen
wirken
zubereiten
jd. zwingen zu + *Dat.*

Nomen

das Argument, -e
die Atmung
der Auslöser, -
das Bedürfnis, -se
die Befriedigung
die Behandlung, -en
die Beilage, -n
die Belastung, -en

die Beschwerde, -n
die Bindung -en
der Blutdruck
das Dampfbad, ¨-er
der Discounter, -
das Eiweiß, -e
die Entspannung
die Erholung
die Ernährung
das Fertiggericht, -e
die Geborgenheit
der Genuss, ¨-e
der Geschmack
das Gesundheitsbewusstsein
das Heilverfahren, -
der Herzinfarkt, -e
die Homöopathie
das Kohlenhydrat, -e
die Lebensweise, -n
die Leistung, -en
der Mineralstoff, -e
der Reiz, -e
der Schwung
das Streben
der Stress
das Symptom, -e
der Umgang
der Verbrauchermarkt, ¨-e
der Verein, -e
die Voraussetzung, -en
der Wachzustand
die Wirkung, -en
das Wohlbefinden
die Zubereitung, -en
der Zusatz, ¨-e

Adjektive/Adverbien/Partizipien

anhaltend
ausgeglichen
ausgeprägt
ausreichend

beschleunigt
beweglich
deftig
einheimisch
enttäuscht
erreichbar
erschöpft
gesundheitsfördernd
lebenswichtig
lecker
leistungsfähig
mittelfristig
naturbelassen
stärkehaltig
(un-)auffällig
(un-)behandelt
zügig

Strukturwörter

allerdings
ausschließlich
dadurch, dass
hauptsächlich
indem
jedoch
obwohl
sämtliche
trotz
trotzdem
vor allem
während

Ausdrücke

ausgebrannt sein
eng verknüpft sein mit
den (Heiß-)Hunger stillen
die Kontrolle droht zu entgleiten
im Mittelpunkt stehen
die Pfunde purzeln lassen
Schaden anrichten
über die Runden kommen
Zeit opfern

__1__   Adjektive zum Thema „Gesund leben" → WORTSCHATZ

Sehen Sie sich im Lernwortschatz die Adjektive/Adverbien/Partizipien an.
Welche lassen sich von Nomen oder Verben ableiten und was bedeuten sie?

Wort	Nomen	Verb	Bedeutung
anhaltend		anhalten	fast immer, permanent

LEKTION 9

zu Seite 132, 3

2   Empfehlungen → **WORTSCHATZ**

Setzen Sie die Nomen in den Text ein.

Widmen Sie Ihrem Körper täglich 30 Minuten

(die) Atmung

(die) Ausdauer

(die) Bewegung

(der) Herzinfarkt

(die) Krankheiten

(der) Nutzen

(die) Qualität

(die) Übungen

(die) Voraussetzung

Regelmäßige *Bewegung* wirkt wie ein Wundermittel! Sie senkt das Risiko von ...., Krebs oder Depressionen, verlängert das Leben und verleiht ihm erst noch mehr .... Körperlich aktive Menschen erkranken halb so häufig an den erwähnten .... Dabei wissen viele nicht, dass schon Aktivitäten, die man problemlos in den Tagesablauf einbauen kann, viel für die Gesundheit bringen. Beispiele sind zügiges Gehen oder Fahrradfahren. .... für den Gesundheitseffekt ist lediglich, dass die körperliche Aktivität Puls und .... leicht beschleunigt und möglichst häufig (am besten täglich) dreimal 10 Minuten oder 30 Minuten am Stück durchgeführt wird. Wer bereits körperlich aktiv ist, kann durch gezieltes Training den .... für die Gesundheit zusätzlich verbessern.
Die .... lässt sich durch wöchentlich dreimal 20 bis 60 Minuten Jogging, Radfahren oder Ähnliches erhöhen. Kraft und Beweglichkeit lassen sich zweimal pro Woche zum Beispiel mit gezielten .... oder im Fitnesscenter steigern.

zu Seite 133, 4

3   Lebensmittel → **WORTSCHATZ**

Schreiben Sie Lebensmittel in die passende Kategorie der Ernährungspyramide. Einige Lebensmittel passen zu zwei Kategorien.

Kuchen – Kartoffeln – Tee – Butter – Fisch – Gemüse – Milchprodukte – Wurstwaren – Frittiertes – Teigwaren (Nudeln, Mehl) – Fleisch – Schokolade – Salate – frische Früchte – Wasser – Öl – Käse – Brot – Getreide (Müsli) – Reis – Eier

Kuchen, ...

Kalorienreiche Fette, Süßigkeiten

Eiweiß, Protein und Calcium

Mineralstoffe und Vitamine

Stärkehaltige Beilagen

Ungezuckerte, alkoholfreie Getränke

AB 116

LEKTION 9

zu Seite 133, 4

P 4   Verhaltensänderung → SCHREIBEN

Korrigieren Sie folgenden Brief und schreiben Sie die richtige Form an den Rand.
Wenn ein Wort falsch platziert ist, schreiben Sie das Wort an den Rand und machen Sie
ein X an die richtige Stelle im Text.

Lieber Johannes,   Düsseldorf, 27. Juni   Bsp.: *darüber*

vielen Dank für Dein tolles Geschenk. Ich habe mich sehr **über**

....

gefreut. Seitdem ich habe Dein Buch „Iss dich fit" durchgelesen,

....

hat sich mein täglich Leben in punkto Essen radikal geändert.

....

Ich versuche nun konsequent, um viel Gemüse, Salat und frische

....

Früchte zu essen. Es fällt mir überhaupt nicht schwer, an Frittiertes

....

und andere kalorienreiche Fette zu verzichten. Anders sieht es

....

bei Süßheiten und Schokolade aus. Für Kochen verwende ich

....

natürlich nur noch gesundes Öl oder Margarine. Alkoholische

....

Getränke ich konsumiere schon lange nicht mehr täglich. Vor

....

allem kann ich es inzwischen genießen, kleinere Portionen essen.

Schreibst bitte bald mal wieder!

Lieben Grüße auch an Deine Familie,

Chantal

9

zu Seite 135, 6

5   Kreuzworträtsel → SCHREIBEN

Schreiben Sie passende Begriffe zum Thema „Essen und Trinken" in das Kreuzworträtsel.

ⓐ Lebensmittel ohne künstlichen Zusatz nennt man (8); man erhält sie in Bioläden oder auf wöchentlich stattfindenden (4).

ⓑ Speisen, die man aus solchen (13) zubereitet, haben meist einen viel intensiveren (9), als wenn man aus dem Tiefkühlregal (6) kauft.

ⓒ Typisch für eine traditionelle deutsche (5) ist Fleisch mit verschiedenen (1).

ⓓ Das schmeckt sicherlich (2), enthält aber häufig viel Fett und (12).

ⓔ Vitaminhaltiger und gesünder ist es, viel frisches (14) und (10) wie Äpfel, Zitrusfrüchte, Erdbeeren oder Salate aus Tomaten, Paprika, Gurken zu essen.

ⓕ Wenn es um die (11) zum Essen geht, sagt man, dass Wasser, Tee oder – falls Alkohol – der (3) von ein bis zwei Glas Rotwein die beste (7) auf den Körper haben.

ⓖ Egal, wofür Sie sich entscheiden – wir wünschen Ihnen (15) Appetit!

16: Lösung senkrecht: Es gibt sehr unterschiedliche

....

AB 117

zu Seite 135

__6__ Bella Martha → LESEN

Formulieren Sie einige Sätze zu den Personen im Film.

Martha: *hat nur eine Leidenschaft, ...*

Lina: ....

Mario: ....

Linas Vater: ....

Videotipp

BELLA MARTHA
DEUTSCHLAND 2002

TRAGIKOMÖDIE VON SANDRA NETTELBECK

Da Männer ihr lieber körperlich nahe kommen, als mit ihr zu essen, und *Martha* lieber für sie kocht, als mit ihnen auszugehen, hat sie schon lange mit keinem mehr ihr Glück versucht. Als Chefköchin arbeitet sie sechs Tage in der Woche am Herd des französischen Restaurants „Lido". Der Kochkunst gilt ihre ganze Leidenschaft; andere Dinge haben keinen Platz in Marthas Leben. Als ihre Schwester bei einem Autounfall ums Leben kommt, übernimmt *Martha* vorübergehend die ungewohnte Rolle der Ersatzmutter für ihre achtjährige Nichte. *Lina* leidet sehr unter dem Tod der Mutter, will vor Kummer nichts essen und von *Martha* nichts wissen. Um zu verhindern, dass *Lina* in ein Heim kommt, versucht *Martha*, Linas Vater ausfindig zu machen, der, von der Existenz seiner Tochter nichts ahnend, in Italien lebt.

In der Zwischenzeit gerät Marthas zurückgezogenes Leben immer mehr aus den gewohnten Bahnen. Die Besitzerin des „Lido" stellt in Marthas Abwesenheit kurzerhand einen zweiten Chefkoch ein – den lebensfrohen Italiener *Mario*. *Martha* wittert Konkurrenz und macht *Mario* das Leben schwer. Doch mit seinem Charme und seinen Kochkünsten begeistert *Mario* schon bald nicht nur Belegschaft und Gäste – es gelingt ihm auch, Linas verloren gegangenen Appetit wieder zu wecken. Und *Martha*? Sie versteht weder etwas von italienischer Küche noch von Kindern, und nun erobern sowohl *Lina* als auch *Mario* nach und nach ihr Herz. Aber dann steht plötzlich *Linas Vater* vor der Tür – und *Martha* muss sich entscheiden, was ihr wirklich wichtig ist ...

zu Seite 136, 4

__7__ Beratungsgespräch im Reisebüro → LESEN/SPRECHEN

Setzen Sie sich zu zweit zusammen und wählen Sie eine Rolle:
Kunde/Kundin oder Berater(in).

Kunde/Kundin:

a Sie planen, einige Tage in einem „Wellnesshotel" zu verbringen. Kreuzen Sie aus der Liste 5–7 Wünsche und Ansprüche an, die Sie an diesen Aufenthalt stellen würden.

b Berichten Sie nun von Ihren Vorstellungen und lassen Sie sich anschließend ein passendes Hotel vorschlagen. Dabei können Sie auch Rückfragen stellen bzw. beantworten.

- Lage in Meernähe
- in einer Berglandschaft
- mit komfortablen Zimmern
- mit eigenem Hallenschwimmbad
- mit einer großzügigen Bade- und Saunalandschaft, Dampfbad etc.
- mit gesunder, ausgewogener Ernährung

- Kosmetik für Gesicht und Körper
- Sonnenstudio
- duftende Aromatherapien
- ärztliche/homöopathische Betreuung
- Massagen
- so richtig entspannen
- ein paar „Pfunde" verlieren

- ▨ Aerobic und Krafttraining
- ▨ Anleitung durch einen Trainer

- ▨ viel Bewegung
- ▨ Sport im Freien

Berater/in:

ⓐ Sie beraten einen Kunden/eine Kundin im Reisebüro. Sehen Sie sich die Beschreibung der beiden Hotels an. Lassen Sie sich anschließend die Wünsche Ihrer Lernpartnerin/Ihres Lernpartners berichten.

ⓑ Schlagen Sie ihr/ihm nun ein geeignetes Hotel vor und begründen Sie Ihren Vorschlag.

Hotel „Kaiser" in Tirol

Unser Hotel liegt ...

inmitten eines Waldparks am Mieminger Sonnenplateau, umgeben von Wiesen und Wäldern. Ein Bergpanorama zum Staunen. Natur pur. Grün, so weit das Auge reicht.
Winter in Tirol, das muss man erlebt haben! Geräumte Winterwanderwege, 70 km Langlaufloipen ab Hotel. Alpines Skivergnügen, Rodeln, Eislaufen am gefrorenen Badesee, Pferdekutschenfahrten.

Wir bieten Ihnen:

– ein Wohnambiente im Tiroler Stil
– liebevolle Zimmer & Suiten mit Aussicht, allem Komfort und Balkon
– das „Kaiser-Gourmet", ein variantenreiches, köstliches Buffet
– sowie die Herzlichkeit der Mitarbeiter des Kaiserteams

Wellness- und Beauty-Angebote:

Ozon-Hallenbad mit Gegenstromanlage und Massagedüsen,

Panorama-Wintergarten mit Ruheliegen, Finnische Sauna mit Lichttherapie, Kräuter-Biosauna, Soledampfbad, Erlebnisduschen, Felsen-Frischluftraum, Solarium, Aromatherapie, Kosmetikanwendungen und Massagen.

Hotel „Meerlust" an der Ostsee

Leichte, frische und gesunde Küche, Diätküche, Vollwert- und Naturküche, Nichtraucherzimmer und allergikerfreundliche Zimmer.

Beauty-Angebote:

Kosmetikstudio, Gesichtsbehandlungen, Ganzkörperbehandlungen

Sie finden unser Hotel ...

direkt am Meer, im Ostseebad Zingst, mitten im Naturschutzgebiet mit urwüchsigen Wäldern, weiten Wiesen und endlosen Wasserflächen für vielfältige Sport- und Naturerlebnisse. Ein eigener Deichaufgang führt zum kilometerlangen Sandstrand.

Wellness-Angebote:

Hallenbad mit salzhaltigem Wasser, Dampfbad, finnische Sauna, Bio-Sauna, Frischluftbad, Fitnessbereich mit diversen Sportgeräten und aktiven Sportangeboten, Anti-Stress-Massagen, Fußreflexzonenmassage und Lymphdrainage, Shiatsu, Reiki, Wassergymnastik und Strand-Walking, geführte Wanderungen und Radtouren.

zu Seite 136, 4

<u>8</u>   Lexikon → **WORTSCHATZ**

Ordnen Sie die Begriffe den Definitionen zu.

Homöopathie	Hier werden duftende Öle im Rahmen von ganzheitlichen Kosmetik- und Gesundheits-Behandlungen eingesetzt. Je nach Pflanze, aus der das Öl gewonnen wird, unterscheiden sich die Wirkungsweisen.
Bachblüten	Chinesisches Heilverfahren, bei dem bestimmte Hautabschnitte mit Metallnadeln punktiert werden. Im Rahmen der traditionellen chinesischen Medizin auch bei uns anerkannt. Wird zunehmend auch von Schulmedizinern und Homöopathen angeboten.
Reflexzonenmassage	Dr. Samuel Hahnemann prägte 1796 den Begriff für das Heilverfahren, das er mit dem Kernsatz: „Ähnliches wird mit Ähnlichem geheilt", definierte. Eine Krankheit wird geheilt, indem man ein Mittel nimmt, das bei einem gesunden Menschen die gleichen Krankheitssymptome erzeugt.
Akupunktur	Hat nichts mit Pflanzen aus der Bachflora zu tun! Der englische Mediziner Edward Bach hat die Heilkraft von Pflanzen neu entdeckt und daraus eine Behandlungsmethode entwickelt, die mittlerweile weltweit angewandt wird.
Aromatherapie	Spezielle Massage unter Berücksichtigung der Akupunkturpunkte sowie der Grundlagen fernöstlicher Medizinkenntnisse zur Entspannung, Vorbeugung und Heilung bestimmter Erkrankungen und Organe.

zu Seite 139, 5

P 9   Textzusammenfassung → **LESEN/WORTSCHATZ**

Ergänzen Sie am rechten Textrand die fehlenden Wörter.

In der heutigen Zeit gibt es zahlreiche Situationen, die Stress .... (1) *verursachen.*
Jeder von uns kennt das Gefühl, den Anforderungen des Alltags manchmal .... (2)
gewachsen zu sein und somit „gestresst" zu sein. Wissenschaftler und Psychologen .... (3)
dabei grundsätzlich zwischen negativem und positivem Stress. Negativer Stress .... (4)
akut, mittelfristig oder sogar langfristig sein. Letzterer ist besonders gefährlich, ... (5)
er oft ein unbemerkter Dauerzustand ist, der Krankheiten wie zum .... (6)
erhöhten Blutdruck zur Folge haben kann. Man sollte frühzeitig auf Warnsignale .... (7)
häufige Erschöpfung, Angst oder Unkonzentriertheit achten. Auf der anderen .... (8)
schadet uns der positive, sogenannte „Eustress" überhaupt nicht, nein, er ist sogar .... (9)
für ein zufriedenes Leben. Sei es am Arbeitsplatz oder in der Freizeit – in .... (10)
Lebensbereichen erfahren wir gelegentlich Stress. Doch ohne ihn sind .... (11)
nicht glücklich. Am besten sollte man versuchen, negativen Stress .... (12)
und in eine positive Form umzuwandeln.

LEKTION 9

zu Seite 139, 6

10 *für* oder *zu*? → GRAMMATIK

Setzen Sie *für* oder *zu* – eventuell mit Artikel – ein.

a Wir treffen uns mit Freunden .... Wandern.

b .... geplante Wanderung haben wir ausreichend Proviant eingepackt.

c Susanne sucht Partner .... Kartenspielen. .... ihr Lieblingsspiel „Schafkopf" braucht man vier Personen.

d .... manche Volkstänze tragen die Mitglieder des Kulturvereins eine spezielle Tracht. Sie kommen zweimal im Monat .... Tanzen zusammen.

e .... Finanzierung eines Luxusurlaubs sparen manche Leute oft jahrelang. Auch teure Hobbys können ein Problem .... Privatfinanzen sein.

zu Seite 139, 6

11 Wozu braucht man/soll man ...? → GRAMMATIK

Antworten Sie in Sätzen mit *um ... zu* oder *damit* oder *zu + Dat.* bzw. *für + Akk.*

> **... Vitamine?** *Man braucht Vitamine, um gesund zu bleiben.*
> *... zur Stärkung des Immunsystems.*
>
> **... ein Fitnesscenter?**
> **... Urlaubsreisen?**
> **... sich gesund ernähren?** *Man soll sich gesund ernähren, ...*

zu Seite 139, 6

12 Nebensätze und nominale Wendungen → GRAMMATIK

Formen Sie die Sätze um.

a Um korrekt atmen zu lernen, sollte man bestimmte Übungen machen.
Zum Erlernen einer korrekten Atmung sollte man bestimmte Übungen machen.

b Zur Vermeidung von zu viel Stress sollte man Musik hören oder spazieren gehen.
....

c Für einen gesunden und schönen Körper muss man aktiv etwas tun.
....

d Um seine physische Leistungskraft zu steigern, muss man regelmäßig Sport treiben.
....

e Zur Vorbeugung gegen Krankheiten ist es empfehlenswert, sich ausgewogen zu ernähren.
....

zu Seite 139, 6

__13__ Wie kann man …? → GRAMMATIK

Antworten Sie mit verschiedenen grammatischen Strukturen.

Frage	Antwort
a ein besseres Körpergefühl bekommen?	*Indem man sich regelmäßig bewegt.* *Dadurch, dass man anfängt zu tanzen.* *Durch gezielte Übungen.*
b ein paar Kilo abnehmen?	
c nervende Gesprächspartner loswerden?	
d andere Menschen glücklich machen?	
e ein ausgeglichener Mensch werden?	
f Partner für sportliche Aktivitäten finden?	

zu Seite 139, 6

__14__ Konnektoren und Präpositionen → GRAMMATIK

Verbinden Sie jeweils zwei Sätze mit den Wörtern in Klammern.

a Ein Teil der Bevölkerung lebt heutzutage sehr gesundheitsbewusst. Die Menschen wollen nicht mehr unsportlich sein und sich falsch ernähren. *(anstatt … zu)*

Anstatt *unsportlich* **zu** *sein und sich falsch* **zu** *ernähren, lebt ein Teil der Bevölkerung heutzutage sehr gesundheitsbewusst.*

b Wir müssen nicht mehr so lange arbeiten wie die Menschen früher. Wir sind häufig durch die Arbeit gestresst. *(obwohl, trotzdem)*

c Manche Menschen sind im Urlaub gerne faul und lassen sich verwöhnen. Andere suchen extreme Abenteuer. *(während)*

d Herr Meuer sollte sofort mit dem Rauchen aufhören. Er raucht immer mehr. *(anstatt … zu)*

e Karla bereitet sich auf ihr Tennismatch vor. Sie trainiert täglich 2 bis 3 Stunden. *(indem)*

f Benni hat das Rauchen aufgegeben. Jetzt isst er ständig Gummibärchen. *(stattdessen)*

g Das Fitnessstudio ist für Amelie zu teuer. Sie geht regelmäßig joggen. *(stattdessen)*

zu Seite 139, 6

15 Offene Sätze → GRAMMATIK

Ergänzen Sie den zweiten Satzteil.

ⓐ Ich esse (manchmal/nie) Fast Food, *obwohl* ...
ⓑ *Anstatt* mir eine Pause *zu* gönnen, ...
ⓒ *Während* meine Mutter traditionelle österreichische Küche liebt, ...
ⓓ Man kann sich einen freien Tag angenehm gestalten, *indem* ...
ⓔ Frau Sembach kauft nur in teuren Bioläden ein, *ohne* ... *(zu)*

zu Seite 141, 4

16 Notizen machen → LERNTECHNIK

Machen Sie Notizen zu einem Referat, das ein anderer Kursteilnehmer/
eine andere Kursteilnehmerin über das Thema „Sport treiben und
Sportvereine" mündlich vorträgt. Schreiben Sie wichtige Inhaltspunkte
und Argumente mit.

- Sportart
- Partner
- Welche Bedeutung hat Sport in seiner/ihrer Gesellschaft
- Funktion des Sportvereins
- Andere Organisationen in seinem/ihrem Heimatland

Geben Sie nun eine ausführliche Rückmeldung. Sagen Sie dabei,
welche Informationen für Sie besonders interessant, neu oder überra-
schend waren. Stellen Sie am Ende noch ein bis zwei Fragen
an die Referentin/den Referenten.

Du hast berichtet, dass ...
Das fand ich sehr interessant. Bei uns ist das nämlich ...
Wie ist es denn bei euch mit ...?

zu Seite 141, 4

17 Textlücken erschließen → LERNTECHNIK

Es kommt vor, dass man nicht jedes Wort eines gesprochenen Textes
genau gehört hat. Man muss dann versuchen, die „fehlenden" Wörter
logisch zu erschließen. Das gelingt, wenn man den Kontext erkennt,
d.h. wenn man sich den Inhalt der vorangehenden bzw. nachfolgenden
Informationen klarmacht.

Ergänzen Sie die Lücken in den folgenden Sätzen.

ⓐ Der wochenlange Regen und der graue Himmel! Langsam bekomme
ich wirklich schlechte ....!
ⓑ Sabine war immer sehr fleißig in der Schule; deshalb hat sie auch nur
gute ....
ⓒ Würdest du mir bitte mal helfen, die schwere Kiste in den fünften
Stock zu ....? Es gibt hier leider keinen ....
ⓓ Ich leihe dir das Buch gerne, aber ich bitte dich, es mir in drei Wochen
....

zu Seite 141, 4

 18 Bewegung als Heilmittel → **LESEN**

Lesen Sie den Text unten. Sind folgende Textaussagen richtig (= r) oder falsch (= f)? Kreuzen Sie an.

		r	f
a	Ein herzkranker Mann brachte sich durch zu viel Sport selbst um.	☐	☐
b	Sportliche Betätigung hilft, seelische und körperliche Leiden zu heilen.	☐	☐
c	Bei manchen verstärkten sich allerdings durch intensiven Sport die Schmerzen.	☐	☐
d	Menschen, die unter krankhaften Ängsten litten, erhielten entweder Medikamente oder mussten 3–4 Mal pro Woche joggen, was beides zu einem positiven Ergebnis führte.	☐	☐
e	Bei der Behandlung von Depressionen hat Sport eine weniger positive Wirkung gezeigt.	☐	☐

Bewegung als Heilmittel

Ein aufgrund seiner Herzkrankheit tief verzweifelter Mann wollte sich umbringen, schreckte aber wegen seiner Familie davor zurück. Er verfiel auf die Idee, so viel Sport zu treiben, bis sein krankes Herz versagen würde. Zu seiner Überraschung überlebte er diesen Suizidversuch nicht nur – es ging ihm zunehmend besser.

Können körperliche Aktivitäten wirklich psychische Probleme kurieren, wie es die Fallgeschichte eines Sportmediziners nahelegt? Viele Forscherbefunde internationaler Studien belegen tatsächlich, dass Sport bei psychischen Erkrankungen hilft. Beispielsweise empfehlen zwei kanadische Mediziner nach der Analyse zahlreicher Studien körperliche Betätigung als „effektive und preisgünstige Behandlungsstrategie" bei praktisch allen psychischen und psychosomatischen Krankheiten.

Die bisher eindrucksvollsten Belege für die heilende Kraft des Sports liegen für Depressionen vor. „Bei milden bis mittelstarken Depressionen hat sich körperliches Training in keiner kont-rollierten Studie als wirkungslos erwiesen", resümieren die beiden Ärzte, „egal ob als Hauptbehandlung oder als begleitende Maßnahme." Beim „Berliner Sporttherapieprogramm" beispielsweise ließ man depressive Patienten ein Vierteljahr lang Sport treiben – zwei- bis dreimal wöchentlich joggen, Gymnastik oder Mannschaftssport. Danach zeigte sich fast jeder zweite Depressive ganz im Gegensatz zu den Mitgliedern einer nichtsportlichen Kontrollgruppe beschwerdefrei – der Zustand eines weiteren Viertels hatte sich deutlich gebessert.

Untersuchungen zeigen zudem, dass Sport auch gegen Ängste hilft. So behandelten Mediziner der Psychiatrischen Universitätsklinik in Göttingen Patienten mit mittelschweren oder schweren Panikstörungen entweder zehn Wochen lang mit Medikamenten oder einem alle zwei Tage stattfindenden Lauftraining von bis zu einer Stunde Dauer – beide therapeutischen Maßnahmen besserten die Angstzustände.

Klinische Erfahrungen zeigen schon länger, dass sich Sport auch bei Therapieprogrammen für Schmerzpatienten bewährt hat. Wie britische Mediziner herausfanden, wirkt Sport sogar als alleiniges Therapeutikum gegen Rückenschmerzen: Noch ein Jahr später litten die zum Sport Eingeteilten weniger unter Schmerzen und hatten in den zwölf Monaten deutlich weniger bei der Arbeit gefehlt als die Untätigen.

zu Seite 141, 4

 19 Wortfelder erarbeiten → **LERNTECHNIK**

Suchen Sie passende Oberbegriffe oder Unterbegriffe aus dem Text.

Oberbegriff	körperliche Beschwerden	...	...
Unterbegriffe	...	*Suizidversuch* *Depressionen* ...	*Gymnastik* *Lauftraining* *Medikamente*

1
LERNER-CD 11

Volksweisheit

Welche Wörter fehlen hier wohl? Hören und ergänzen Sie.

Vögel, die nicht .... ,

Glocken, die nicht .... ,

Pferde, die nicht .... ,

Pistolen, die nicht krachen,

Kinder, die nicht .... ,

was sind das für Sachen?

2
LERNER-CD 12

Durch die Nase! – *ng* und *nk*

Hören Sie den Unterschied und sprechen Sie nach.

singen	–	sinken
lang	–	schlank
Kranke	–	Stange
Enkel	–	Mängel
Zangen	–	zanken
Unken	–	Zungen

3
LERNER-CD 13

Markieren Sie. Welches Wort haben Sie gehört?

Bank	–	Bang
sang	–	sank
Enkel	–	Engel
schlanke	–	Schlange
zanken	–	Zangen
bedankt	–	belangt

4

Nomen auf *–ung*

Ergänzen Sie den Plural und sprechen Sie.

- Behandl-
- Belast-
- Leist-
- Bind-
- Voraussetz-
- Spann-

5

Diktat

Diktieren Sie Ihrer Nachbarin/Ihrem Nachbarn Teil **a** oder Teil **b** der Übung.

a Marias Enkel sehen auf den Fotos aus wie kleine Engel.
Die schlanke Angela hat mich angelacht!
Lange Zeit dachten wir, die Banken bieten die besten Geldanlagen.

b Die Trapezkünstlerin schwankte mit ihrer langen Stange am Hochseil
entlang.
Mir wurde dabei ganz angst und bange!
Man munkelt von allen Seiten, dass Martin seine Zunge gepierct habe!

LEKTION 9

Lernkontrolle: Was haben Sie in dieser Lektion gelernt?

Kreuzen Sie an.

Ich kann ...

Lesen

☐ ... Vermutungen über Fotos und Sachtexte zur Thematik *Ernährung* anstellen und diese durch die Lektüre des Textes überprüfen.

☐ ... den Sachtexten wichtige Informationen entnehmen.

☐ ... bestimmte Inhaltspunkte in einer Reportage wiederfinden und mit ihrer Hilfe den Inhalt des Textes zusammenfassen.

Hören

☐ ... die angesprochenen Hauptaspekte in einem Rundfunkinterview zum Thema *Wellness* rekonstruieren.

☐ ... komplexe Informationen sowie wichtige Einzelheiten dieses Interviews wiedergeben.

Schreiben – Produktion

☐ ... Informationen aus einer Grafik zum Thema *sportliche Aktivitäten* schriftlich zusammenfassen.

☐ ... in einem Referat die Bedeutung von Sport und Sportvereinen in Deutschland und meinem Heimatland vergleichen.

☐ ... meine Meinung dazu zum Ausdruck bringen.

Sprechen – Interaktion

☐ ... mich im Gespräch über meine Vorlieben bezüglich eines gesunden Lebensstils austauschen.

☐ ... mich mit meinen Gesprächspartnern im Kurs über Lernziele und Schwierigkeiten im mündlichen Ausdruck austauschen.

Sprechen – Produktion

☐ ... ein Bild genau beschreiben und interpretieren.

☐ ... einen Lesetext mündlich zusammenfassen.

☐ ... meine Defizite im mündlichen Ausdruck anhand einer Tonaufnahme erkennen und diese Defizite bearbeiten.

Wortschatz

☐ ... allgemein verständliche Fachausdrücke zur Beschreibung von *gesunder* und *ungesunder Ernährung* verwenden.

☐ ... Elemente für eine gesunde Lebensführung präzise beschreiben.

Grammatik

☐ ... komplexe Sätze mit finalen, adversativen, konzessiven und modalen Konnektoren und Präpositionen bilden.

☐ ... durch die Verwendung von Konnektoren längere komplexe Texte erstellen.

Sprechen Sie mit Ihrer Kursleiterin/Ihrem Kursleiter über Tipps zum Weiterlernen.

Verben

abrechnen
abschaffen
eilen
einbauen
einbiegen
einsetzen
sich erhöhen
gleiten
hüpfen
klettern
krabbeln
liefern
nachrüsten
orten
rudern
rutschen
schlendern
segeln
senken um + *Akk.*
sich vermehren
sinken von + *Dat.* um/auf + *Akk.*
stagnieren
steigen von + *Dat.* um/auf + *Akk.*
steigern von + *Dat.* um/auf + *Akk.*
übertreffen
(sich) verdoppeln
versinken
(sich) verzögern
wahrnehmen
zunehmen von + *Dat.* um/auf
+ *Akk.*

Nomen

der Abnehmer, -
der Absatz, ̈-e

der Anfahrtsweg, -e
der Anstieg
der Antrieb
der Aufschwung, ̈-e
die Ausstattung, -en
der Beifahrer, -
die Beifahrerin, -nen
die Beruhigung
das Blech, -e
der Einbruch, ̈-e
die Einbuße, -n
der Einzelhandel
die Entfremdung
das Exemplar, -e
die Fernbeziehung, -en
die Flaute, -n
die Fortbewegung
der Führerschein, -e
die Funktionsweise, -n
die Geschwindigkeit, -en
das Gewissen
der Gütertransport, -e
der Hersteller, -
der Individualverkehr
der Käfer, -
das Kickboard, -s (der Roller, -)
der Kofferraum, ̈-e
der Massenverkehr
der Mittelklassewagen, -
die Mobilität
die Nachfrage, –n
der Naturschutz
das Navigationssystem, -e
der Pendler, -/die Pendlerin, -nen
die Reichweite, -n
das Schaubild, -er
die Schwebebahn, -en
die Spur, -en

der Traktor, -en
das Transportmittel, -
der Umsatz, ̈-e
die Umwelt
der Van, -s
der Verbrauch
der Verbraucher, -
das Wachstum
der Warenaustausch
die Wartung
der Weltraum
der Zuwachs

Adjektive/Adverbien

beliebt
digital
gehoben
gespalten
hervorragend
innerdeutsch
mobil
nachträglich
preisgünstig
raffiniert
überflüssig
unendlich

Ausdrücke

Aufmerksamkeit erregen
einen Fuß vor den anderen setzen
einen Rekord einstellen
in Sicht sein
Schaden anrichten
über den eigenen Schatten springen
zu etwas Stellung nehmen

__1__ **Wortfelder** *Mobilität, Wirtschaft* → WORTSCHATZ

Ordnen Sie die Verben und Nomen zu.

Mobilität		Wirtschaft	
Verben	**Nomen**	**Verben**	**Nomen**
einbiegen		*abrechnen*	
	der Antrieb		*der Abnehmer*

Zu welchen Verben finden Sie ein passendes Nomen? (z.B. *abrechnen – die Abrechnung*)
Zu welchem Nomen ein passendes Verb (z.B. *der Antrieb – antreiben*)?

LEKTION 10

zu Seite 145, 9

__2__   Passiv → GRAMMATIK

Formulieren Sie folgende Sätze ins Passiv um.

a Eine bekannte Firma bietet jetzt ein ganz besonderes Auto an.

> **a** *Von einer bekannten Firma wird jetzt ein ganz besonderes Auto angeboten.*

b Den neuen Typ produziert man bereits serienmäßig.

c Er kann verschiedene Funktionen gleichzeitig ausführen.

d Während der Bordcomputer den Fahrer über einen Lautsprecher zum Ziel bringt, serviert der eingebaute Roboter einen alkoholfreien Cocktail.

e Außerdem zeigt man den Insassen auf Wunsch jeden beliebigen Film.

f Diese Extraleistungen muss man allerdings noch sehr teuer bezahlen.

g Alles in allem liefert man die Luxuslimousine für über 50 000 Euro aus.

zu Seite 145, 9

__3__   Passivformen → GRAMMATIK

Welche der Formen in der rechten Spalte braucht man, um einen korrekten Passivsatz zu bilden? Streichen Sie alle nicht passenden Formen.

Der VW-Käfer – ein Dauerbrenner!

a Der VW-Käfer ist weltweit bekannt und viele Menschen wissen sogar, dass dieses Modell von Ferdinand Porsche

~~entwickeln~~	worden	ist.
entwickelt	~~werden~~	~~wäre.~~
~~zu entwickelt~~	~~geworden~~	~~zu sein.~~

b Sogar die Bezeichnung *Käfer*, eine Anspielung auf das käferförmige Aussehen des Wagens, ist in viele Sprachen

übersetzt	wurde.
übersetzen	geworden.
übergesetzt	worden.

c Dieses Auto war so beliebt, dass Ende der 60er-Jahre jährlich circa 1 000 000 Exemplare

verkauft	worden	sein.
zu verkaufen	werden	war.
verkaufen	geworden	konnten.

d Doch Ende der 70er-Jahre musste die Produktion in Europa

einzustellen	werden.
einstellen	wurden.
eingestellt	worden.

e Über 30 Jahre lang ist der „alte" VW-Käfer noch in Mexiko

herzustellen	geworden.
hergestellt	worden.

f Weil die Technik des Käfers inzwischen veraltet war, hat man ein neues Modell, den sogenannten „Beetle" entwickelt, der seit 1998

anbieten	worden	ist.
angeboten	werden	soll.
	wird.	

g VW gab bekannt, dass über die Hälfte der jährlich produzierten Exemplare in den USA

abzusetzen	worden.
absetzen	wird.
abgesetzt	wurden.

AB 128

LEKTION 10

zu Seite 145, 9

__4__ Vorgangs- oder Zustandspassiv? → GRAMMATIK

Setzen Sie die passenden Formen der Verben *werden* oder *sein* ein.

a Seit wann *ist* der Wagen eigentlich repariert? Ich wusste gar nicht, dass er in die Werkstatt gebracht *worden ist*.

b Das ist heute Morgen gemacht .... Weißt du, dass auch der linke Scheinwerfer eingedrückt war? Der musste ausgetauscht .... Der Spaß kostet uns 300 €!

c .... die Rechnung schon bezahlt oder muss das Geld noch überwiesen .... ?

d Das .... natürlich alles schon erledigt. Der Wagen .... erst übergeben, wenn das Finanzielle geregelt ....

e Vielleicht sollten wir unseren Wagen jetzt verkaufen! An welchem Wochentag .... denn Autos in der Zeitung inseriert?

f Ich glaube mittwochs und samstags. Jetzt ist Dienstagnachmittag. Da .... die Anzeigenannahme für morgen schon geschlossen. Aber am Wochenende .... die Zeitung sowieso von mehr Leuten gelesen.

zu Seite 145, 9

__5__ Aus Aktiv- werden Passivsätze → GRAMMATIK

Ersetzen Sie die fett gedruckten Ausdrücke durch ein Zustandspassiv.

ausrüsten – verkaufen – herabsetzen – verarbeiten – planen – einbauen

a Die Preise für den neuen Autotyp **sind** deutlich **niedriger**.
Die Preise für den neuen Autotyp sind deutlich herabgesetzt.

b Einige Modelle **haben** schon einen elektronischen Beifahrer.

c Außerdem hat man bei der Innenausstattung **auf eine bessere Verarbeitung geachtet**.

d Bei allen Modellen **gibt es** eine Diebstahlsicherung.

e Die ersten 10 000 Stück **sind** schon **weg**.

f In den nächsten Jahren **will** der Konzern ein Öko-Auto **entwickeln**.

zu Seite 146, 2

__6__ Individualverkehr → WORTSCHATZ

Ordnen Sie den abgebildeten Verkehrsmitteln folgende Begriffe zu.
Manche passen auch zu beiden.

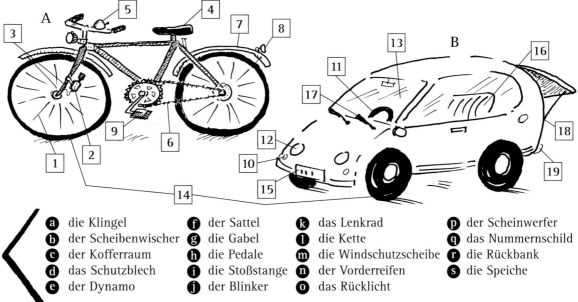

a die Klingel   **f** der Sattel   **k** das Lenkrad   **p** der Scheinwerfer
b der Scheibenwischer **g** die Gabel   **l** die Kette   **q** das Nummernschild
c der Kofferraum   **h** die Pedale   **m** die Windschutzscheibe   **r** die Rückbank
d das Schutzblech **i** die Stoßstange   **n** der Vorderreifen   **s** die Speiche
e der Dynamo   **j** der Blinker   **o** das Rücklicht

LEKTION 10

zu Seite 146, 2

7 Ein Fahrzeug benutzen → WORTSCHATZ

a Ordnen Sie die folgenden Tätigkeiten den vier „Fahrzeugen" zu.
Achten Sie auch auf die richtige Reihenfolge: Was müssen Sie zuerst tun,
um das „Fahrzeug" zu benutzen, was dann?

Tätigkeiten: den ersten Gang einlegen – bremsen – aufsteigen –
sich anschnallen – in die Pedale treten - schalten - einsteigen - in den
Rückspiegel schauen – den Ständer einklappen – Handschuhe anziehen –
den Zündschlüssel umdrehen – die Kupplung langsam kommen lassen –
die Schuhe anziehen – Knieschoner anlegen – die Kupplung treten –
Gas geben – die Schnallen einstellen – einen Helm aufsetzen –
den Blinker betätigen – einen ebenen Weg aussuchen – in höhere
Gänge schalten – das Schloss öffnen und abnehmen – das Gleichgewicht
halten – gleichmäßige Schritte machen – Hindernisse umfahren

Fahrrad	Auto	Motorrad	Rollschuhe
	einsteigen		*die Schuhe anziehen*

b Erklären Sie mithilfe der Stichwörter, wie Sie eins der „Fahrzeuge"
benutzen. Beginnen Sie so:
Wenn ich Fahrrad fahren will, muss ich zunächst ... Anschließend ...

zu Seite 148, 5

8 Alternative Formen zum Passiv → GRAMMATIK

Setzen Sie folgende Sätze ins Passiv und in die möglichen alternativen
Formen.
Beispiel:
Man kann den Spareffekt am Benzinverbrauch ablesen.
Der Spareffekt <u>kann</u> am Benzinverbrauch <u>abgelesen werden</u>.
Der Spareffekt <u>lässt sich</u> am Benzinverbrauch <u>ablesen</u>.
Der Spareffekt <u>ist</u> am Benzinverbrauch <u>abzulesen</u>.
Der Spareffekt <u>ist</u> am Benzinverbrauch <u>ablesbar</u>.

a Einige neue Entwicklungen kann man kaum bezahlen.
b Die Vielzahl der Produkte kann man nicht überschauen.
c Manche Erfindungen kann man nicht realisieren.
d Viele neue Modelle kann man besonders gut im Ausland verkaufen.

zu Seite 148, 5

9 Wortbildung: Adjektiv mit *-lich* oder *-bar*? → WORTSCHATZ

Finden Sie das passende Adjektiv.

a Zucker kann in Wasser gelöst werden. *Zucker ist in Wasser löslich.*
b Das Verschwinden der Papiere lässt sich nicht erklären.
c Die Regel kann man nicht auf alles anwenden.
d Sein Verhalten ist nicht zu verzeihen.
e Der Pullover kann in der Maschine gewaschen werden.
f Die Hitze in diesem Raum kann man nicht ertragen.
g Dieser Stift kann nicht nachgefüllt werden.
h Kann man den Text an der Tafel auch in der letzten Reihe sehen?
i Die Mathematikaufgabe ist nicht zu lösen.
j Jeder Mensch kann ersetzt werden.

LEKTION 10

zu Seite 148, 5

10 *müssen* oder *können?* → GRAMMATIK

Formen Sie die Konstruktionen mit *sein + zu + Infinitiv* in Passivkonstruktionen um. Heißt es dabei *kann gemacht werden* oder *muss
gemacht werden?* Entscheiden Sie aufgrund des Kontextes.
Beispiele: Die Aufgabe ist nicht zu lösen.
     Die Aufgabe <u>kann</u> nicht gelöst werden.
     Die Hausaufgabe ist bis Montag zu machen.
     Die Hausaufgabe <u>muss</u> bis Montag gemacht werden.

a Der Antrag ist vollständig auszufüllen. Sonst erhält man
keine Unterstützung.

b Die Führerscheinprüfung ist leicht zu bestehen.

c Die Verkehrsregeln sind genau zu beachten.

d Das Obst ist schnellstens zu essen. Sonst verdirbt es.

e Die Mikrowelle ist recht praktisch, denn darin ist das Essen
schnell aufzuwärmen.

f Dafür sind allerdings nur Teller ohne Metallrand zu verwenden.

zu Seite 149, 2

11 Statistik → WORTSCHATZ

Setzen Sie passende Verben ein.

(an)steigen – abnehmen – senken – steigern – zurückgehen – erhöhen –
reduzieren

a Im vergangenen Jahr hatte das Unternehmen große Verluste. Die Zahl
der verkauften Computer .... um 10 000 Stück auf 120 000 ....

b Daraufhin beschloss die Unternehmensführung, die Produktion für
dieses Jahr um 5% zu ....

c Die Konkurrenz dagegen hatte ein Verkaufsplus von 8% zu verzeichnen.
Wahrscheinlich wird sie auch in diesem Jahr die Verkaufszahlen weiter
....

d Wenn der Umsatz einer Firma sprungartig (+) .... oder (-)
........................., sollte man nicht gleich die Zahl der Mitarbeiter
.... bzw. ....

zu Seite 149, 2

12 Wortbildung: Nomen aus Verben → WORTSCHATZ

Welche Nomen kann man aus den Verben bilden?
Manchmal gibt es zwei oder drei Möglichkeiten.

produzieren   *die Produktion, der Produzent, das Produkt*
ergeben
abnehmen
verkaufen
steigern
herstellen
anbieten
nachfragen
wachsen
entwickeln
bestellen
einbrechen

LEKTION 10

zu Seite 149

<u>13</u>   Lola rennt → LESEN

LOLA RENNT
DEUTSCHLAND 1998
EIN FILM VON TOM TYKWER, 79 MINUTEN

ⓐ Inhalt

Ordnen Sie den Satzteilen in der linken Spalte die passenden Satzteile rechts zu, sodass sich ein zusammenhängender Text ergibt.

1	Lola will ihren Freund Manni,	sonst ist er erledigt. In Panik ruft er Lola an.
2	Manni hat eine Plastiktüte mit 100.000 Mark aus den Autogeschäften in der U-Bahn liegen lassen,	Ersatz für das verlorene Geld aufzutreiben und rechtzeitig bei ihm zu sein. Sie stürzt los – durch die Straßen Berlins ...
3	In 20 Minuten muss Manni das Geld bei seinem Boss abliefern,	der für eine Autodealerbande arbeitet, aus einer verzweifelten Lage retten.
4	Lola verspricht ihm,	als er vor Fahrscheinkontrolleuren Reißaus nahm. Ein Penner griff sich die Tüte und verschwand.

ⓑ Filmkritik

Wie bewerten Filmkritiker folgende Aspekte?

Aspekt	eher positiv	eher negativ
Handlung/Bedeutung		
Hauptdarsteller		
Tempo		
Filmmusik		

1   Mit einem aktuellen Soundtrack, einer aufregend ungewöhnlichen Visualität und dem Tempo der Großstadt feiert „Lola rennt" den Triumph einer Liebe, die das atemberaubende Lebensgefühl der Spätneunzigerjahre widerspiegelt.

2   Unter Einsatz unterschiedlichster formaler Mittel erzeugt der Regisseur überaus geschickt einen stakkatoartigen Rhythmus, der den Zuschauer mitreißt.

3   Die Ansätze zu einer Vertiefung des brillanten visuellen Feuerwerks in Richtung Reflexion über Zeit und Zufall überzeugen nicht völlig, da die Geschichte in ihren Dimensionen eng begrenzt und zu wenig übertragbar ist. Bei so viel Ballast geht dem Film schnell die Luft aus.

4   Richtig fit sind nur die Hauptdarsteller Moritz Bleibtreu und die dauerhafte Franka Potente. Irrwitziger und einfallsreicher Genremix mit einer herausragenden Hauptdarstellerin.

LEKTION 10

zu Seite 150, 2

__14__   Informationen zum Beratungsgespräch → SPRECHEN

Wie funktioniert STATTAUTO?

STATTAUTO ist eine Carsharing-Organisation, die einen Fuhrpark (Miniklasse, Kleinwagen, Kombifahrzeuge, Kleinbusse) für ihre Mitglieder unterhält. STATTAUTO organisiert die Fahrzeugverteilung an verschiedenen Stationen im Stadtgebiet und ist zuständig für Wartung, Pflege und Reparatur der Fahrzeuge.

STATTAUTO-Mitglieder können jederzeit per Telefon oder per Internet einen Wagen buchen. Nach unserer bisherigen Erfahrung steht in über 90% aller Fälle ein Auto zur Verfügung.

Zu Fahrtbeginn entnehmen die Mitglieder den Autoschlüssel dem Fahrzeugschlüsseltresor, der sich an jeder Station befindet. Getankt wird bargeldlos mit einer Tankkarte auf Kosten von STATTAUTO. Am Fahrtende wird das Auto zur Station zurückgebracht und ein kurzer Fahrtbericht ausgefüllt, auf dessen Grundlage abgerechnet wird.

STATTAUTO-Mitglieder können auch Fahrzeuge von Carsharing-Organisationen aus circa 300 anderen Städten in Deutschland und aus circa 300 in einigen anderen europäischen Ländern buchen.

So viel kostet das eigene AUTO

Der Kostenvergleich zwischen STATTAUTO und einem Privatauto ist interessant. Die Nutzungskosten liegen für STATTAUTO-Mitglieder bei circa € 0,28 pro Kilometer (inklusive Benzin, Steuern, Versicherung etc.) für einen Kleinwagen. Wer auf ähnlich günstige Kosten für sein Privatauto kommen will, muss mindestens 15 000 km im Jahr mit dem Auto fahren. Wenn man z.B. für einen Opel Corsa alle Fixkosten und variablen Kosten berechnet, kommt man auf folgende Kosten pro Kilometer Autofahrt:

km/Jahr	5.000	10.000	15.000	20.000
€/km	0,74	0,43	0,33	0,28

STATTAUTO rentiert sich also schon aus Kostengründen insbesondere für „Wenigfahrer", aber auch für Autofahrer mit durchschnittlicher Jahreskilometerleistung (12 000 km).

So viel kostet STATTAUTO

Wer bei STATTAUTO Mitglied werden will, zahlt eine Kaution von € 500,- (wird bei Austritt zurückgezahlt), eine Aufnahmegebühr von € 50,- und einen monatlichen Beitrag von € 7,-. Die Nutzungskosten bei STATTAUTO berechnen sich aus den Kosten für die gebuchte Zeit (Zeittarif) und den Kosten für die gefahrenen Kilometer (km-Tarif). Hier z.B. die Kosten für einen Kleinwagen (inklusive Benzin, Steuern, Versicherung etc.)

Jede angefangene Stunde	8–24 Uhr € 2,-
	0–8 Uhr gratis
Tagespauschale (24 Std.)	€ 20,-
Wochenpauschale	€ 120,-

Zusätzlich für jeden Kilometer € 0,20

STATTAUTO-Fahrzeuge können stunden-, tage- oder wochenweise gebucht werden. Hier einige Beispiele:

Fahrstrecke	Zeittarif	km-Tarif	Summe
München-Eching (3 Std./50 km)	€ 6,-	€ 10,-	€ 16,-
München-Innsbruck (2 Tage/250 km)	€ 40,-	€ 50,-	€ 90,-
München-Osttirol (1 Woche/600 km)	€ 120,-	€ 120,-	€ 240,-

Die Vorteile von STATTAUTO

- Die Mitglieder genießen die Vorteile eines Autos, ohne eines besitzen zu müssen und ohne einen Verlust an Mobilität zu verspüren.

- STATTAUTO-Mitglieder fahren kostengünstiger. Die finanziellen Belastungen sind kalkulierbarer. Um Wartung, Reparatur, Versicherung usw. der Fahrzeuge brauchen Sie sich nicht mehr zu kümmern.

- Es stehen verschiedene Fahrzeugtypen zur Auswahl.

- Eine STATTAUTO-Mitgliedschaft fördert umweltbewussteres Verhalten. STATTAUTO-Mitglieder bevorzugen öffentliche Verkehrsmittel, fahren mit dem Fahrrad oder gehen zu Fuß. Sie fahren dann Auto, wenn es notwendig oder zweckmäßig ist.

10

LEKTION 10

zu Seite 151, 3

15 Verben der Fortbewegung → GRAMMATIK

Setzen Sie die Verben in den Text ein.

> rasen – hüpfen – klettern – rennen – ausrutschen – schlendern –
> schweben – einen Fuß vor den anderen setzen – kriechen – gleiten

a Wenn jemand vor Glück alles um sich herum vergisst, sagt man:
Der _schwebt_ im siebten Himmel.

b Elsa hat sich beim Tennisspielen am linken Fuß verletzt. Jetzt kann sie
nicht mehr auftreten und muss auf dem rechten Bein ....

c Als das Tauwetter anfing und der Regen auf der Straße fror, sind alle
furchtbar ....

d Einige hatten Angst davor hinzufallen und .... auf
allen vieren auf dem Boden.

e Hier ist keine Öffnung im Zaun, wir können nur hinüber-
....

f Das Geschäft schließt in fünf Minuten. Wenn du noch was einkaufen
willst, musst du aber ....

g Wir .... ganz gemütlich durch die Innenstadt, als
plötzlich ein Polizeiwagen mit Blaulicht auf uns zu................................. .

h Hubert kam sehr spät nach Hause und wollte nicht, dass seine Frau
ihn hört. Vorsichtig öffnete er die Tür und leise .... er
....

i Wer gut Schlittschuh laufen kann, ... elegant übers Eis.

zu Seite 155, 5

16 Relativsätze → GRAMMATIK

Formen Sie die Partizipialkonstruktionen in Relativsätze um.

Partizip	Relativsatz
– eine lang überlegte Entscheidung	_eine Entscheidung, die lang überlegt wurde_
– die befragten Personen	
– der lockende, hohe Verdienst	
– die durchdachte Organisation	
– das eine Wochenendbeziehung führende Karrierepaar	
– die auf Kinder verzichtende Pendlerin	
– die betroffenen Familien	

AB 134

LEKTION 10

zu Seite 155, 5

17 Wie lautet das Partizip? → GRAMMATIK

Bilden Sie aus den Relativsätzen Partizipialkonstruktionen.

a Waren, die neu produziert wurden   = *neu produzierte Waren*
b Preise, die steigen   =
c die Qualität, die nachlässt   =
d ein Kunde, der meckert   =
e Ware, die man zurückgegeben hat   =
f das Geld, das kassiert wurde   =
g ein Problem, das nicht gelöst wurde   =
h Geschäftspartner, die streiten   =

zu Seite 155, 5

18 Partizip I oder II? → GRAMMATIK

Verbinden Sie die Nomen und Verben zu einer sinnvollen
Partizipialkonstruktion.

Nomen	Verb	Partizip I	Partizip II
der Familienvater	pendeln	*der pendelnde Familienvater*	
die Beziehung	belasten		
die Unruhe	wachsen		
das Vertrauen	verlieren		
die Personen	befragen		
die Autofahrt	anstrengen		
die Hausarbeit	lieben		
die Lösung	vorschlagen		
die Alternative	passen		

10

zu Seite 155, 5

19 Partizipialkonstruktionen und Relativsätze → GRAMMATIK

Formen Sie die Sätze um.
Beispiele:
Seit Kurzem gibt es eine Erfindung, die alles verändert.
Seit Kurzem gibt es eine alles verändernde Erfindung.
Ein Ingenieur hatte eines Tages eine überzeugende Idee.
Ein Ingenieur hatte eines Tages eine Idee, die überzeugte.

a Er dachte darüber nach, wie man mit Beruf und Familie belasteten
Frauen das Leben erleichtern könnte.
b So erfand er ein Gerät, das den Tagesablauf organisiert.
c Denn Zeit, die sinnvoll und effektiv genutzt wird, ermöglicht wiederum
mehr Freizeit.
d Man braucht nur alle für den folgenden Tag geplanten Tätigkeiten
inklusive Termin- und Ortsangaben in die Maschine einzugeben.
e Sie erstellt dann einen für jeden persönlich zugeschnittenen
Tagesablauf.
f Dabei handelt es sich natürlich nur um einen Vorschlag, der nach
Wunsch noch zu verändern ist.
g Inzwischen ist auch die Zahl der Männer, die an dem Gerät
interessiert sind, schon stark gestiegen.

zu Seite 157, 4

__20__   Merkmale verschiedener Textsorten → **LERNTECHNIK**

a Brief

Zunächst ist es wichtig, zwischen informellen und formellen Briefen zu unterscheiden. Formelle Briefe werden in der *Sie-Form* geschrieben und verlangen bestimmte Formen der Höflichkeit. Lesen Sie den folgenden Brief. Unterstreichen Sie alle Ausdrücke, in denen der Leser höflich angesprochen wird.

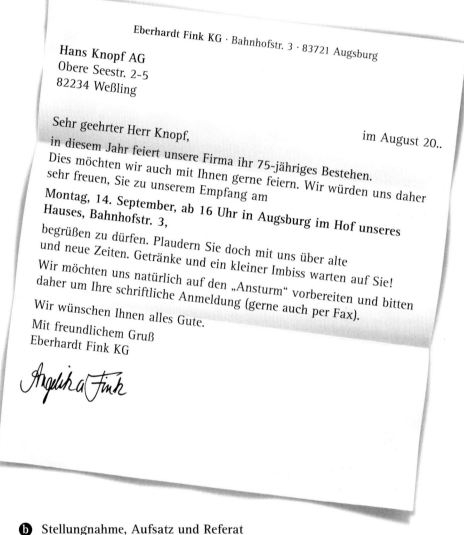

Eberhardt Fink KG · Bahnhofstr. 3 · 83721 Augsburg

Hans Knopf AG
Obere Seestr. 2-5
82234 Weßling

Sehr geehrter Herr Knopf,   im August 20..

in diesem Jahr feiert unsere Firma ihr 75-jähriges Bestehen. Dies möchten wir auch mit Ihnen gerne feiern. Wir würden uns daher sehr freuen, Sie zu unserem Empfang am Montag, 14. September, ab 16 Uhr in Augsburg im Hof unseres Hauses, Bahnhofstr. 3, begrüßen zu dürfen. Plaudern Sie doch mit uns über alte und neue Zeiten. Getränke und ein kleiner Imbiss warten auf Sie! Wir möchten uns natürlich auf den „Ansturm" vorbereiten und bitten daher um Ihre schriftliche Anmeldung (gerne auch per Fax).

Wir wünschen Ihnen alles Gute.

Mit freundlichem Gruß
Eberhardt Fink KG

Angelika Fink

b Stellungnahme, Aufsatz und Referat

Egal, ob Sie einen Leserbrief bzw. einen Aufsatz verfassen oder ein Referat schriftlich vorbereiten wollen, sammeln Sie Ihre Ideen zuerst schriftlich und fertigen Sie eine Gliederung an, in der die Inhaltspunkte geordnet werden. Dazu gibt es zwei Arbeitsschritte:

Schritt 1: Ideen sammeln	Schreiben Sie ein Stichwort zu Ihrem Thema in die Mitte eines Blattes und notieren Sie außen herum die Gedanken, die Sie dazu assoziieren. Versuchen Sie, inhaltlich zusammengehörende Ideen zu gruppieren.
Schritt 2: Gliederung erstellen	Ordnen Sie diese Ideen in der Reihenfolge, in der sie im Text stehen sollen. Überlegen Sie sich eine Einleitung und einen Schluss.

LEKTION 10 – *Aussprachetraining*

h und Knacklaut

LERNER-CD 14

1

Wortpaare

Hören Sie die Wortpaare und sprechen Sie nach.

hoffen	–	offen
Eck	–	Heck
Haus	–	aus
erstellen	–	herstellen
Heimat	–	Eimer
elf	–	helfen

LERNER-CD 15

2

Dehnungs-h nach Vokalen

Am Ende einer Silbe macht ein h einen Vokal lang, aber man spricht es nicht. Hören Sie und sprechen Sie nach.

fahren
ohne
Reihe
Lohn
Bahnfahrt
Unternehmen

LERNER-CD 16

3

Knacklaut

Beginnt ein Wort oder eine Silbe mit einem Vokal, so wird dieser nicht mit dem vorangegangenen Wort verbunden.

a Hören Sie die Sätze und sprechen Sie nach.

- Am Abend aßen alle Austern.
- Um acht Uhr erhoben alle ihr Glas.
- In unserem Auto ist essen erlaubt.

b Aus einem Lied:
Ob er aber über Oberammergau
oder aber über Unterammergau
oder aber überhaupt nicht kommt,
ist nicht gewiss.

LERNER-CD 17

4

Potpourri

Hören Sie die Sätze und sprechen Sie nach.

- Halbstarke haben immer Ahnung.
- Hinten hat ein Auto eine Hecktür.
- Auf Eis helfen Handschuh und Ohrenwärmer.
- Am Haus hängende Fahrräder gefährden alle.

5

Diktat

Diktieren Sie Ihrer Nachbarin/Ihrem Nachbarn Teil **a** oder Teil **b** der Übung. Wer das Diktat hört und schreibt, schließt sein Buch.

a Ohne Auto auskommen heißt auf Fahrrad oder Bahn umsteigen.
Einige haben es aber immer sehr eilig und hetzen mit dem Hund im
Auto über rote Ampeln; andere halten an den Ampeln an.

b Der Hersteller hat insgesamt elfeinhalb Prozent mehr Umsatz als im Jahr zuvor.
In Hamburg hat ein alternatives Elektroauto einige eifrige Helfer heimgefahren.

Lernkontrolle: Was haben Sie in dieser Lektion gelernt?

Kreuzen Sie an.

Ich kann ...

Lesen

☐ ... die Hauptaussagen und wichtige Einzelinformationen aus einer Reportage zur *Geschichte des VW-Käfers* entnehmen.

☐ ... zu einem Wirtschaftstext eine Textzusammenfassung ergänzen.

☐ ... in einer Reportage die soziale Problematik verschiedener Varianten von *Berufsmobilität* erkennen.

Hören

☐ ... in Erfahrungsberichten zweier Frauen Hauptaussagen verstehen.

☐ ... die Gefühle und Argumente der Gesprächsteilnehmer nachvollziehen.

Schreiben – Produktion

☐ ... in einem Leserbrief zu dem kontrovers diskutierten Thema *Autofahren – pro und kontra* Stellung nehmen und den eigenen Standpunkt deutlich herausarbeiten.

Sprechen – Interaktion

☐ ... mich in einem informellen Gespräch über Zweckmäßigkeit, Vor- und Nachteile bestimmter Verkehrsmittel austauschen.

☐ ... in einem Beratungsgespräch Informationen einholen und geben.

☐ ... darin Zweifel äußern und auf diese eingehen.

Sprechen – Produktion

☐ ... ein Foto beschreiben und Vermutungen zur Aussage bzw. Intention des Bildes anstellen.

☐ ... die in einer Grafik enthaltenen Informationen zum Thema *Sparauto* in Worte fassen.

Wortschatz

☐ ... Fortbewegungsmittel präzise benennen.

☐ ... mithilfe von Verben Fortbewegungsarten beschreiben.

☐ ... typischen Wortschatz aus statistischem Material und Grafiken zur Beschreibung von quantitativen Entwicklungen einsetzen.

Grammatik

☐ ... Vorgangs- und Zustandspassiv unterscheiden und anwenden.

☐ ... die Ersatzformen des Passivs anwenden.

☐ ... Partizip I und II richtig und kontextbezogen einsetzen.

Sprechen Sie mit Ihrer Kursleiterin/Ihrem Kursleiter über Tipps zum Weiterlernen.

Zeitungsartikel zur Abbildung im Kursbuch, Seite 146 „Sprechen 1"

Sicher ist sicher

Aus Protest gegen den Verlust ihres Fahrradkellers, der beim Hausumbau einer Ladenerweiterung weichen musste, haben die Bewohner dieses Hauses in der Züricher Altstadt kurzerhand ihre Räder an die Fassade gebunden. Zwar erhielten sie einen Fahrradunterstand als Ersatz, der aber zu klein und zu unsicher ist – werden doch die Räder in diesem von Passanten häufig frequentierten Stadtteil kurzerhand geklaut. Statt die Räder mit in die engen Wohnungen zu nehmen, werden sie einfach aus dem Fenster gehängt.

LÖSUNGEN ARBEITSBUCH

Lektion 6

S.73/1 **Einstieg:** die Ausbildung, die Bewerbung, die Einarbeitung, die Fähigkeit, das Stellenangebot, das Vorstellungsgespräch; **Hierarchie:** der Arbeitnehmer, der Aufstieg, die Beförderung, das Gehalt, der Verdienst, der Vorgesetzte; **Struktur:** der Bereich; **Motivation:** die Beförderung, das Gehalt, der Verdienst

S.74/2a 1) Kathrin Schmoll will beruflich weiterkommen. Deshalb besucht sie einen Fortbildungslehrgang. K. S. besucht einen Fortbildungslehrgang, denn sie will beruflich weiterkommen. K. S. besucht einen Fortbildungslehrgang. Sie will nämlich beruflich weiterkommen. K. S. besucht einen Fortbildungslehrgang, da/weil sie beruflich weiterkommen will. Wegen Ihres beruflichen Weiterkommens besucht K. S. einen Fortbildungslehrgang. 2) Otto Grimm macht eine Ausbildung als Bankkaufmann. Er möchte nämlich die Berufspraxis kennenlernen. O. G. möchte die Berufspraxis kennenlernen. Aus diesem Grund macht er eine Ausbildung als Bankkaufmann. Da O. G. die Berufspraxis kennenlernen möchte, macht er eine Ausbildung als Bankkaufmann. 3) Die Firma Zimmer sucht Auszubildende. Deshalb/Infolgedessen/Daher inseriert sie in der Zeitung. Weil die Firma Zimmer Auszubildende sucht, inseriert sie in der Zeitung. 4) Claudia Feuerbach braucht ein gutes Einkommen. Sie zahlt nämlich eine hohe Miete. Weil C. Feuerbach eine hohe Miete zahlt, braucht sie ein gutes Einkommen. C. F. zahlt eine hohe Miete. Deswegen/Folglich braucht sie ein gutes Einkommen. 5) In großen Betrieben gibt es zahlreiche Entlassungen. Deshalb steigt die Arbeitslosenzahl stark an. In großen Betrieben gibt es zahlreiche Entlassungen, sodass die Arbeitslosenzahl stark ansteigt. Infolge/Auf-grund der zahlreichen Entlassungen in großen Betrieben steigt die Arbeitslosenzahl stark an.

S.74/3a richtige Lösung: 1 – C, 2 – F, 3 – D, 4 – B, 5 – H, 6 – J, 7 – A, 8 – E, 9 – G, 10 – I

S.75/4 aufgrund – weil – daher – Infolge – zu ..., als dass – wegen – denn – zu ..., um ... zu

S.75/5 Lösungsbeispiele: a) Frau Küng ist im Berufsleben erfolgreich, weil sie keine Angst vor neuen Aufgaben hat. b) Aufgrund ihrer hohen Qualifikation hat sie bei der Stellensuche keine Probleme. c) Sie könnte sich aber auch selbstständig machen, sie hat nämlich ausreichend Berufserfahrung. d) Am kommenden Dienstag wird sie sich bei der Firma Müller vorstellen, da sie eine Einladung erhalten hat. e) Wegen ihrer ansprechenden Persönlichkeit bietet man ihr eine Stelle an.

S.76/6a Name und Adresse – Geburtsdatum – Geburtsort – Schulbildung/Studium – Berufstätigkeit – Fortbildungen – Sprachkenntnisse – weitere Qualifikationen

S.77/8 verantwortungsvoll – unselbstständig; kreativ – einfallslos; abwechslungsreich – eintönig; bescheiden – anspruchsvoll; teamorientiert – individualistisch; unsicher – souverän; engagiert – interesselos; gescheitert – erfolgreich; freiberuflich – angestellt

S.78/10 b) Ist es denn ... c) Haben Sie eine ... d) Und dann würde ich gern ... e) Mich würde noch ... f) Wie ist das ... g) Also, können wir so ... h) Außerdem wollte ich noch ...

S.79/12 Bei Rückenschmerzen sollte sie die Qualität ihres Bürostuhls überprüfen. Im Falle einer langwierigen Krankheit muss sie ein ärztliches Attest bringen. Ohne Weihnachtsgeld kann sie die Videokamera nicht kaufen. Falls sie ein interessantes Stellenangebot in der Zeitung liest, erkundigt sie sich vorab telefonisch. Wenn sie am Wochenende wandert, will sie an die Probleme im Büro nicht denken. Ohne Unterstützung von ihren Kolleginnen kann sie die Verbesserungsvorschläge gegenüber ihrem Chef nicht durchsetzen.

S.80/15 a) 2 + 8; b) 9 + 14; c) 10 + 15; d) 1 + 12; e) 3 + 16; f) 5 + 11; g) 6 + 13; h) 4 + 7

S.80/16 a) nicht mehr wissen, wo uns der Kopf steht. b) Es ist noch kein Meister vom Himmel gefallen. c) reißt sich kein Bein aus. d) ist ein Trittbrettfahrer. e) Viele Köche verderben den Brei. f) Lehrjahre sind keine Herrenjahre.

S.81/18 b) ein Formular ausfüllen c) seine Kenntnisse erweitern d) einen Vertrag abschließen e) seinen eigenen Lebensunterhalt verdienen f) auf den neuesten Stand bringen g) Berufserfahrung sammeln h) einen Termin ausmachen i) Voraussetzungen mitbringen j) arbeitet man auf eigene Rechnung

S.82/20 a) Sitzen Sie den ganzen Tag im Büro, dann treiben Sie am besten zweimal pro Woche Ausgleichssport. b) Wenn Sie mit Ihrem Vorgesetzten streiten, können Sie den Betriebsrat um Hilfe bitten. c) Bei Fragen zur Arbeitszeitregelung wenden Sie sich an das Personalbüro. d) Sollte ein Kollege Sie zum Mittagessen einladen, dürfen Sie sich ruhig revanchieren. e) Falls der Strom im Lift Ihres Bürogebäudes ausfällt, bewahren Sie bitte Ruhe!

S.82/21 a) Je besser die Ausbildung ist, desto größer sind die Chancen auf dem Arbeitsmarkt. b) Je öfter der Chef seine Mitarbeiter lobt, desto motivierter sind sie. c) Je klarer das Bewerbungsschreiben formuliert ist, desto lieber liest man es. d) Je vielseitiger die Kenntnisse eines Bewerbers sind, desto größer ist das Interesse des Personalchefs.

S.83/22 b) Je ... desto; c) sonst; d) Im Falle; e) ohne; f) Sollte; g) Falls

S.83/23 **Verkehrsmeldung:** selektives Hören; Suche nach Meldungen, die mich betreffen; **Rezept:** detailliertes Hören; für das Gelingen ist jedes Rezeptdetail wichtig; **Dialog/Hörspiel:** globales Hören; erste Orientierung, Thema/Hauptaussagen erfassen; **Durchsage:** selektives Hören; Suche nach Meldungen, die mich betreffen; **Nachrichten:** globales Hören zur Orientierung, detailliertes Hören bei interessierenden Beiträgen

S.84/24 a) verheiratete Arbeitnehmer: 4, ledige Arbeitnehmer: 3, verwitwete Arbeitnehmer: 5, Frauen: 2; b) Ledige Arbeitnehmer: Sie haben ihre Lebensstellung noch nicht gefunden, sie sind jung. – Verheiratete Arbeitnehmer: Sie haben Familie. – Verwitwete Arbeitnehmer: Sie sind schon älter.

Lektion 7

S.87/1 -/⁻: der Heiratsschwindler, der Liebhaber, der Pfarrer, der Verhaltensforscher; -e/⁻e: das Bedürfnis, die Braut, der Bräutigam, der Heiratsantrag, die Liebesnacht, das Signal, der Trauschein; -er/⁻er: der Ehemann; -en/-n: die Abwechslung, die Annäherung, die Bedrohung, die Bereicherung, die Ehe, die Ehefrau, die Entscheidung, der/die Geliebte, die Harmonie, die Heiratsanzeige, die Heiratsvermittlung, der Kosename, die Liebesbeziehung, die Quelle, das Risiko, die Rolle, die Spannung, die Tante, der Taufpate, der Trauzeuge, die Trennung, die Verlobung, der/die Verlobte, die Zweideutigkeit; -s: der Flirt, der Single; **ohne:** die Bereitschaft, der Liebesentzug, der Liebeskummer, die Souveränität; das Verhalten

S.88/2 In einem Bett ist eine Frau, die ein Nachthemd anhat und einen Hut aufhat. Auf dem Bettrand sitzt ein Mann in Uniform. Er hält etwas in der Hand, wahrscheinlich seinen Säbel. Während sie dem Mann den Arm um den Hals legt und ihn verführerisch anschaut, wirkt der Mann betont korrekt und distanziert. Es sieht so aus, als ob sie den Mann zu sich ins Bett ziehen will. Insgesamt wirkt die Szene künstlich.

S.88/3 mit dem Genus

S.89/4 der Kopf (2), Ereignisse (2), das Lied (3), Freundinnen (4), der Bruder (1), Partner (1), die Stelle (4), Teams (5), das Ergebnis (2), Paare (2), das Sofa (5), Untersuchungen (4), die Scheidung (4), Gewohnheiten (4), der Mund (3), Beziehungen (4), die Freiheit (4), Jahrhunderte (2), die Chance (4), Kämpfe (2)

S.89/5 - oder ¨: die Viertel, die Leiden, die Koffer, die Zeichen, die Häfen, die Mittel, die Artikel; -e oder ¨-e: die Werke, die Orte, die Blöcke, die Flüsse, die Türme, die Rechte, die Versuche, die Nächte, die Träume, die Blicke, die Ängste; -er oder ¨-er: die Blätter, die Kleider, die Räder, die Dörfer, die Götter, die Bilder; -en oder -n: die Fabriken, die Hallen, die Galerien, die Aggressionen, die Bibliotheken, die Emigranten, die Prüfungen, die Schwächen, die Vorlieben, die Schmerzen, die Mannschaften, die Staaten, die Nerven, die Schultern; -s: die Blocks, die Radios, die Details

S.90/6 Der erste Blick ... Es gibt also ... Männer tasten ... Frauen schauen ... Im Jahr 1979 ... Der größte Teil ...

S.90/7 Arbeitszeit, Freizeit, Gesprächspartner, Großfamilie, Großstadt, Kindergeld, Kindergarten, Kleinstadt, Kleingeld, Lebenspartner, Lebenszeit

S.90/8 z.B. A1+B2 Wasserflasche; A1+B5 Wasserball; A2+C4 Bettdecke; A3+C1 Königsschloss; A4+B5 Fußball; A5+B3 Damenring; A5+B1 Fingerring; B1+C5 Fingernagel; B2+C3 Flaschenpost; B3+C4 Damentür; B4+C2 Autotür; C2+C1 Türschloss; C5+A2 Nagelbett; B1+B5 Handball

S.91/9 Braunbär, Braunkohle, Gelbsucht, Gelbfieber, Gelbwurst, Weißwein, Weißwurst, Weißgold, Weißbrot, Rotlicht, Rotwein, Rotwild, Rotkohl, Schwarzarbeit, Schwarzseher, Schwarzmarkt, Schwarzbrot, Schwarzfahrer, Grünfläche, Grünkohl, Grünzeug, Grünschnabel, Blausäure, Blaubeere, Blaulicht, Blauwal

S.91/11 die Probleme in der Beziehung, der Blickkontakt, eine Bewegung mit dem Kopf, die Liebesheirat

S.91/12 die Brautmutter, der Eheberater, der Ehebrecher, der Ehering, der Trauring, der Verlobungsring, die Hochzeitsfeier, die Verlobungsfeier, die Ehescheidung, das Hochzeitsfoto, die Ehefrau, die Hochzeitstorte, das Hochzeitskleid, das Brautkleid, die Heiratsurkunde, die Hochzeitskutsche, der Ehemann, der Trauzeuge

S.92/13 4, 2, 5, 6, 1, 3

S.92/14 die Verlobung, verlobt sein; die Scheidung, geschieden sein; der Verzicht, verzichten; ausbilden/ausgebildet werden, ausgebildet sein; die Entstehung, entstanden sein; die Erziehung, erziehen

S.92/15 der Liebesentzug, der Liebesroman, der Liebeskummer, die Liebesnacht, die Liebesbeziehung, die Liebesheirat, das Liebesverhältnis, das Liebespaar, das Liebesobjekt

S.92/16 a) lieben b) (gern) mögen c) gern haben d) (nicht) mögen e) (gern) mögen

S.93/17 Kollegin, Ostern, Brautpaar, verliebt, Richter, Brille, gekündigt

S.93/19 a) handeln

S.94/20 Lebensmuster, Kleinstadt, Partnerschaften, Wohngemeinschaften, Studienkollegen, Wohngemeinschaften, Lebensstile, Singledasein, Rücksicht, Singledasein/Lebensstil

S.94/21 Er ärgert mich. – Du siehst alles positiv. – Du möchtest die Entscheidungen treffen. – Du möchtest nicht im Hintergrund stehen. – Du bist bereit, Schwierigkeiten zu akzeptieren. – Er macht alles, was sie will. – Du riskierst den Verlust des Partners. – Ich bin darüber nicht mehr informiert. – Es ist mir egal, was du machst.

S.95/22 a) die Fahrt, die Furcht, die Lage/die Liege, die Schrift, die Sprache, der Streit – das Erlebnis, das Hindernis, das Gefängnis, das Wachstum – die Bedrohung, die Freundschaft, die Bereitschaft, die Beziehung, die Entscheidung, die Enttäuschung, die Erfahrung, die Meinung, die Trennung, die Unternehmung – die Druckerei, die Heuchelei, der Lehrer, der Verkäufer, der Schlüssel; b) die Eitelkeit, die Freiheit, die Gerechtigkeit, die Herzlosigkeit, die Schönheit, die Seltenheit, die Unabhängigkeit, die Wahrheit

S.95/23 a) Das Ergebnis, die Reaktion, Erfahrung, Bestellung, (die) Forschung, Die Verbindung, Begleitung, Bildung, Konkurrenz, Analyse; b) Faulheit, Geheimnis, Arroganz, Ehrlichkeit, Sparsamkeit, Sauberkeit, Flexibilität, Sensibilität, Kritik, Offenheit, Unabhängigkeit

S.96/24 Ergebnisse, Forscher, Zufalls, Untersuchung(en), Umgebung, Versuche, Gemeinsamkeiten, Tests, Ähnlichkeit(en), Resultat, Kleidung, Geschmack, Schlag, Persönlichkeit, Schluss

S.97/25 Herzlichen Glückwünsch zur Verlobung. – Mit den besten Wünschen zum Jubiläum.

S.97/26 scheinen – Wahrscheinlich/Vermutlich/Vielleicht – scheint – wahrscheinlich/vermutlich/vielleicht – wahrscheinlich/vermutlich/vielleicht – wahrscheinlich/vermutlich/vielleicht – scheint – wahrscheinlich/vermutlich/vielleicht – scheint – wahrscheinlich/vermutlich/vielleicht – könnte – wahrscheinlich/vermutlich/vielleicht

S.97/28 Frankfurt, 17.03.20.. / Umfrage zum Thema „Kosenamen" / Sehr geehrte Damen und Herren, / Sie / Mit freundlichen Grüßen

S.98/29 (1) Laufbahn (2) Besuch (3) Assistent (4) Fachartikel (5) Privatpraxis (6) Ambitionen (7) Kreis (8) Freundschaften (9) Heimatstadt (10) Gelegenheit

S.98/30 2 – A, 3 – B, 4 – D/F, 5 – F/D, 6 – E, 7 – G

S.99/31 die, eine, die, der, Die, des, dem, der, des, den, der, Das, eines, die, der, die, Die, der

S.99/32 (1) an der, (2) zwischen ihnen, (3) an das, (4) zwischen, (5) mit, (6) mit, (7) durch den, (8) nach, (9) zu, (10) zu, (11) für ihn, (12) mit

S.100/33 Liebesfilm – Konflikt zwischen zwei Kulturen – jüngere Menschen

S.101/1 höfliche Österreicher, zwölf Brüder, größere Dörfer, Fröhliche Töchter, müde Söhne, kühle Flüsse, mühsame Überstunden, berühmte Künstler, fünf Übungen, Frühstücksbrötchen

S.101/3a a: kam, nahm, Paar, Saal, Schale, Straße; e: geben, Melone, nehmen, See; i: ihre, niesen, sie, siegen, Wiese, Zitrone; o: Ofen, rot, Sohn; u: Kuh, Kuchen; ö: Höhle; ü: kühl

S.101/3b a: Fall, Kasse, lachen, lassen, Wasser; e: erzählen, Messer; i: Licht, singen, Sitz, wissen, Zitrone; o: Tomate; u: dunkel, Puppe, Suppe, Zucker; ö: – ; ü: küssen, Mütze, wüsste

Lektion 8

S.104/2 b) ... kann man sehen, was man gerade schreibt. c) ... Eingeben (Schreiben) von Daten und Befehlen. d) ... kann man eine Funktion anklicken. e) ... speichert man Dateien. f) ... speichert man Dateien zum Mitnehmen. g) ... druckt einen Text auf Papier aus. h) ... kann man Bilder in eine Datei übertragen/einscannen.

S.104/3 b) Die Box, aus der es pfeift und knarzt, ... c) ... die wir erst müde belächelt haben, ... d) ... hängen wir an der elektronischen Nadel ... e) ... prägen den Umgangston nach seiner Kunstsprache ... f) ... nehmen sie die Koordinaten des Diesseits nicht mehr wahr ... g) ... und die Gebührenuhr rattert und rattert. h) ... gehörnte Ehefrauen ...

S.104/4 a) gesund, gesund sein/werden; die Sucht, süchtig; geheilt, geheilt sein, heilen; die Erkrankung, die Krankheit, erkrankt, krank; die Gefahr, gefährlich sein/gefährden; der Schaden, schädlich; missbraucht/missbräuchlich, missbrauchen; der Nutzen, nutzen; die Abhängigkeit, abhängen/abhängig sein b) erkrankte; schadet; heilen; abhängig; gefährdet

S.105/5 bevor – Sobald – bis – seit – vor – Nach – Immer wenn – Bei – gleichzeitig

S.105/7 a) Zuerst füllt man das Wasser in die Kaffeemaschine ein. Nachdem man eine Filtertüte in den Filter getan hat, füllt man Kaffee in den Filter. Anschließend drückt man den Knopf und schaltet die Kaffeemaschine ein. b) Nach dem Anfertigen der Gästeliste ruft man die Gäste an oder verschickt Einladungskarten. Vor dem Einkauf von Essen und Getränken organisiert man die Musik. Danach wird der Raum vorbereitet und dekoriert.

S.106/8 2 C Ersatzwelt, 3 A Vielseher, 4 C handelt, 5 B geprägt, 6 C geringer, 7 D zu lösen, 8 A Mangel, 9 C Zusammenhang

S.106/9 a) für das Fernsehen c) Man merkt ... Man sieht ... Man kauft ... Man bezahlt ... Die Kasse ... Der Nachbar d) Lösungsvorschlag: Zuerst merkt man, dass die Tube leer ist. Nachdem man Werbung für Zahnpasta gesehen hat, kauft man Zahnpasta. Anschließend bezahlt man sie mit Chipkarte. Schließlich registriert die Kasse den Einkauf. Gleichzeitig sieht der Nachbar Reifenwerbung.

S.108/11 A-2, B-4, C-1, D-3

S.108/12 a, b, m, h

S.109/14 (Antworten in der Anordnung: Jahr – Reihenfolge – Ereignis) 1959 – 3 – Tod des Vaters; 1981 – 6 – Gründung einer Literaturstiftung; 1952 – 2 – Geburt Jan Philipp Reemtsmas; 1980 – 5 – Verkauf des Konzerns; 1910 – 1 – Gründung einer Zigarettenfabrik durch den Vater; 1984 – 7 – Einrichtung eines Instituts für Sozialforschung; 1978 – 4 – freie Verfügung über das Erbe

S.109/15 a) suche (Konj. I), müsse (Konj. I), erhielten (Konj. II), könne (Konj. I), seien (Konj. I), gehe (Konj. I), finde (Konj. I), werde (Konj. I), sei (Konj. I), wollten (Konj. II)
b) In der Anzeige steht: Binn sucht eine oder mehrere Familien mit schulpflichtigen Kindern, sonst muss die Schule geschlossen werden. Interessierte erhalten von der Kommune in der Touristenregion Goms dafür günstige Wohnungen und einige Teilzeitstellen. Man kann beispielsweise das Verkehrsbüro des Dorfes in einer geschützten Berglandschaft leiten oder im Hotel Ofenhorn arbeiten. Der Vorsteher der Kommune, Beat Tenisch, räumt ein: Diese Anzeigen sind schon eine ungewöhnliche Art, zu Kindern zu kommen. Doch schließlich geht es um die Erhaltung der Volksschule. Wenn Binn nicht schnell noch mindestens ein Kind für die erforderlichen sieben Schüler findet, wird die Schule vom Staat aufgegeben. Doch die junge Generation ist meist noch unschlüssig in Sachen Familienplanung und die jungen Frauen wollen eben möglichst lang berufstätig sein.

S.110/16 a) 1 Sie sagt, sie lege die Diskette ein. 2 Er meint, das führe zu großen Problemen. 3 Sie meint, du nähmest die Realität nicht wahr (du würdest die Realität nicht wahrnehmen). 4 Sie sagen, die Schreibweise sei neu. 5 Er meint, ich wisse nichts davon. 6 Sie glaubt, ihr hättet die Zeitschrift zu Hause. 7 Er meint, wir müssten den Text ausdrucken. 8 Sie sagen, die Schlagzeilen brächten den Politiker in Schwierigkeiten. 9 Sie meint, er gebe sich Mühe, alles richtig zu machen. 10 Er sagt, ich wolle den Computer mit dem Lautsprecher verbinden. 11 Sie behaupten, die Informationen würden auf der Festplatte gespeichert.
b) 1 Er meinte, wir hätten die Meldung sofort erhalten. 2 Sie behauptete, die Nachricht sei auch über den Bildschirm geflimmert. 3 Er meinte, ich hätte die entführte Millionärin persönlich gekannt. 4 Er behauptete, sie sei früher einmal zu uns nach Hause gekommen. 5 Man vermutete, der Kommissar habe erneut über das Verbrechen nachgedacht. 6 Es hieß, er habe sich die Tat nicht erklären können.

S.110/17 a) Der Lehrer habe ihnen das neue Computerprogramm sehr ausführlich erklärt. b) Immer wieder hätten sie sich mit schwierigen Fragen an ihn gewandt. c) Aber alle Fragen seien detailliert beantwortet worden. d) Die Teilnehmer hätten aber auch versuchen müssen, sich gegenseitig zu helfen. e) Es habe sich natürlich schnell herumgesprochen, wie viel man in diesem Kurs lernen könne. f) Aufgrund der großen Nachfrage werde der Kurs im nächsten Monat wiederholt.

S.111/18 b) Mit dem Internet habe der Mensch wieder etwas hergestellt, das er nicht verstehe, aber verstehen wolle. Die SZ stellte die Frage, ob sich die Menschheit nicht auch deshalb ins Netz stürze, weil sie nach einer neuen Utopie suche. Glaser erläuterte, dass das natürlich auch ein Grund sei. Er vergleiche die momentane Netzeuphorie mit der ersten Mondlandung. Niemand habe rational erklären können, warum so viele Milliarden Dollar ausgegeben worden seien, um drei Männer auf den Mond zu schießen. Mit dem Erreichen des Ziels sei die Euphorie dann schnell verschwunden gewesen. Die SZ informierte sich auch, ob sich die Aufregung um das Internet also bald wieder legen werde. Glaser erklärte, er sei da ziemlich sicher und er hoffe es auch. Bei der Einführung des PCs sei auch die Rede von der „größten Erfindung seit Gutenbergs Buchdruck" gewesen. Heute sei der Computer schon fast so normal wie ein Bügeleisen und die Leute fingen an, damit ruhiger und selbstverständlicher umzugehen. Die SZ wandte ein, dass das Internet doch auch unsere Welt verändere. Glaser betonte, dass man das wohl sagen könne, er habe seine Frau schließlich auch im Internet kennen- gelernt. Aber andererseits habe es eine Art von Vernetzung schon vor 5000 Jahren bei den Bewässerungssystemen der Assyrer und Ägypter gegeben. Aus ihrer Organisation seien später die ersten Staatsformen hervorgegangen. Netzstrukturen hätten schon immer soziale Auswirkungen gehabt. Die SZ fügte hinzu, dass es im immer größer werdenden Internet wohl ein großes Problem sei zu wissen, wie man nützliche von unnützen Informationen trenne. Glaser unterstrich, dass journalistische Qualitäten gefragter seien denn je. Das Printmedium werde niemals untergehen, sondern sich durch die elektronischen Medien erst richtig entfalten. Auch Bücher seien immer noch sehr praktisch. Außerdem: Kein Bildschirm könne jemals mit der Ästhetik einer schönen Buchseite konkurrieren.

S.112/19 ausgebrochen – stand – eingesetzt – schließen – verletzt

S.112/20 falsch, richtig, falsch, richtig

S.113/2 c) In ursprünglich deutschen Wörtern spricht man v wie f (Vater, verstehen), in Internationalismen spricht man v wie w (Vase, Video).

Lektion 9

S.115/1 ausgeglichen, Ausgleich, ausgleichen, nicht extrem/neutral; ausgeprägt, Ausprägung, ausprägen, deutlich sichtbar; ausreichend, ausreichen, genug; beschleunigt, Beschleunigung, beschleunigen, schneller; deftig, reichhaltig/ schwer; einheimisch, Heimat, aus der Region; enttäuscht, Enttäuschung, enttäuschen, negativ gestimmt, weil eine Erwartung nicht Realität wurde; erreichbar, Erreichbarkeit, erreichen, man kann an das Ziel kommen; erschöpft, Erschöpfung, erschöpfen, müde aus Anstrengung; gesundheitsfördernd, Gesundheit/Förderung, fördern, positiv beeinflussen; lebenswichtig, Leben/Wichtigkeit, leben, für die Existenz notwendig; leistungsfähig, Leistung/Fähigkeit, körperlich/psychisch in der Lage, etwas zu tun; lecker, schmeckt gut; mittelfristig, Frist, Periode zwischen der nahen und der fernen Zukunft; naturbelassen, Natur, belassen, unverän-

dert; stärkehaltig, Stärke, beinhalten, hat Stärke als Bestandteil; auffällig, Auffälligkeit, auffallen, sofort sichtbar/bemerkbar; behandelt, Behandlung, behandeln, verändert/nicht naturbelassen

S.116/2 Herzinfarkt; Qualität; Krankheiten; Voraussetzung; Atmung; Nutzen; Ausdauer; Übungen

S.116/3 **Kalorienreiche** ...: Butter, Wurstwaren, Frittiertes, Schokolade, Öl; **Eiweiß** ...: Fisch, Milchprodukte, Fleisch, Käse, Eier; **Mineralstoffe** ...: Gemüse, Salate, frische Früchte; **stärkehaltige** ...: Kartoffeln, Teigwaren, Brot, Getreide, Reis; **ungezuckerte** ...: Tee, Wasser

S. 117/4 1 = durchgelesen habe, 2 = tägliches, 3 = *um* streichen, 4 = **auf** Frittiertes, 5 = Süßigkeiten, 6 = *zum* Kochen, 7 = konsumiere ich, 8 = **zu** essen, 9 = schreib, 10 = liebe

S.117/5 (1) BEILAGEN (2) LECKER (3) GENUSS (4) WOCHENMÄRKTEN (5) MAHLZEIT (6) FERTIGGERICHTE (7) WIRKUNG (8) NATURREIN (9) GESCHMACK (10) OBST (11) GETRÄNKE (12) KOHLENHYDRATE (13) PRODUKTEN (14) GEMÜSE (15) GUTEN (16) ERNÄHRUNGSTYPEN

S.120/8 Homöopathie: Dr. Samuel Hahnemann ...; Bachblüten: Hat nichts mit ...; Reflexzonenmassage: Spezielle Massage ...; Akupunktur: Chinesisches Heilverfahren ...; Aromatherapie: Hier werden duftende ...

S.120/9 (2) nicht, (3) unterscheiden, (4) kann, (5) weil/da, (6) Beispiel, (7) wie, (8) Seite, (9) wichtig, (10) allen, (11) wir, (12) abzubauen

S.121/10 (a) zum (b) Für die (c) zum; Für (d) Für; zum (e) Zur; für die

S.121/12 Lösungsvorschläge: (b) Um zu viel Stress zu vermeiden, sollte man ... (c) Wenn man einen gesunden und schönen Körper haben will, muss man ... (d) Zur Steigerung der physischen Leistungskraft muss man ... (e) Wenn man (gegen) Krankheiten vorbeugen will/Um Krankheiten vorzubeugen, ist es empfehlenswert, ...

S.122/14 (b) Obwohl wir nicht mehr so lange arbeiten müssen wie die Menschen früher, sind wir häufig durch die Arbeit gestresst./Wir müssen nicht mehr so lange Arbeiten wie die Menschen früher, trotzdem sind wir häufig durch die Arbeit gestresst. (c) Manche Menschen sind im Urlaub gerne faul und lassen sich verwöhnen, während andere extreme Abenteuer suchen. (d) Herr Meuer sollte sofort mit dem Rauchen aufhören, anstatt immer mehr zu rauchen. (e) Karla bereitet sich auf ihr Tennismatch vor, indem sie täglich zwei bis drei Stunden trainiert. (f) Benni hat das Rauchen aufgegeben. Stattdessen isst er ständig Gummibärchen. (g) Das Fitnessstudio ist für Amelie zu teuer. Stattdessen geht sie regelmäßig joggen.

S.123/15 Lösungsvorschläge: a) Ich esse manchmal Fast Food, obwohl das sehr ungesund ist. b) Anstatt mir eine Pause zu gönnen, mache ich Überstunden. c) Während meine Mutter traditionelle österreichische Küche liebt, esse ich lieber italienisch. d) Man kann sich einen freien Tag angenehm gestalten, indem man nur schöne Dinge macht. e) Frau Sembach kauft nur in teuren Bioläden ein, ohne über die Kosten nachzudenken.

S.123/17 a) Laune b) Noten c) tragen; Aufzug/Lift d) zurückzugeben

S.124/18 falsch, richtig, falsch, richtig, falsch

S.124/19 Oberbegriffe: psychische Probleme; Heilmittel. Unterbegriffe: Schmerzen, Rückenschmerzen; Ängste, Panikstörungen, Angstzustände

S.125/1 singen; klingen; springen; lachen; für Sachen

S.125/3 Bank – Schlange – sang – Enkel – Zangen – belangt

Lektion 10

S.127/1 **Mobilität:** eilen, die Eile; gleiten, hüpfen; klettern; krabbeln; rudern, das Ruder; rutschen; die Rutsche; schlendern; segeln, das Segel; fahren, der Anfahrtsweg; fahren, der Beifahrer; sich fortbewegen, die Fortbewegung; der Führerschein; die Geschwindigkeit; der Individualverkehr; das Kickboard; der Massenverkehr; der Mittelklassewagen; die Mobilität; das Navigationssystem; pendeln, der Pendler; schweben; die Schwebebahn; der Traktor; transportieren, das Transportmittel; der Van; **Wirtschaft:** sich erhöhen, die Erhöhung; liefern, die Lieferung; senken, die Senkung; sich vermehren, die Vermehrung; sinken; stagnieren, die Stagnation; steigen; steigern, die Steigerung; verdoppeln, die Verdopplung; zunehmen, die Zunahme; abnehmen, der Abnehmer; absetzen, der Absatz; ansteigen, der Anstieg; der Aufschwung; beruhigen, die Beruhigung; einbrechen, der Einbruch; einbüßen, die Einbuße; handeln, der Einzelhandel; die Flaute; herstellen, der Hersteller; nachfragen, die Nachfrage; umsetzen, der Umsatz; verbrauchen, der Verbrauch, der Verbraucher; wachsen, das Wachstum; austauschen, der Warenaustausch; wachsen, der Zuwachs

S.128/2 b) Der neue Typ wird bereits serienmäßig produziert. c) Verschiedene Funktionen können (von ihm) gleichzeitig ausgeführt werden. d) Während der Fahrer von einem Bordcomputer über einen Lautsprecher zum Ziel gebracht wird, wird von einem eingebauten Roboter ein alkoholfreier Cocktail serviert. e) Außerdem wird den Insassen auf Wunsch jeder beliebige Film gezeigt. f) Diese Extraleistungen müssen allerdings noch sehr teuer bezahlt werden. g) Alles in allem wird die Luxuslimousine für über 50 000 Euro ausgeliefert.

S.128/3 b) übersetzt worden, c) verkauft werden konnten, d) eingestellt werden, e) hergestellt worden, f) angeboten wird, g) abgesetzt wird

S.129/4 b) worden, werden; c) Ist, werden; d) ist (wurde), wird, ist; e) werden; f) ist, wird

S.129/5 b) Einige Modelle sind schon mit einem elektronischen Beifahrer ausgerüstet. c) Außerdem ist die Innenausstattung besser verarbeitet. d) Bei allen Modellen ist eine Diebstahlsicherung eingebaut. e) Die ersten 10 000 Stück sind schon verkauft. f) In den nächsten Jahren ist ein Öko-Auto geplant.

S.129/6 **Fahrrad:** a5, d7, e2, f4, g3, h9, l6, n14, o8, s1
Auto: b17, c18, i19, j10, k11, m13, n14, o19, p12, q15, r16

S.130/7 a) **Fahrrad:** einen Helm aufsetzen, das Schloss öffnen und abnehmen, den Ständer einklappen, aufsteigen, in die Pedale treten, das Gleichgewicht halten, schalten, bremsen, in höhere Gänge schalten; **Auto:** einsteigen, sich anschnallen, den Zündschlüssel umdrehen, die Kupplung treten, den ersten Gang einlegen, die Kupplung langsam kommen lassen, in den Rückspiegel schauen, Gas geben, bremsen, schalten, den Blinker betätigen, in höhere Gänge schalten; **Motorrad:** das Schloss öffnen und abnehmen, einen Helm aufsetzen, Handschuhe anziehen, aufsteigen, den Ständer einklappen, den Zündschlüssel umdrehen, Gas geben, das Gleichgewicht halten, in den Rückspiegel schauen, schalten, bremsen, den Blinker betätigen, in höhere Gänge schalten; **Rollschuhe:** einen ebenen Weg aussuchen, Knieschoner anlegen, die Schnallen einstellen, einen Helm aufsetzen, gleichmäßige Schritte machen, das Gleichgewicht halten, Hindernisse umfahren, bremsen

S.130/8 a) Einige neue Entwicklungen können kaum bezahlt werden. Einige neue Entwicklungen lassen sich kaum bezahlen. Einige neue Entwicklungen sind kaum zu bezahlen. Einige neue Entwicklungen sind kaum bezahlbar. b) Die Vielzahl der Produkte kann nicht überschaut werden. Die Vielzahl der Produkte lässt sich nicht überschauen. Die Vielzahl der Produkte ist nicht zu überschauen. Die Vielzahl der Produkte ist nicht überschaubar. c) Manche Erfindungen können nicht realisiert werden. Manche Erfindungen lassen sich nicht realisieren. Manche Erfindungen sind nicht zu realisieren. Manche Erfindungen sind nicht realisierbar. d) Viele neue Modelle können besonders gut im Ausland verkauft werden. Viele neue Modelle lassen sich besonders gut im Ausland verkaufen. Viele neue Modelle sind besonders gut im Ausland zu verkaufen. Viele neue Modelle sind besonders gut im Ausland verkäuflich.

S.130/9 b) Das Verschwinden der Papiere ist unerklärlich. c) Die Regel ist nicht auf alles anwendbar. d) Sein Verhalten ist unverzeihlich (nicht verzeihlich). e) Der Pullover ist in der Maschine waschbar. f) Die Hitze in diesem Raum ist unerträglich (nicht erträglich). g) Der Stift ist nicht nachfüllbar. h) Ist der Text an der Tafel auch in der letzten Reihe sichtbar? i) Die Mathematikaufgabe ist nicht lösbar. j) Jeder Mensch ist ersetzbar.

S.131/10 a) Der Antrag muss vollständig ausgefüllt werden. Sonst erhält man keine Unterstützung. b) Die Führerscheinprüfung kann leicht bestanden werden (kann man leicht bestehen). c) Die Verkehrsregeln müssen genau beachtet werden. d) Das Obst muss schnellstens gegessen werden. Sonst verdirbt es. e) Die Mikrowelle ist recht praktisch, denn darin kann das Essen schnell aufgewärmt werden. f) Dafür müssen allerdings Teller ohne Metallrand verwendet werden.

S.131/11 a) nahm ... ab/ging ... zurück, b) senken/reduzieren, c) steigern, d) ansteigt, zurückgeht/ abnimmt, erhöhen, senken/reduzieren

S.131/12 ergeben: das Ergebnis; abnehmen: die Abnahme; verkaufen: der Verkauf, der/die Verkäufer/in; steigern: die Steigerung; herstellen: der Hersteller, die Herstellung; anbieten: das Angebot, der Anbieter; nachfragen: die Nachfrage; wachsen: das Wachstum, der Zuwachs; entwickeln: die Entwicklung, der/die Entwickler/in; bestellen: die Bestellung, der/die Besteller/in, das Bestellte; einbrechen: der Einbruch, der/die Einbrecher/in

S.132/13 a) 1 der für eine ... 2 als er vor Fahrscheinkontrolleuren ... 3 sonst ist er ... 4 Ersatz für das ... b) 1 Filmmusik und Tempo eher positiv 2 Tempo eher positiv 3 Handlung/Bedeutung eher negativ 4 Hauptdarsteller eher positiv

S.134/15 b) hüpfen, c) ausgerutscht, d) krochen, e) klettern, f) rennen, g) schlenderten/raste, h) setzte er einen Fuß vor den anderen, i) gleitet

S.134/16 eine Person, die befragt wurde; ein hoher Verdienst, der verlockend ist; eine Organisation, die durchdacht ist; das Karrierepaar, das eine Wochenendbeziehung führt; die Pendlerin, die auf Kinder verzichtet; die Familien, die betroffen sind/die das betrifft

S.135/17 b) steigende Preise, c) die nachlassende Qualität, d) ein meckernder Kunde, e) zurückgegebene Ware, f) das kassierte Geld, g) ein ungelöstes Problem, h) streitende Geschäftspartner

S.135/18 die belastete Beziehung (PI), die belastende Beziehung (PII); die wachsende Unruhe (PI); das verlorene Vertrauen (PII); die befragten

Personen (PII), die befragenden Personen (PI); die anstrengende Autofahrt (PI); die geliebte Hausarbeit (PII); die vorgeschlagene Lösung (PII), die passende Alternative (PI)

S.135/19 a) Er dachte darüber nach, wie man Frauen, die mit Beruf und Familie belastet sind, das Leben erleichtern könnte. b) So erfand er ein den Tagesablauf organisierendes Gerät. c) Denn sinnvoll und effektiv genutzte Zeit ermöglicht wiederum mehr Freizeit. d) Man braucht nur alle Tätigkeiten, die für den folgenden Tag geplant sind inklusive Termin- und Ortsangaben in die Maschine einzugeben. e) Sie erstellt dann einen Tagesablauf, der für jeden persönlich zugeschnitten ist. f) Dabei handelt es sich natürlich nur um einen nach Wunsch noch zu verändernden Vorschlag. g) Inzwischen ist auch die Zahl der sich für das Gerät interessierenden Männer schon stark gestiegen.

QUELLENVERZEICHNIS

Kursbuch S. 83: © MEV (MHV); S. 87: Texte aus: abi Berufswahl-Magazin, 11/1995; S. 89: oben © Photodisc (MHV); unten © EyeWire (MHV); S. 91: © Gerd Pfeiffer (MHV-Archiv); S. 93: © Dieter Reichler (MHV-Archiv); S. 94: Foto irisblende.de.de; S. 97: Andrey Popov/Fotolia.com; S. 97: Text von Franz Kotteder aus: SZ vom 28.09.95; S. 101-103: alle Fotos © Gerd Pfeiffer (MHV-Archiv); S. 102: Text von Petra Schnitt aus: Stern 31/1993; S. 105: Wörterbuchauszug aus: Duden, Das große Wörterbuch der deutschen Sprache, 3., völlig neu bearbeitete und erweiterte Auflage. Herausgegeben von der Dudenredaktion, Bibliographisches Institut & F. A. Brockhaus AG, Mannheim, 1999; S. 106: © Jens Funke (MHV-Archiv); S. 108/109: Texte aus: Brigitte Young Miss 6/95 © Picture Press, Hamburg; S. 110: © Gerd Pfeiffer (MHV-Archiv); S. 112: © Süddeutscher Verlag Bilderdienst, München; S. 115: © CompuServe, München/lithoservice Brodschelm; S. 116: © MHV-Archiv/ Prospektmaterial; S. 117: Text von Marc Pitzke aus: Die Woche v. 23.08.1996; S. 119/141/149: © Globus Infografik GmbH, Hamburg; S. 120: links © picture alliance/dpa (Bajzat); Mitte © ARD-aktuell, Tagesschau Bildarchiv Hamburg; rechts © WDR Köln; S. 122: links © P. Sheandell O' Carroll / PhotoAlto (MHV); Mitte © Mike Watson Images / F1 ONLINE (MHV); rechts © mauritius images / age; S. 124: Text links aus: Bild v. 07.05.1996; rechts aus: SZ v. 06.05.1996 v. Hans-Werner Kilz; S. 126: Text und Abbildung © Hamburger Edition HIS Verlagsgesellschaft mbH; S. 131: © MEV (MHV); S. 133: Ernährungspyramide © aid e.V., Bonn; S. 134/135:

Arbeitsbuch Seite 71: Gedicht von Ernst Jandl aus: poetische Werke, hrsg. von Klaus Siblewski, Bd. 2: Laut und Luise © 1997 by Luchterhand Literaturverlag, München in der Verlagsgruppe Random House GmbH; S. 75: Statistik © Globus Infografik GmbH; S. 76: © Dieter Reichler (MHV-Archiv); S. 78: © picture-alliance/dpa-Fotoreport; Text: Zeitsprung Film + TV Produktions GmbH; S. 84: Statistik © Globus Infografik GmbH; S. 88: Ullstein Bilderdienst, Berlin/Aero Picture; S. 96: Text aus: AZ vom 31.1.1994, S. 8, Verlag die Abendzeitung, München; S. 98: Fotos © Süddeutscher Verlag, Bilderdienst, München; Autorenbeschreibung aus: Geschichte einer Liebe in Briefen, Bildern und Dokumenten, zusammengestellt von © Renate Wagner, Wien (Niedieck Linder AG); S. 100: Foto und Text: Atlas Film- und Videoverleih, Moers; S. 106: Text aus: Spiegel spezial 3/1995, S. 115, Spiegel-Verlag, Hamburg; S. 107: Statistik © Globus Infografik GmbH; S. 108: Text nach:

Mit freundlicher Genehmigung folgender Firmen: MEV (MHV) (Abb. 1); LC1 Infoservice, Müllermilch (Abb. 2); Gerd Pfeiffer (MHV-Archiv) (Abb. 3); MHV-Archiv (Christine Stephan) (Abb. 4); Hofmann-Menue (Abb. 5); Kaiser's Tengelmann AG (Abb. 6); Text: „Ernährungstypen" von Susanne Fehrmann aus: Die Psyche isst mit. Wie sich Ernährung und Psyche beeinflussen © Foitzick Verlag, München 2002; S. 136: Foto und Hörtext © NDR, Vertrieb durch Studio Hamburg Fernseh Allianz (FA) (Visite, 23.09.2003, Interview mit Lutz Hertel zum Thema Wellness); S. 137: © Burgenland Tourismus/Popp & Hackner; S. 138/139: Text von Heiko Ernst aus: Psychologie heute 7/2002; S. 140: © Gerd Pfeiffer (MHV-Archiv); S. 143: Wir danken folgenden Firmen für die Abbildungen: BMW Group (Media Pool), Deutsche Bahn AG, Lufthansa AG, Neoplan, Opel AG; Fahrrad © MEV (MHV); Kickboard © MHV-Archiv (Christine Stephan); S. 144: Autos: Volkswagen AG, Wolfsburg; Text aus: ADAC-Magazin 2/96; S. 146: © Keystone Press AG, Zürich; S. 147: Abbildung © Compaq/ Semitronic; Text: Agentur Reuters vom 21.11.1995; S. 150: Text © StattAuto, München; S. 152: links © Roba Press, Hamburg; Hörtext: Interview mit Heather Nova von Gabriela Herpell aus: SZ-Magazin v. 14.09.2001; rechts: © Enno Kapitza Fotografie, Gräfelfing; Hörtext: Interview mit Babette Hainzperger von Rebecca Smit aus: SZ-Magazin v. 25.01.2002; S. 153: oben links © MHV-Archiv (Christine Stephan); unten rechts © Irisblende; S. 156: links und Mitte © Dieter Reichler (MHV-Archiv); rechts © MEV (MHV); Statements aus: ADAC-Motorwelt 5/95

ADAC Motorwelt 11/96, S. 135; S. 109: Foto © Süddeutscher Verlag, Bilderdienst, München; Text oben aus: AZ vom 29.4.1996, S. 4, Verlag die Abendzeitung, München; Text unten aus: SZ vom 15.12. 1995/Bernadette Calonego, Zürich; S. 111: Interview aus: SZ vom 10.2.1996, Süddeutscher Verlag, München; S. 112: Foto © Interfoto München; Text: X-Filme, Berlin; S. 116: Text von: www.helsana.ch; S. 119: Fotos© MEV/MHV; S. 124: Text aus: Psychologie Heute 4/200, S. 54 von Jochen Paulus; S. 132: © Interfoto München; S. 133: Text von: StattAuto, München